国家一流本科专业优秀教材库

普通高等教育示范及一流课程系列教材

U0716813

创新管理

——重塑企业竞争优势

（第二版）

主编　董梦杭

西安交通大学出版社

XI'AN JIAOTONG UNIVERSITY PRESS

内容提要

本书以创新为主题,全面探讨了企业在新时代背景下的创新管理理论和实践。全书共分五大篇:相关概念篇、创新思维篇、创新模式篇、管理创新篇、相关案例篇。第1—14章,每章均设置了"学习目标""本章小结""关键术语"等栏目,帮助读者系统学习和回顾。内容方面,广泛参考了国内外一流教材、著作和论文,并结合编者的第一手调研资料,深入浅出地讲解了绿色创新、朴素式创新、逆向创新等的最新进展。每章内容独立,章和章之间又环环相扣,方便不同需求的读者自由阅读。

本书适用于高等院校企业管理、创新管理等相关专业的本科生和研究生,也可作为企业管理者和创新从业人员的参考读物。

图书在版编目(CIP)数据

创新管理 : 重塑企业竞争优势 / 董梦杭主编.

2 版. -- 西安 : 西安交通大学出版社,2025.6.

(国家一流本科专业优秀教材库)(普通高等教育示范及

一流课程系列教材). -- ISBN 978 - 7 - 5693 - 4035 - 8

Ⅰ. F273.1

中国国家版本馆 CIP 数据核字第 2025EJ1287 号

书 名	创新管理——重塑企业竞争优势(第二版)	
	CHUANGXIN GUANLI——CHONGSU QIYE JINGZHENG YOUSHI (DI-ER BAN)	
主 编	董梦杭	
责任编辑	魏照民	
责任校对	史菲菲	
封面设计	任加盟	
出版发行	西安交通大学出版社	
	(西安市兴庆南路 1 号 邮政编码 710048)	
网 址	http://www.xjtupress.com	
电 话	(029)82668357 82667874(市场营销中心)	
	(029)82668315(总编办)	
传 真	(029)82668280	
印 刷	陕西奇彩印务有限责任公司	
开 本	787mm×1092mm 1/16 印张 16.5 字数 397 千字	
版次印次	2025 年 6 月第 1 版 2025 年 6 月第 1 次印刷	
书 号	ISBN 978 - 7 - 5693 - 4035 - 8	
定 价	49.90 元	

如发现印装质量问题,请与本社市场营销中心联系。

订购热线:(029)82665248 (029)82667874

投稿热线:13110408158

读者信箱:897899804@qq.com

前　言

创新是民族进步的灵魂,是国家兴旺发达的不竭动力。为贯彻国家创新战略,应对国内外发展的新要求与新挑战,我国亟须进一步优化和完善创新管理理论体系,培养一批深刻理解并掌握创新理论与方法的新型人才。本书在广泛参考国内外一流创新管理教材与研究论文的基础上,历时一年半编写而成,具有以下特色:

第一,结构清晰,便于学习。第1—14章,每章开篇设有"学习目标",从知识、能力、情感3个层次明确学习方向。从第6章开始,至第14章,各章以"案例导入"开篇,帮助读者形成生动的感性认识;章末设有"本章小结"与"关键术语",便于学生回顾与反思。

第二,内容全面,紧跟前沿。本书广泛借鉴国内外一流创新管理教材、著作与论文,充分听取学生意见与建议,将内容分为五大篇:相关概念、创新思维、创新模式、管理创新、相关案例。同时,本书特别增加了绿色创新、朴素式创新、逆向创新等最新领域的研究成果,力求完善创新管理知识体系。

第三,阅读体验优化,适应时代需求。本书顺应移动互联网时代的阅读趋势,内容深入浅出、简洁实用。章节设计注重逻辑连贯,同时每章可独立成册,满足不同读者的需求。此外,每章配有PPT与短视频等教辅资料,便于教师使用。为增强实用性与前沿性,书中大量案例来自编者近年来的第一手调研资料及指导学生开展的研究成果。

本书是重庆市社科规划项目(2024NDYB110)的研究成果,由董梦杭副教授担任主编。具体编写分工如下:全书由董梦杭负责编写、统稿、定稿,黄智贤、姜爱源、裴璐、周静涵负责统筹核校。何林辉、胡炳凡、杨丽琼、汪骁浠、刘鑫、陈珊珊、陆游、赖应渝、王宇、栗绍玲、杨阳、梁红霞、齐文菁负责文字资料的搜集整理,赵文葵、王伦千、钟丽娟、贺茂桥、冉羽琪、王玲、王佳男、程秋力、苏治良、刘自强、吴洁、徐杰、胡斌负责配套短视频与PPT的制作。

我们在编写本书的过程中,参阅了诸多专家学者的教材、著作与论文,在此向他们致以诚挚的感谢!由于水平有限,书中难免存在不足之处,恳请各位专家与读者批评指正。

董梦杭

2024年6月6日于重庆交通大学明德楼

目　录

第 5 篇　相关案例

第 1 篇

相关概念

第1章　创新的价值

学习目标

1.知识层次:了解创新的发展历程;了解创新对于人类发展、国家和地区竞争力以及对企业竞争力三个层次的价值和作用。

2.能力层次:培养学生多角度多层次看问题的能力。

3.情感层次:激发学生对创新管理课程的期待与兴趣。

1.1　创新之于世界

创新是人类社会生存与发展的核心动力,人类历史的每一次跨越都伴随着创新的推动。近两百多年来,全球经济实现了前所未有的飞跃。14世纪的文艺复兴解放了人类的思想;15世纪的大航海时代拓展了文明的边界;16世纪的科学革命为技术革命奠定了基础;17世纪初资本市场的兴起扩展了金融活动的空间;18世纪工业革命的爆发则推动了经济的飞速增长……在这条历史发展的脉络中,一个共同的元素始终贯穿其中——创新(innovation)。

亚力克·福奇在《工匠精神:缔造强大美国的重要力量》一书中,将那些热衷于捣鼓小器具、小发明的业余爱好者、DIY一族和发明家称为"inkerer"(书中译为"工匠"),并认为正是这群人创造了美国的奇迹。他指出:"美国的工匠们是一群不拘一格、凭借纯粹的意志和拼搏精神,做出了改变世界的发明创新的人。"例如,本杰明·富兰克林、伊莱·惠特尼、塞勒斯·麦考密克、托马斯·爱迪生以及怀特兄弟等,都是人类历史上杰出的创新者,他们的贡献深刻影响了世界。

当前,新一轮科技革命和产业变革正在蓄势待发,全球产业结构和竞争格局面临深度调整。未来可能涌现的颠覆性创新将对人类"技术—经济—社会"范式产生深远影响。2013年5月,麦肯锡研究院发布的《2025年前可能改变生活、企业与全球经济的12项颠覆性技术》报告指出,到2025年,这些技术对全球经济的直接影响预计将达到14万亿至33万亿美元。这些技术涵盖了多个领域,具体内容如表1-1所示。

表 1-1 12 项颠覆性技术描述

序号	领域	描述	到 2025 年对全球潜在的经济影响
1	移动互联网	移动计算设备更小、更强、更直观、可携带,装有许多传感器。使消费者的医疗、教育等服务得到改善,提升员工生产力	3.73 万亿~10.8 万亿美元
2	知识工作自动化	主要应用于:销售、客服、行政支持等普通业务工作,教育、医疗保健等社会服务业,科学、工程、信息技术等技术性行业,以及法律、金融等专业服务业	5.23 万亿~6.7 万亿美元,相当于增加 1.1 亿~1.4 亿个全职劳动力
3	物联网	医疗保健业和制造业是其经济影响最大的应用领域,其他应用领域包括智能电网、城市基础设施、公共安全、资源开采、农业和汽车等	2.73 万亿~6.2 万亿美元
4	云技术	使数字世界更简单、更快速、更强大、更高效,不仅为消费者和企业创造巨大价值,还使企业能更有效、更灵活地管理信息	1.73 万亿~6.2 万亿美元
5	先进机器人	主要包括工业机器人、手术机器人、外骨骼机器人、假肢机器人、服务机器人和家用机器人	1.73 万亿~4.5 万亿美元
6	自动驾驶	可增加安全性,减少拥堵,节省时间,或降低燃料消耗和减少污染排放	0.23 万亿~1.9 万亿美元,可挽回 3 万~15 万人的生命
7	下一代基因组学	将推动生物学领域的快速进步,主要应用于疾病诊断和治疗、农业以及生物燃料生产等	0.7 万亿~1.6 万亿美元
8	储能技术	主要应用于电动和混合动力汽车、分布式能源、公用事业及储能	0.1 万亿~0.6 万亿美元
9	3D 打印	主要应用包括消费者使用、直接产品制造、工具和模具制造、组织器官的生物打印	0.2 万亿~0.6 万亿美元
10	先进材料	先进纳米材料在医疗健康、电子、复合材料、太阳能电池、海水淡化、催化剂等领域得到广泛应用,但生产成本提高;纳米医用材料有很大潜力,可为癌症患者提供癌症靶向药物	0.2 万亿~0.5 万亿美元
11	先进油气勘探开采	页岩气和轻质油勘探开采,主要应用于北美	950 亿~4600 亿美元
12	可再生能源	到 2025 年,风能和太阳能光伏占全球电力产量的比例可能由目前的 2% 增至 16%	1650 亿~2750 亿美元,每年可减少碳排放 10 亿~12 亿吨

资源来源:刘春平.中国科协创新战略研究院.创新研究报告[J].2016(11):32-46.

创新视角

《麻省理工科技评论》2021 年"全球十大突破性技术"

1. mRNA 疫苗

mRNA（messenger RNA，信使核糖核酸）疫苗与传统疫苗的作用机制不同。传统疫苗通常使用灭活病毒、减毒活病毒或病毒的部分蛋白成分来激发人体免疫反应，而 mRNA 疫苗则通过脂质体包裹的基因物质（mRNA）进入人体。注射后，肌肉细胞吸收 mRNA 并合成病毒蛋白，进而触发免疫系统产生抗体和 T 细胞，以抵御病毒入侵。

mRNA 疫苗具有高效性和易于重新设计的优势，为攻克艾滋病、婴儿呼吸道疾病、疱疹和疟疾等尚无有效疫苗的疾病提供了新思路。此外，研究人员认为，mRNA 技术未来不仅可用于疫苗开发，还可能为癌症、镰状细胞病、艾滋病等疾病提供低成本的基因修复方案。

2. GPT - 3

GPT - 3 是由旧金山研究实验室 OpenAI 开发的大型语言模型。它基于深度学习算法，通过海量书籍和互联网文本进行训练，能够生成连贯的文本内容。GPT - 3 的诞生标志着人工智能在理解和模拟人类语言方面迈出了重要一步，被认为是通往真正机器智能的重要里程碑。

3. 数据信托

在数据时代，隐私与安全问题日益突出。数据信托作为一种新型数据管理模式，旨在帮助个人更好地掌控自己的数据权利，并通过数据管理支持更明智的决策。此外，数据信托还可应用于智能城市、公共卫生计划等公共事务领域，推动数据资源的合理利用。

4. 锂金属电池

电动汽车产业的发展受限于电池技术，而锂金属电池有望突破这一瓶颈。与传统锂离子电池相比，锂金属电池具有更高的能量密度、更快的充电速度和更高的安全性。其普及将大幅降低电动汽车成本、延长续航里程，并使充电过程像加油一样便捷，从而彻底改变电动汽车产业的格局。

5. 数字接触追踪

数字接触追踪技术在实际应用中被称为"曝光通知"（exposure notification）。该技术通过蓝牙匿名连接附近运行同一应用程序的设备，确保用户隐私的同时追踪潜在接触者。在新冠疫情期间，数字接触追踪技术显著减轻了卫生部门的疾病监控压力，避免了依赖患者记忆追踪行踪的局限性。

6. 超高精度定位

全球卫星定位系统的精度正从"米"级提升至"厘米"级。这一进步将为自动驾驶汽车、送货机器人等提供更精准的导航支持,同时催生全新的产业生态。

7. 远程技术

远程技术通过无线或电信号实现对远端设备的控制和信息传递,广泛应用于远程办公、教育、维护、协助及设备遥控等领域。在 2020 年新冠疫情期间,远程技术在医疗保健和教育领域的应用,对提升人们的生活质量和福祉产生了深远影响。

8. 多技能 AI

尽管人工智能在特定任务上已超越人类,但其灵活性仍不及人类大脑。多技能 AI 受儿童学习过程的启发,通过结合感官和语言信息,模拟人类的学习方式,从而更好地适应新情境和解决新问题。这种多模态系统有望推动人工智能向更高层次发展。

9. TikTok 推荐算法

TikTok 的推荐算法不仅能为用户精准推荐感兴趣的内容,还能帮助用户探索新领域。该算法通过精准分发、个性化传播和实时反馈,优化用户体验,同时影响网络舆论并研判用户偏好,进一步提升平台性能。

10. 绿色氢能

绿色氢能是一种碳中和的可再生能源,可作为风能和太阳能的补充。随着风能和太阳能成本下降以及绿色氢气生产规模效应的显现,其生产成本有望大幅降低。结合碳捕集技术,绿色氢气有望在不排放大量二氧化碳的情况下成为未来低碳能源的核心。

资料来源:《MIT Technology Review》2021 年十大突破性技术。

原文链接:http://www.mittrchina.com/news/detail/5626]（http://www.mittrchina.com/news/detail/5626.）

1.2　创新之于国家

创新是引领发展的第一动力。当前,全球新一轮技术革命、产业变革和军事变革正在加速演进,科学探索从微观到宏观各个尺度上不断向纵深拓展。以智能、绿色、泛在为特征的群体性技术革命正在引发国际产业分工的重大调整,颠覆性技术层出不穷,重塑世界竞争格局,改变国家力量对比。在此背景下,创新驱动已成为许多国家谋求竞争优势的核心战略。

2015 年 10 月底,美国国家经济委员会和白宫科技政策办公室联合发布了新版《美国国家创新战略》,明确提出将大力支持以下九大战略领域的发展(见表 1-2)。这一战略的发布进一步凸显了创新在全球竞争中的关键作用,也为各国在科技创新领域的布局提供了重要参考。

表1-2　《美国国家创新战略》关注的九大战略领域

序号	领域	描述
1	先进制造	推出国家制造业创新网络来恢复美国在高精尖制造业创新中的领先地位
2	精密医疗	在保护个人隐私的前提下,推动基因组学、大型数据集分析、健康信息技术的发展。协助临床医生更好地理解病人的健康水平、疾病细节和身体状况,更好地预测最有效的治疗方法
3	大脑计划	通过基因对大脑进行全方位认知,协助科学家和医生更好地诊断和治疗神经类疾病
4	先进汽车	实现在传感器、计算机和数据科学方面的突破,把车对车通讯和尖端自主技术投入商用,提升全自动汽车的性能和安全标准
5	智慧城市	运用信息和通信技术手段感测、分析、整合城市运行核心系统的各项关键信息,从而对城市生产生活中的各种需求做出智能响应
6	清洁能源和节能技术	部署和开发清洁能源技术,鼓励投资气候变化解决方案,进一步提高能源利用率,在保证提升美国能源安全的前提下,继续保持新能源生产量的增加趋势
7	教育技术	总统提议为99%的学生在2018年之前接通高速宽带网络,2016年将投资5000万美元建立教育高级研究计划局
8	太空探索	在2017年之前重点投资商业载人太空运输技术、辐射的研究、先进推进系统的研究,研发让人类在外太空生存的相关技术
9	计算机领域	2015年7月制订的国家战略性计算机计划,将鼓励创建和部署前沿计算技术,提升政府经济竞争力,促进科学发现和助力国家安全

技术创新作为推动科技革命的核心动力,不仅引领产业革命,还对各国经济实力和军事实力的增长起到决定性作用,进而推动世界格局的深刻变革。纵观世界近代史,世界格局中心地位的转移往往以科学技术的发展为直接前提。那些重视创新研究并高效转化创新成果的国家,其综合实力得以迅速提升,从而打破原有的国际力量平衡,塑造新的国际关系格局。

当前,全球正迎来以信息网络、智能制造、新能源和新材料为代表的新一轮产业革命。这一革命不仅推动了人类社会生产力的飞速发展,深刻改变了人类的生活方式和思维方式,更重要的是,它正在重塑各国实力的对比以及国际经济和政治格局。以美国为例,其通过不断更新和完善"国家创新战略",不仅巩固了创新的基础和优势,还确保了其在全球科技和经济领域的"领先地位"与"领导力"。

改革开放以来,我国经济社会发展取得了举世瞩目的成就。然而,国民经济发展中仍存在一些深层次矛盾和问题,主要表现在经济结构不合理、经济增长方式粗放以及产业技术水平较低等。具体而言,这些问题体现在以下三个方面:

第一,粗放型增长方式导致资源与环境瓶颈日益加剧。能源产出不足、资源利用效率低下,引发了严重的环境污染和生态问题,制约了经济的可持续发展。

　　第二，自主创新能力薄弱导致技术瓶颈日益突显。在当今综合国力的竞争中,科技实力是决定性因素。发达国家及其跨国企业凭借科技优势和基于此的国际规则,形成了对世界市场特别是高技术市场的高度垄断,牢牢占据国际产业分工的高附加值环节,获取超额利润。尽管我国经济体量不断扩大,但由于核心技术的缺乏,失去了许多应得的利益。同时,随着中国综合国力的增强,部分国家在战略技术领域对我国进行遏制和束缚,进一步加剧了技术竞争的复杂性。

　　第三,国际竞争压力日益严峻。全球化并非"免费的午餐",缺乏核心竞争力的国家难以分享全球化的红利。在发达国家主导的国际贸易规则下,后发国家企业的生存和发展面临更多的排挤和挑战,如何在激烈的国际竞争中突围成为亟待解决的问题。

　　综上所述,技术创新不仅是国家综合实力提升的关键,也是应对国际竞争、实现可持续发展的核心驱动力。我国需进一步加大科技创新投入,优化经济结构,转变增长方式,以在全球新一轮产业革命中占据有利地位。

创新视角

国家创新驱动发展战略纲要

　　党的十八大提出实施创新驱动发展战略,强调科技创新是提高社会生产力和综合国力的战略支撑,必须摆在国家发展全局的核心位置。这是中央在新的发展阶段确立的立足全局、面向全球、聚焦关键、带动整体的国家重大发展战略。为加快实施这一战略,2016 年 5 月,中共中央、国务院制定并印发《国家创新驱动发展战略纲要》,明确了国家创新驱动的"三步走"战略目标。

　　第一步:到 2020 年进入创新型国家行列

　　到 2020 年,我国将基本建成中国特色国家创新体系,有力支撑全面建成小康社会目标的实现。

　　——创新型经济格局初步形成。若干重点产业进入全球价值链中高端,成长起一批具有国际竞争力的创新型企业和产业集群。科技进步贡献率提高到 60% 以上,知识密集型服务业增加值占国内生产总值的 20%。

　　——自主创新能力大幅提升。形成面向未来发展、迎接科技革命、促进产业变革的创新布局,突破制约经济社会发展和国家安全的一系列重大瓶颈问题,初步扭转关键核心技术长期受制于人的被动局面,在若干战略必争领域形成独特优势。研究与试验发展(R&D)经费支出占国内生产总值比重达到 2.5%。

　　——创新体系协同高效。科技与经济融合更加顺畅,创新主体充满活力,创新链条有机衔接,创新治理更加科学,创新效率大幅提高。

　　——创新环境更加优化。激励创新的政策法规更加健全,知识产权保护更加严格,形成崇尚创新创业、勇于创新创业、激励创新创业的价值导向和文化氛围。

　　第二步:到 2030 年跻身创新型国家前列

　　到 2030 年,我国将实现发展驱动力的根本转换,经济社会发展水平和国际竞争力大幅提升，为建成经济强国和共同富裕社会奠定坚实基础。

——主要产业进入全球价值链中高端。不断创造新技术和新产品、新模式和新业态、新需求和新市场，实现更可持续的发展、更高质量的就业、更高水平的收入、更高品质的生活。

——科技创新由跟踪为主转向并行并领跑。在若干战略领域由并行走向领跑，形成引领全球学术发展的中国学派，产出对世界科技发展和人类文明进步有重要影响的原创成果。研究与试验发展（R&D）经费支出占国内生产总值比重达到2.8%。

——国家创新体系更加完备。实现科技与经济深度融合、相互促进。

——创新文化氛围浓厚。法治保障有力，全社会形成创新活力竞相迸发、创新源泉不断涌流的生动局面。

第三步：到2050年建成世界科技创新强国

到2050年，我国将成为世界主要科学中心和创新高地，为建成富强民主文明和谐的社会主义现代化国家、实现中华民族伟大复兴的中国梦提供强大支撑。

——科技和人才成为国力强盛的核心资源。创新成为政策制定和制度安排的核心因素，劳动生产率和社会生产力提高主要依靠科技进步和全面创新。

——经济发展质量显著提升。经济发展质量高，能源资源消耗低，产业核心竞争力强，国防科技达到世界领先水平。

——全球高端人才聚集地。拥有一批世界一流的科研机构、研究型大学和创新型企业，涌现出一批重大原创性科学成果和国际顶尖水平的科学大师。

——创新环境全面优化。创新的制度环境、市场环境和文化环境更加完善，尊重知识、崇尚创新、保护产权、包容多元成为全社会的共同理念和价值导向。

1.3　创新之于企业

1.3.1　创新是企业发展的源泉

随着新技术革命的深入推进、国际经济交往的不断扩大以及全球资源条件的深刻变化，国与国之间的竞争日趋激烈。科技的飞速发展和生产力的显著提升，使得产品数量急剧增加，市场供需关系日趋紧张，竞争态势愈发严峻。与此同时，企业所处环境的不稳定性、不确定性和多变性也显著增强，这使得企业对未来的把控能力显得尤为重要。为了在激烈的市场竞争中保持自身的优势地位，企业必须着力培育并持续提升自身的核心竞争力，而核心竞争力的源泉正是企业内部的创新活动。因此，创新不仅是企业建设与发展的关键驱动力，更是企业不断提升核心竞争力、实现可持续发展的根本保障。

1.3.2　创新是企业持续发展的动力

随着创新环境和条件的持续优化,物质基础、科技人才、科技设施以及研发投入的不断增长,产、学、研、用一体化发展,技术创新的周期显著缩短。

在 20 世纪上半叶,一项技术从发明到商业化成功往往需要几十年的时间。例如,电话进入 50% 的美国家庭用了长达 60 年,而互联网进入美国家庭仅用了五年。英特尔(Intel)创始人之一戈登·摩尔提出的摩尔定律指出:"当价格不变时,集成电路上可容纳的晶体管数目,约每隔 18 个月便会增加一倍,性能也将提升一倍。"这一定律揭示了技术创新周期加快的趋势(见表 1-3)。

在这样一个技术创新快速演变的时代,企业若想获取并保持技术和产品优势,提升市场竞争力,就必须不断提升自身的持续创新能力。

表 1-3　历史上重大技术创新举例

技术与产品	发明年份	创新年份	从发明到创新的周期/年
日光灯	1859	1938	79
罗盘指南针	1852	1908	56
拉链	1891	1918	27
电视	1919	1941	22
喷气发动机	1929	1943	14
复印机	1937	1950	13
蒸汽机	1764	1775	11
涡轮发动机	1934	1944	10
无线电报	1889	1897	8
三级真空管	1907	1914	7
DDT	1939	1942	3
氟氯烷冷却剂	1930	1931	1

资料来源:许庆瑞.研究、发展与技术创新管理[M].北京:高等教育出版社,2000.

在当今快速变化的市场环境中,各行业产品的生命周期显著缩短。软件行业的产品生命周期已缩减至 4 至 12 个月,计算机硬件和电子消费产品则为 12 至 24 个月,而大型家电产品的生命周期也仅为 18 至 36 个月。这一趋势迫使企业将创新视为一项不可或缺的战略任务。企业若不能迅速适应并推动创新,将面临产品迅速过时和市场份额流失的风险。因此,在这个技术迅速迭代的时代,企业必须不断提升自身的持续创新能力,以确保技术和产品的领先地位,从而增强市场竞争力。

创新视角

新产品开发需要多少时间？

新产品开发的时间框架因项目而异，根据阿比·格里芬（Abbie Griffin）的研究，针对 B2B 产品创新的 116 家企业数据显示，现有产品的改进平均需要 8.6 个月，换代产品的开发平均耗时 22 个月，全新产品的开发周期平均为 36 个月，而对于全球首创的产品，研发周期最长，平均需要 53 个月。值得注意的是，过去五年中，企业已将产品开发周期平均缩短了近三分之一。

在当今快速变化的环境中，企业面临着前所未有的不确定性，企业生命周期正在缩短。例如，十年前的《财富》500 强企业中，近 40% 已不复存在，而三十年前的《财富》500 强企业中，60% 已被收购或破产。自 1900 年以来，道琼斯指数中的 12 家企业中，仅通用电气（General Electric，GE）一家持续发展至今。这些"常青树"企业的共同点是，它们的核心价值观和企业精神中不可或缺的元素是创新。创新是企业保持生命活力、适应或影响变革环境、永葆青春的关键。

缺乏自主创新和核心技术的企业难以突破发达国家和跨国公司的技术垄断，难以获得有利的贸易地位。中国企业必须认识到，没有自主知识产权的技术基础，就无法建立真正持久的国际竞争力。创新是增长和利润的关键驱动力，自主创新是企业发展的灵魂，没有灵魂的企业难以生存。

1.3.3　创新是企业竞争优势的关键

泰普斯科特曾预言："企业长期拥有某种竞争优势的可能性已不复存在。"这一预言提醒我们，任何企业都不能满足于过去的成就，而必须不断创新，以应对需求变化和市场竞争的挑战。

以产品创新为例，新产品收入平均占公司收入的 33%，这意味着三分之一的公司收入来自五年前尚未销售的产品。在充满活力的行业中，这一比例甚至达到 100%。优秀企业与一般企业的对比显示，优秀企业 49.2% 的销售业绩和利润来自新产品，而一般企业分别为 25.2% 和 22.0%。此外，优秀企业每 3.5 个创意中就有一个成功，而一般企业每 8.4 个创意中才有一个成功（罗伯特·G. 库伯，2003）。

国际知名企业将创新视为关键的竞争优势来源，许多企业设有专门负责技术创新的副总裁或由总裁直接负责。英特尔公司是创新的典范，其芯片制造厂是全球半导体行业中最先进的工厂。英特尔每年在新制造能力上的投资高达 20 亿美元，使其产品控制了全球微处理器市场的 75%。其成功的关键在于始终保持芯片设计技术的领先地位，不断创新，形成了独特的技术、产品和营销策略。英特尔战略的核心在于不断自我否定，而不仅仅是创新领先。例如，它退出自己创立的集成电路市场，专注于微处理器市场；在 386 微处理器市场表现强劲时，决定用 486 处理器取代它；甚至在竞争对手刚开始转向奔腾芯片时，已准备生产下一代奔腾芯片。

因此,企业要获得持续的竞争优势,必须将自己打造成创新型企业。创新通过影响企业在资源、技能、知识和战略等方面的能力,对竞争产生重要作用。例如,创新可以消除进入障碍,创造"先行者优势",包括资源先取优势、成本优势和创造转换成本的优势。这些优势使企业能够在竞争激烈的市场中保持领先地位(见表1-4)。

表 1-4　通过创新获取竞争优势

创新类型	竞争优势
新颖型创新	提供独一无二的产品或服务
能力转移型创新	重塑竞争游戏规则
复杂型创新	增高技术壁垒,提高技术学习难度
稳健设计型创新	延长现有产品及工艺生命周期,减少总成本
持续渐进型创新	持续地降低成本及改进性能

资料来源:TIDD J,BESSANT J,PAVITT K.创新管理:技术、市场与组织变革的集成[M].陈劲,译.北京:清华大学出版社,2002.

本章小结

1.人类社会发展的历史,本质上是一部创新的历史。从古至今,人类对创新的探索从未停歇,创新渗透于人类社会的各个层面和领域,成为推动文明进步的核心力量。

2.创新不仅是人类社会发展的内在需求,更是科学技术进步的关键驱动力。科技进步与创新是经济社会发展的决定性因素。随着颠覆性技术的不断涌现,"技术—经济—社会"范式的深刻变革对人类社会的未来发展具有深远意义。

3.创新是引领发展的第一动力,是一个民族进步的灵魂,更是一个国家兴旺发达的不竭源泉。当前,全球正经历新一轮科技革命、产业变革和军事变革的加速演进,经济全球化、国际产业分工的深化以及颠覆性技术的不断突破,既为我们带来了前所未有的机遇,也带来了严峻的挑战。唯有勇立世界科技创新的潮头,掌握核心技术和自主知识产权,才能赢得发展的主动权,为人类文明的进步作出更大贡献。

4.随着知识经济时代的到来,越来越多的企业意识到,仅依靠高效的生产能力、卓越的产品质量或较强的市场灵活性,已不足以维持长久的竞争优势。创新日益成为企业生存与发展的核心动力和源泉。只有通过持续创新,企业才能在激烈的市场竞争中立于不败之地,并为社会的进步注入新的活力。

关键术语

创新价值　创新世界　创新国家　创新企业

第2章 创新的相关概念

学习目标

1.知识层次:理解创新的定义与内涵、掌握创新的层次与分类。
2.能力层次:培养学生结构化思维的能力。
3.情感层次:增强学生对创新本质及其多维价值的认同感。

2.1 创新的内涵

创新,这一词汇承载着悠久的历史渊源。在英语中,"创新"(innovation)一词源自拉丁语"innovare",其含义涵盖了更新、创造新事物或实施变革。而在中国古籍《汉书·叙传下》中,亦有"礼仪是创"之句,颜师古注疏为"创,始造之也",意指开创与初始创造。

对创新概念的深入理解可追溯至 1912 年,美籍经济学家约瑟夫·熊彼特在其著作《经济发展概论》中首次系统阐述了创新的经济意义。熊彼特提出,创新是将新的生产要素和生产条件的"新结合"引入生产体系的过程。这一过程具体表现为以下五种形式:①引入一种全新的产品;②采用一种新的生产方法;③开辟一个前所未有的市场;④获取或控制原材料或半成品的新供应来源;⑤实施任何一种新的产业组织方式或企业重组。熊彼特的创新理论具有以下六大特征(见图 2-1)。

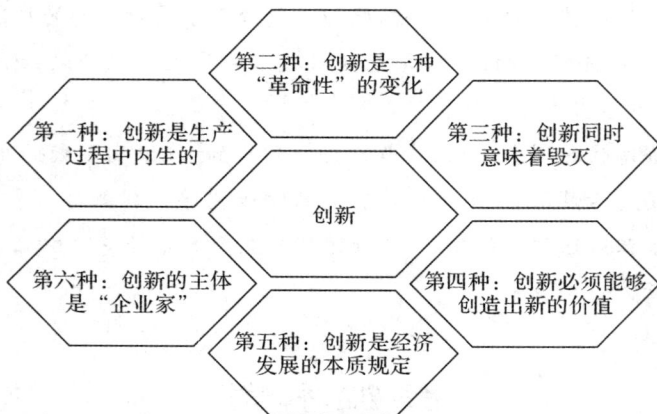

图 2-1 创新的六大特征

资料来源:熊彼特.经济发展理论[M].何畏,等,译.北京:商务印书馆,1990.

熊彼特的创新理论深刻阐述了创新在经济活动中的核心作用及其多维度的内涵。

首先,创新被视为生产过程中内生的现象,它源于企业内部的自发变化,而非外部强加的。企业通过资本和劳动力的调整,以及内部创新活动,推动经济生活的变革和价值创造。

其次,创新被描绘为一种"革命性"的变化,它不仅仅是量的积累,而是质的飞跃。正如熊彼特所比喻的,无论多少驿路马车的相加,都无法形成一条铁路。这种变化具有突发性和间断性,要求我们对经济发展进行动态分析。创新同时意味着毁灭。在竞争性的经济生活中,生产要素和生产条件的新的组合意味着对旧组织通过竞争而加以消灭,用新的工具取代旧的工具,用新的方法取代旧的方法,用新的产品取代旧的产品,用新的市场取代旧的市场。

再者,创新伴随着旧有事物的毁灭。在竞争激烈的经济环境中,新组合的出现往往意味着旧组织的淘汰,新工具、新方法、新产品和新市场的出现,取代了旧有的经济要素。

此外,创新的核心在于创造新的价值。企业通过运用新工具、新方法和新手段,不仅提高了生产效率,还在社会实践中创造了新的经济效益,这一过程本身就是创新的体现。

熊彼特还强调,创新是经济发展的本质规定。他将经济发展区分为"增长"与"发展",其中发展是指经济流转渠道中的自发和间断变化,是对均衡状态的干扰和替代,而创新正是这种发展的本质规定。

创新的主体是"企业家",他们以实现"新组合"为职业,不仅负责企业的经营管理,更重要的是发现和执行这些新组合。企业家的这种职能凸显了创新活动的特殊价值。

熊彼特的创新理论涵盖了技术性和非技术性的创新,具有开拓性,并在西方经济学说史上占有重要地位。尽管在 20 世纪中期,其理论被"凯恩斯革命"所掩盖,但随着科技在经济发展中的作用日益凸显,技术创新研究逐渐成为活跃领域,并在 80 年代后得到深入发展,用于解释经济发展中的现实问题。

最后,经济合作与发展组织(OECD)在《技术创新调查手册》中定义了技术创新,包括新产品和新工艺的引入,以及产品和工艺的显著技术变化。创新的实现不仅涉及科学和技术,还包括组织、金融和商业活动的一系列综合作用。

此外,不同学者对创新的定义提出了多种见解:

- 美国学者曼斯菲尔德提出,一项发明首次得到应用时,即可称为技术创新。
- 希金斯(Higgins)认为,创新是指发展某种新事物,这一发展对个人、团队、企业、行业乃至社会都具有重要意义。霍尔特也持有相似观点,他认为创新是一个利用知识和信息创造或引入对个体和组织全新且有用事物的过程。
- 英国科技政策研究专家克里斯托夫·弗里曼教授指出,创新涉及首次引进新产品或新工艺过程中所包含的技术、设计、生产、财政、管理和市场活动等多个步骤。
- 美国学者切萨布鲁夫认为,创新意味着进行发明创造,并将其市场化。
- 美国学者德鲁克认为,创新是企业家的特殊工具,通过应用创新,企业家将变化转化为不同业务与服务的机遇。创新可以被视为一门学科、一种学术或一项实践。

• 扎尔特曼、邓肯和霍尔贝克(Zaltman,Duncan & Holbek)认为,创新可以被定义为一种被相关接受方认为是全新的理念、实践或者人工制品。

• 中共中央和国务院1999年颁发的《关于加强技术创新,发展高科技,实现产业化的决定》中,对技术创新的定义相对较为系统:"企业应用创新的知识和新技术、新工艺,采用新的生产方式和经营管理模式,提高产品质量,开发生产新的产品,提供新服务,占据市场并实现市场价值。"

从本质上讲,创新是从基础研发向应用研发转化的全过程,这中间存在一个"死亡之谷"。一个有效的创新需要建立从基础研发到应用研发的桥梁,否则创新的最终商业化将难以实现,创新的价值也将付之东流。这其中,如何搭建基础研发到商业应用研发的桥梁成为创新成败的关键(见图2-2)。

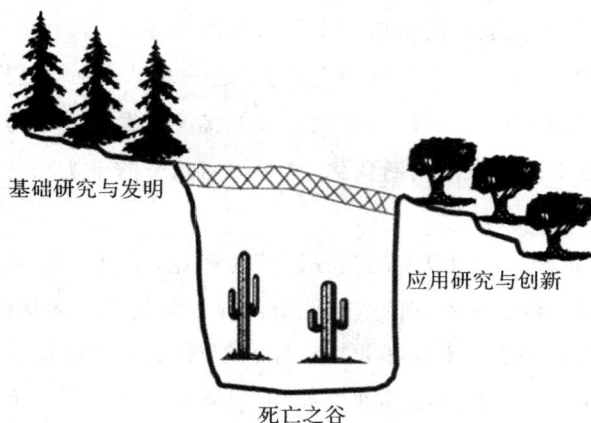

基础研究与发明

应用研究与创新

死亡之谷

图2-2　创新的本质

创新可视为知识与资本相互作用的动态过程。研究活动以资本投入为前提,推动知识的生成与积累;而知识作为创新的核心要素,为创新的涌现奠定了坚实基础。创新的实现不仅促进了知识的迭代与升级,还催生了新的资本形式,进而形成更大规模、更深层次的资本溢出效应(见图2-3)。

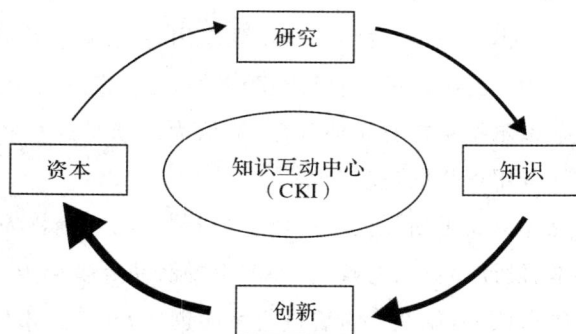

研究

资本

知识互动中心
(CKI)

知识

创新

图2-3　知识与资本的互动

从组织管理的视角来看,创新是一个多维度的整合过程,它要求战略与创意、研究与发展、生产制造以及营销等环节的有效融合与协同。企业若要在创新之路上行稳致远,必须确保这四大职能——战略与创意、研究与发展、生产与制造、营销——之间实现无缝对接与高效协作。为此,企业应着重强化支撑这四大职能的部门之间的联结与沟通,以构建一个紧密相连、协同作战的创新生态系统。

值得注意的是,创新实践中的失败往往并非源于技术层面的不足,而是更多地归咎于战略部署的失策、市场调研的疏漏、销售策略的失误以及组织管理的缺陷(见图 2-4)。这些非技术性因素往往成为创新道路上的隐形绊脚石,阻碍着企业创新步伐的稳健前行。因此,企业在追求技术突破的同时,更应关注这些非技术性因素的优化与提升,以确保创新之路的畅通无阻。

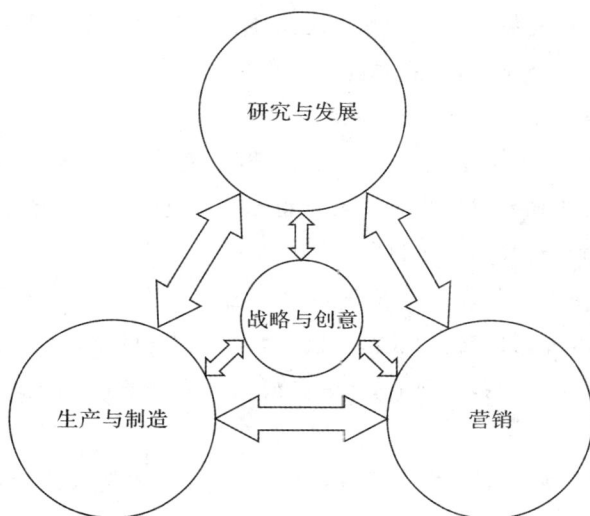

图 2-4　创新成功的关键——连接战略与创意、研究与发展、生产制造及营销

知识补充站

为了更深入地理解创新的内涵,我们需要区分与之相关的几组概念。

1. 发明与创新

熊彼特首次区分了发明与创新。他认为,发明先于创新,发明是新工具或新方法的发现,而创新则是这些新工具或新方法的应用。如果发明未能得到实际应用,它在经济上便无足轻重。创新是发明的首次商业化应用,它实现了经济效用的提升。

经济学家们进一步阐释:“发明是将已有知识以新的方式结合,以满足特定需求。”而创新则是指:“当企业生产新产品、提供新服务或采用新生产方法,这些对市场而言是新的,那么它就实现了技术上的变革。率先实现这一变革的企业是创新者,其行为即为创新。其他跟随实现相同技术变革的企业则被视为模仿者，其行为称为模仿。"

因此，创新可视为变革的基本单元，而发明则是创新过程中的一部分。发明侧重于技术问题的解决，而技术创新则强调经济上的实施。创新不一定是重大技术进展的商业化，它可能仅仅是对渐进性技术改进的利用，有时甚至不涉及技术变化。

2. 技术与创新

创新不必然涉及技术变化，也不一定表现为实体物品，它可以是无形的。例如，互联网的广泛应用主要归功于雅虎、谷歌、阿里巴巴等公司的网络商业模式，而非技术本身。2002 年，中国政府通过"网厂分离，竞价上网"这一制度创新，推动了电力产业的战略、组织、控制、管理模式及运营机制的持续创新。这表明创新无处不在，且形式多样。

技术领先并不等同于创新成功。企业的成功还依赖于组织、市场、营销、制造能力及企业文化等非技术因素的协调发展。只有技术与这些非技术因素协同作用，保持企业的持续创新能力和创新成果的商业转化能力，企业才能持续发展。

3. 研发与创新

19 世纪，爱迪生将发明创新转化为一门学科，即研发（research and development，R&D）。研发成为衡量国家和企业技术创新能力的重要指标。研发是一个从创意产生到研究、开发、试制完成的过程，强调的是"过程"与"产出"。

如今，越来越多的企业重视自身的研发能力。国内外大型企业如 IBM、微软、西门子、华为、中兴和海尔等都设有专门的研发机构。技术知识是企业核心能力的重要组成部分，企业只有通过研发形成独特的技术和知识积累，尤其是研发人才的积累，才能保持难以模仿和超越的竞争优势。

创新离不开研发，包括基础研究的突破。以 mp3 技术的发展为例，1965 年，开发一个能存放 1500 首歌曲、拥有录音重放功能的手持播放设备还是科学幻想。然而，随着国防部、美国国家科学基金、国家健康研究院、能源部、国家标准与技术研究院等机构资助的基础研究取得突破，磁存储设备、锂电池、液晶显示（LCD）等 mp3 所需的技术逐渐成熟，使得 mp3 播放器的开发成为可能。

4. 创造与创新

创造是指将两个或两个以上的概念或事物以一定方式联系起来，主观地制造客观上能被普遍接受的事物，以达到某种目的的行为。创造可分为自然创造和人类创造。自然创造如星云收缩创造星球、地壳运动创造山脉湖泊、物种进化创造人类等。人类创造如古人类在劳动中创造工具、在探索自然奥秘中创造科学（如天文学、地质学、物理学、化学等）、在自身发展中创造灿烂文明等。我们主要研究的是人类创造与创新的关系。

创造与创新的主要区别在于，创造仅意味着"提出创意"，而创新则意味着"将创意转化为现实，实现商业化"。

2.2　创新的基本类型

根据创新内容的不同,创新可以被划分为四大基本类型:产品创新、工艺(流程)创新、服务创新以及商业模式创新。这些创新类型各有侧重,共同推动企业的发展和市场竞争力的提升。

第一,产品创新是指企业开发出能够满足顾客需求或解决顾客问题的新产品。在产品生命周期的初期,市场上尚未形成主导设计,企业产品的变化较为频繁。为了在竞争中脱颖而出,企业必须在产品的功能、外观、质量、安全性等方面持续改进,以满足顾客的多样化需求,从而扩大顾客基础,巩固市场竞争优势。

第二,工艺创新涉及生产和传输新产品或服务的新方法。企业通过研究和应用新的生产技术、操作程序、方式方法和规则体系等,提升生产技术水平、产品质量和生产效率。对于制造企业而言,工艺创新可能包括采用新工艺、整合新的制造方法和技术,以在成本、质量、生产周期、开发时间和物流速度等方面获得优势,或增强大规模定制产品和服务的能力。服务型企业则通过流程创新,为顾客提供更加完善的前台服务,并引入新型服务,即顾客可以直接体验的新"产品"。

第三,服务创新是指企业为了提高服务质量和创造新的市场价值而对服务要素进行的有目的、有组织的改变。服务创新本质上也是一种产品创新。随着服务业的迅速发展,其在国民经济中的地位日益重要,成为推动世界经济发展的核心力量。越来越多的企业和服务行业通过服务创新来提高服务生产效率和质量,降低成本,并发展新的服务理念。

第四,商业模式创新是对行业内通用的为顾客创造价值的方式提出挑战,旨在满足顾客不断变化的需求,为顾客提供更多的价值,同时为企业开拓新市场,吸引新客户群。商业模式创新涉及对公司内部结构、合作伙伴网络和关系资本等要素的重新配置,以实现价值的创造、营销和交付,并产生可持续、可盈利的收入。正如管理学大师彼得·德鲁克所言,当今企业之间的竞争,本质上是商业模式之间的竞争。

这四大创新类型相辅相成,共同构成了企业创新战略的核心内容,为企业持续成长和竞争力提升提供了动力。

2.3　创新的层次类型

1.连续性创新和非连续性创新

根据创新的连续性与否,创新可以被划分为连续性创新和非连续性创新两大类。

(1)连续性创新,亦称维持性创新,是一种渐进式的创新过程。它依托于现有的技术轨迹、市场基础以及知识体系,通过不断的改进和优化,推出新的产品。这种创新适用于那些消费者未来需求可以在现有产业结构框架内得到满足的情形。连续性创新的核心任务在于持续地提升产品性能和实现产品的进一步专业化。

(2)非连续性创新则是指那些突破原有技术轨迹,引入并应用新技术、新原理的创新活动。它基于全新的知识体系或多种知识的融合,创造出市场上前所未有的产品,赋予产品全新的功能特性。非连续性创新不仅对产品和服务产生深远影响,同时也对基础设施和供应链等环节带来变革。连续性创新与非连续性创新之间的关系可以通过图2-5来形象展示。

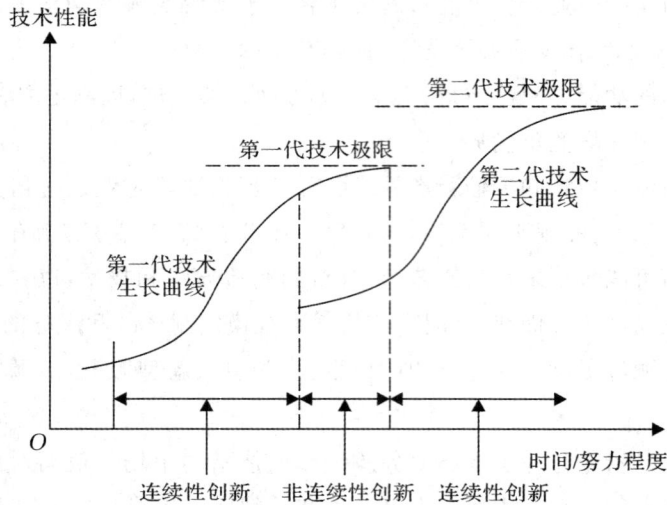

图2-5　连续性创新和非连续性创新的关系

资料来源:DOSI G. Technology paradigms and technological trajectories. Research Policy[J]. 1982(11):147-162.

2.渐进性创新和突破性创新

根据创新的程度和影响范围,创新主要可分为渐进性创新和突破性创新两大类(见图2-6)。

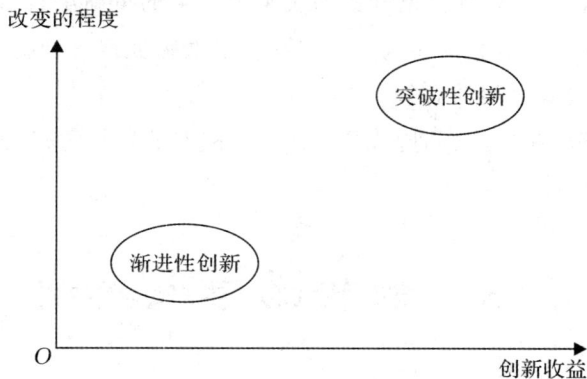

图2-6　渐进性创新与突破性创新的区别

(1)渐进性创新是指在现有技术框架内,对产品、服务或工艺流程进行逐步的改进和优化。这类创新通常不涉及根本性的技术变革,而是通过持续的微调和提升,充分发挥现有技术的潜力。渐进性创新有助于巩固成熟企业的市场地位,因其对企业的技术能力和资源规模要求相对较低,实施难度较小。尽管单次渐进性创新对企业盈利的直接影响可能有限,但长期积累下来,能够显著提升产品性能、增强客户满意度,并为企业带来可观的经济效益和市场竞争优势。

(2)突破性创新则是指那些能够引发产品性能质的飞跃、重塑市场格局、改变竞争态势甚至颠覆整个产业的创新。这类创新往往基于全新的技术原理或商业模式,能够为企业开辟全新的市场空间,带来丰厚的利润回报。然而,突破性创新也伴随着较高的风险和挑战,包括技术不确定性、市场接受度以及资源投入的巨大压力。成功实施突破性创新通常需要企业具备前瞻性的战略眼光、强大的研发能力和风险管理机制。

总的来说,渐进性创新和突破性创新各有其独特的价值和适用场景。企业在制定创新战略时,应根据自身资源和市场环境,合理平衡两者的投入与布局,以实现持续稳健的发展。

本章小结

1.创新是从新思想(创意)的产生、研究、发展、试制、制造到首次商业化的全过程,是将远见、知识和冒险精神转化为财富的能力。

2.按创新的内容可将创新分为产品创新、工艺创新、服务创新和商业模式创新四大类。

3.按创新的连续性,可将创新分为连续性创新和非连续创新。

4.按创新程度,可将创新分为渐进性创新和突破性创新。

产品创新是指生产一种能够满足顾客需要或解决顾客问题的新产品;工艺创新是指生产和传输某种新产品或服务的新方式;服务创新是指企业为了提高服务质量和创造新的市场价值而发生的服务要素的变化,对服务系统进行有目的、有组织的改变的动态过程;商业模式创新是一种包含了一系列要素及其关系的概念性工具,用以阐明某个特定实体的商业逻辑。它描述了公司能为客户提供的价值以及公司内部结构、合作伙伴网络和关系资本等用以实现(创造、营销和交付)这一价值并产生可持续、可盈利性收入的要素。

关键术语

创新内涵　产品创新　工艺创新　服务创新　商业模式创新　连续性创新　非连续性创新　渐进式创新　突破性创新

第3章 创新的过程与衡量

学习目标

1.知识层次:掌握创新的基本过程;了解创新的基本模式;学会利用创新的衡量尺度衡量创新的价值。

2.能力层次:培养学生批判性思维的能力。

3.情感层次:强化学生对创新全过程价值链的整体认知,增强其系统管理意识。

3.1 创新的基本过程

上一章提到,创新是一个从新思想的产生到最终实现市场价值的复杂过程,包括从新思想的产生,到研究、发展、试制、生产制造再到首次商业化等关键环节。创新就是"发明＋发展＋商业化"。在这一复杂过程中,任何一个环节的短缺,都使得创新无法产生最终的市场价值。任何一个环节的低效连接,都将导致创新的滞后(见图3-1、图3-2)。

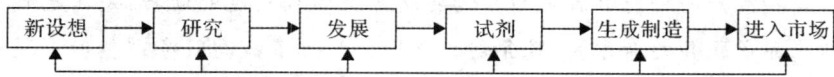

图 3-1 创新的管理学解释

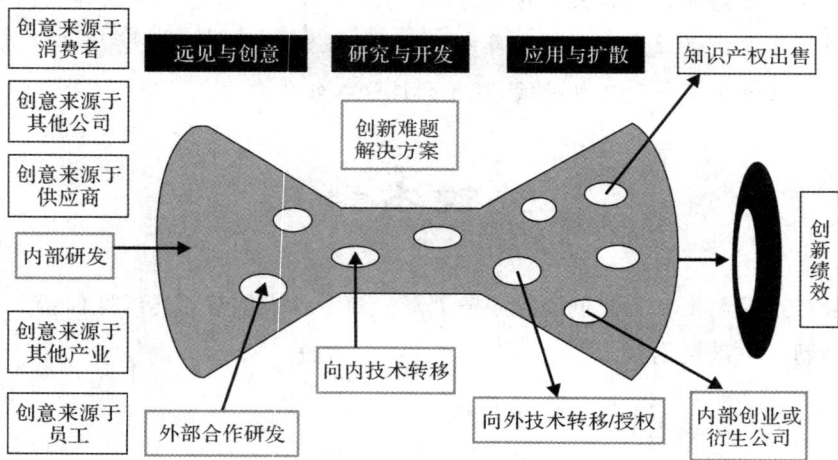

图 3-2 企业创新过程示意图

资料来源:ROTHWELL R. Towards the Fifth-generation Innovation Process[J]. International Marketing Review,1994,11(1):7-31.

　　企业所采纳的具体创新过程,必须依据其自身的独特条件来定制,这些条件包括企业的规模、技术的复杂性以及所处环境的波动性。创新管理的核心议题围绕两个基本问题展开:"如何科学地构建创新流程"以及"如何在组织内部培育高效的行为模式"。这些问题的解答为企业的日常创新管理活动提供了准则,唯有通过精细化管理创新过程,企业才能在这条道路上稳步前行。

　　借鉴乔·蒂德(Joe Tidd)等学者于 2002 年提出的创新过程五阶段理论,我们可以勾勒出企业创新过程的一个普遍模式。这五个阶段依次是:对内部及外部环境进行扫描与搜寻、对收集到的信息进行评估并据此做出战略选择、投入必要的资源以开发项目、将创新付诸实施,以及最后进行评估与总结。这一模式具有广泛的适用性,能够指导企业进行各种创新活动。

3.1.1　第一阶段:创新理念酝酿和选择阶段

　　创新理念是企业组织内培育的一种深植于员工内心的价值观,它是企业持续创新的源泉。为顾客创造价值应成为企业创新的核心理念。正如管理大师彼得·德鲁克所言:"企业的目标是赢得顾客,因此,企业具备两项基本能力:市场营销与创新。唯有这两者能够带来回报,其余皆为成本。"为顾客创新价值,需从顾客的角度出发,与顾客紧密协作,确保他们能够掌握供需信息,这是创新理念的关键所在。

　　创新过程本质上是一项价值创造活动。因此,企业应树立一种理念,即让所有利益相关者参与到创新活动中。企业需持续扫描内外部环境,确保价值链上的每个成员都能便捷地获取实时、准确的创新信息,并共享创新带来的价值与利益。通过这种方式,企业不仅能够推动自身的持续发展,还能为顾客和合作伙伴创造更大的价值。

3.1.2　第二阶段:创新定位阶段

　　在资源有限的情况下,企业难以在各个方面同时推进创新。然而,单一领域的创新往往可能引发连锁反应,带来其他领域的问题,这就凸显了创新定位的重要性。以电信行业为例,账单的出示是成本较高的运营环节之一,因此许多公司试图通过减少账单成本来降低总体开支。假设某公司决定通过简化账单信息以缩小账单尺寸,从而减少纸张消耗。然而,这种简化的账单信息却让客户感到困惑,导致大量客户致电客服中心寻求解释。最终,尽管账单成本有所下降,但公司整体的运营成本却因客服需求的激增而上升。这一案例清晰地展示了创新定位的关键作用。

　　为了评估创新的可行性,企业在确定创新优先级时需牢记以下几点:首先,企业的各个运营环节是相互关联的,某一领域的创新必然会对其他领域产生影响。因此,在决定实施某项创新时,必须尽早评估其如何与其他环节协同,以及如何融入企业的整体运营框架。其次,企业需根据战略重要性和潜在收益对各种能力进行排序,明确应强化哪些能力以形成核心竞争力。再次,企业需评估各项工作的价值贡献,优先将事务性工作外包,同时集中资源提升高价值的知识性工作。最后,企业需根据自身能力水平,明确资源投入方向并制定具体的能力发展战略。

创新定位矩阵(ITM)是一种有效的工具,能够帮助企业识别自身能力并从中获取竞争优势。如图3-3所示,矩阵的纵轴将能力分为事务性能力和知识性能力两类:事务性能力主要涉及重复性高、人力投入较少的工作;知识性能力则涉及非重复性、需要洞察力和创造力的工作。横轴则根据能力的战略重要性进行排序,将能力分为核心类和支持类。矩阵中的圆圈大小表示某项能力的改进潜力,圆圈越大,表明该能力的改进空间越大。通过这一工具,企业可以更清晰地规划创新路径,优化资源配置,从而实现可持续的竞争优势。

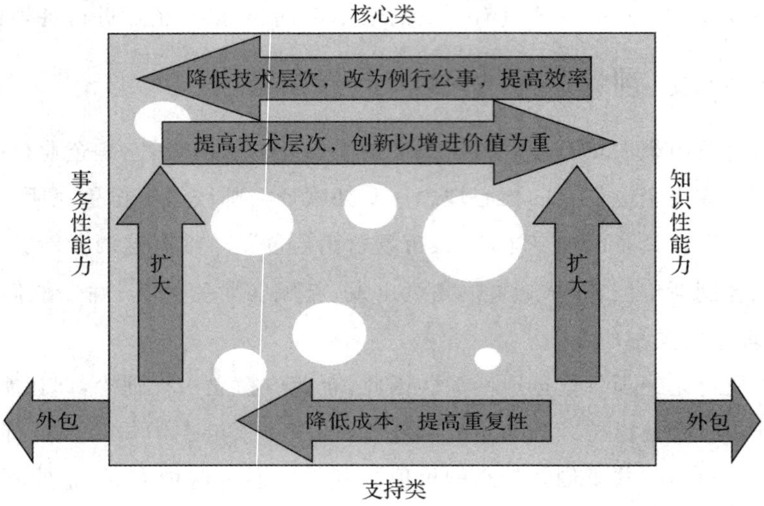

图3-3　创新定位矩阵

资料来源:斯蒂芬,夏彼洛.永续创新:变革时代企业求生与制胜蓝图[M].高颖,陈可,译.北京:电子工业出版社,2003.

3.1.3　第三阶段:创新方案设计阶段

在这一阶段,核心任务是通过多元化的条件和手段,结合创新的定位与目标,提出解决问题的创新构想与方案,并通过计算、筛选与综合集成,最终形成可行的行动方案。

这一过程不可避免地涉及创新的评估问题。尽管评估常被视为创新的对立面,因其主要功能是维护现有的经营活动,但实际上,评估具有不可忽视的价值。埃森哲与格兰菲管理学院经营绩效中心通过广泛研究,总结了评估措施的七种基本用途:①展示各类绩效目标,并提供相应的进度报告;②基于准确数据进行战略决策,以增强竞争力;③对比公司与同行的绩效,识别创新与改进的领域;④发现超出常规的变化与创新解决方案,以实施必要的调整;⑤确保遵守法律法规、监管标准及内部风险政策;⑥在既定条件下完成计划,包括实现预期利润;⑦通过认知与奖励机制激励员工参与公司重点项目。

评估方法繁多,包括平衡计分卡(balanced scorecard)、企业卓越模式(business excellence model)、股东增加值模式（shareholder-value-added model）、作业成本法（activity based costing）、质量成本法（cost of quality）以及竞争式标杆管理（competitive benchmarking）等。其中，平衡计分卡最为知名，其受欢迎的原因在于其简洁性和广泛的适用性。然而，它也存在显著缺陷，如可能导致经营者过分关注可量化的指标，而忽视必须评估的领域，尤其是创新和学习层面往往被简化为员工满意度调查。此外，平衡计分卡未充分考虑供应商、中间商和监管单位等利益相关者。股东增加值模式虽然考虑了资金成本，但忽略了其他关键因素，如人力资源和物质资源。作业成本法和质量成本法则忽视了顾客与员工的权益。竞争式标杆管理则主要从外部视角比较企业与竞争对手的运营绩效。

针对这些局限性，埃森哲与格兰菲管理学院经营绩效中心开发了"绩效棱镜"方法。作为新一代评估框架，绩效棱镜更具包容性，既能激发创新，又能为组织引导出合适的绩效评估措施。绩效棱镜由五个方面构成："利益关系人的满意度"与"利益关系人的贡献"分别位于棱镜的上下两端，而"战略""流程"和"能力"则连接这两个三角形。绩效棱镜通过以下问题引导组织思考：①谁是主要利益关系人？②他们的需求和期望是什么？③需要什么样的战略来满足这些需求？④需要哪些流程来实现这些战略？⑤需要哪些能力来支持这些流程？⑥为了维持和发展这些能力，需要哪些利益关系人的贡献？

"利益关系人"是绩效棱镜的核心，包括投资人、顾客与中间商、员工、监管单位与社团、供应商等。"战略"涵盖公司战略、经营单位战略、品牌/产品/服务战略和运营战略等。"流程"涉及产品与服务开发、需求生成与满足、企业规划与管理。"能力"则指通过整合不同要素，在运营层面为利益关系人创造价值，包括员工技能、作业方式、技术优势及基础设施等。

在进行创新评估时，需避免失衡现象，如过度关注财务指标而忽视流程评估，或过分强调某一层面（如质量）而损害其他层面（如时间）。此外，评估应具有长远眼光，不仅关注已发生的事件，还应将奖励与目标挂钩，确保奖励仅基于员工能够控制和影响的行为，从而推动更好的结果。

3.1.4　第四阶段：实施创新行动阶段

实施创新行动即根据已有的方案采取相应的行动。创新行动的实施应在明确的创新目标和原则指导下进行，具体可分为三个关键环节：旧范式的解冻、变革（初步实施）以及固定和深化（持续实施）。这一过程需要基于已有方案，采取相应的行动，确保创新目标的有效实现。

在实施创新行为时，协作是至关重要的前提条件。协作的核心在于知识分享，因为知识在创新过程中占据着核心地位。无论是与客户、员工、合作伙伴，还是通过技术手段（如计算机系统或其他公司），协作的关键在于减少重复性管理事务，使知识工作者能够将精力集中在高价值的创造性工作上。例如，将组织的资本（尤其是人力资本）投入到更高价值的工作中，是电子商务的核心价值所在。电子商务的意义并不在于利用技术以不同方式完成相同任务，而在于利用技术实现前所未有的创新，开拓新的业务领域和机会。

3.1.5　第五阶段：总结与评估阶段

创新成果的评估与总结是创新过程中不可或缺的关键环节。在创新项目完成后，企业需系统性地对创新效果进行全面评估，包括经济效益、社会效益以及技术突破等方面的综合考量。通过科学的总结与分析，企业能够精准识别创新过程中的优势与不足，为后续优化提供依据。同时，这一过程有助于激发组织内部的创新活力，形成持续改进的动力机制，从而推动企业在更深层次、更广领域实现创新突破，进一步提升核心竞争力。

3.2　创新的基本模式

模式是将解决某一类问题的方法进行总结和归纳，并上升到理论高度的结果。而创新模式则是对创新过程中所采用的方式、方法及范式的理论化总结。由于创新过程涉及多种因素，这些因素的不同组合、配置方式及其结构上的差异，形成了多样化的创新模式。以下将介绍近年来较为流行的几种创新模式。

3.2.1　自主创新模式

自主创新模式，指的是创新主体依托自身的研究与开发能力，将科技成果转化为商品，实现产业化和国际化，并从中获取商业利益的一种创新活动。自主创新的显著特征在于其率先性，其核心技术源自企业内部的技术积累与突破。例如，美国英特尔公司在计算机微处理器领域的成就，以及我国北大方正的中文电子出版系统，都是自主创新的典范，这些案例凸显了自主创新与其他创新模式的本质区别。

自主创新作为率先创新，具备一系列显著优势：首先，它使创新主体能够在特定时期内掌握并控制某项产品或工艺的核心技术，从而在某种程度上引领行业发展，赢得竞争优势；其次，自主创新在某些技术领域往往能激发一系列的技术革新，催生新产品，推动新兴产业的成长；再次，它有助于创新企业更早地积累生产技术和管理经验，从而在成本控制和产品质量方面占据优势；最后，自主创新产品初期通常处于市场独占地位，这有利于企业及早构建原材料供应网络和稳固的销售渠道，进而获取超额利润。

然而，自主创新模式亦存在若干不足之处：首先，它要求巨额的资金投入，不仅用于研究与开发，还需维持一支实力雄厚的研发团队，并保持一流的研发水平，例如微软公司一年的研发投入就相当于我国一年的科技经费；其次，自主创新具有高风险性，研究开发的成功率较低，以美国为例，基础性研究的成功率仅为5%，应用研究中仅有50%能取得技术上的成功，30%能实现商业上的成功，而最终能给企业带来利润的仅占12%；再次，自主创新周期长且不确定性大，由于创新难度高、环境复杂，创新过程往往耗时较长，成果产出亦充满变数；此外，市场开发难度大、资金投入多、时滞性强,市场开发的投入收益易被跟随者无偿占有;最后,在一些法律体系不完善、知识产权保护不力的地区,自主创新成果可能面临被侵权的风险,"搭便车"现象难以杜绝。因此,自主创新模式主要适用于那些实力超群的大型跨国公司。

3.2.2 模仿创新模式

模仿创新模式,即创新主体通过借鉴、吸收率先创新者的核心技术与技术秘密,并在此基础上进行改良与深化的创新策略。这一模式被全球众多企业广泛采纳,其本质并非简单的复制,而是基于前人的成果,投入必要的研发力量,以实现技术的优化与升级。模仿创新以其较低的成本投入、较小的风险系数以及良好的市场适应性而著称,其产品在成本效益与性能表现上往往更具市场竞争力,从而实现了较高的成功率和较短的市场响应时间。

然而,模仿创新模式亦有其局限性,主要体现在其被动性与技术前瞻性的不足。当新一轮的自主创新浪潮兴起时,模仿创新者可能会发现自己处于不利的竞争地位,例如日本企业在信息技术革命中的从属角色便是一个例证。此外,模仿创新者还需面对率先创新者设置的技术壁垒与市场壁垒,以及可能的法律与制度障碍,如专利保护制度等,这些都可能成为模仿创新道路上的绊脚石。

3.2.3 合作创新模式

合作创新模式,是指企业之间或企业与科研机构、高等院校等联合开展创新活动的策略。这种模式通常聚焦于新兴技术和高端技术领域,通过合作进行研发。随着全球技术创新的加速和技术竞争的加剧,企业面临的技术问题日益复杂、综合和系统化,单个企业的力量难以应对。因此,在技术创新资源有限的情况下,合作创新成为提升企业自主创新能力的重要途径。

合作创新通常以合作伙伴的共同利益为基础,以资源共享或优势互补为前提,具有明确的合作目标、期限和规则。合作各方在技术创新的全过程或某些环节中共同投入、共同参与、共享成果、共担风险。

合作创新的优势包括:

(1)成本节约。合作创新能降低企业在创新过程中获取研发成果的费用。虽然合作创新涉及研发费用和交易费用,但通过整合资源和有效沟通,总体费用得以降低。

(2)资源互补与共享。合作创新使企业能够与其他组织共享和互补技术创新资源,从而开发出超越企业自身能力的技术成果,推动企业技术水平提升。

(3)技术能力提升。通过合作创新组织,企业可以利用大学或科研机构的研发设备和人员,通过研发活动获取、传递和整合技术能力,促进企业能力发展和组织学习。

(4)市场进入速度加快。合作创新有助于企业快速将新技术推向市场,适应技术迅速发展和产品生命周期缩短的现代商业环境。

然而,合作创新也有其局限性,如企业不能独占创新成果,无法获得绝对垄断优势。此外,合作创新组织需有明确目标,成员需具备专长,并能有效沟通,建立完善的信息交流网络。

总之,合作创新是企业应对高成本、高风险技术创新的有效策略,有助于加快技术研究与产品市场化进程,但同时也需要注意合作过程中的资源共享、沟通协调和成果分配等问题。

3.2.4　破坏性创新

破坏性创新(disruptive innovation)这一概念,由美国哈佛大学商学院著名创新理论学者克莱顿·克里斯坦森(Clayton M. Christensen)于 1997 年在其著作《创新者的困境》(*The Innovator's Dilemma*)中首次提出。破坏性创新是指企业基于够用技术(good enough technology)原则,建立在新技术或是各种技术融合、集成的基础之上,偏离主流市场用户所重视的绩效属性,引入低端用户或新用户看重的绩效属性或属性组合的产品或服务,通过先占领低端市场或新市场,从而拓展现存市场或开辟新的市场,引起部分替代或颠覆现存主流市场的产品或服务的一类不连续技术创新。

这一理论揭示了新兴企业如何通过技术创新和商业模式变革,打破传统市场格局,推动产业升级。它不仅改变了人们对创新的理解,也为企业战略制定提供了重要的理论依据。

3.2.5　开放性创新

开放性创新是一种基于内外资源双向流动、并将内外创新融合的合作创新模式。其核心思想在于企业充分利用一切可用的内外部资源,同时开放自身的非核心技术,与不同规模、不同行业的企业展开合作创新。开放式创新的本质是通过创新资源的流动与交换,在组织间层面实现价值创新。

3.2.6　逆向创新

逆向创新,亦称反向创新(reverse innovation),是一种自下而上的创新模式,指的是首先在发展中国家被采纳并实施的创新,这些创新随后能够对发达国家产生影响。与逆向创新形成对比的是全球本土化,后者指的是发达国家企业在将现有产品推向全球市场时,最多根据当地消费者的习惯对产品进行重新设计,主要目的是增加在发展中国家的销售量。

3.2.7　朴素式创新

朴素式创新理念起源于 20 世纪 50 年代的"适用技术"(appropriate technology)运动。这一创新范式的思想可以追溯到印度传统哲学中的实用主义倾向,即 jugaad。Jugaad 是印度当地的口语,意为"在限制条件下通过创新性方案,利用有限资源即兴设计出有效的解决方案"。其主要思想是在逆境中寻找机会,用更少的资源获得更多的利益,并采用简单的方式解决问题。因此,基于"jugaad"文化思想,印度企业以当地用户需求和市场特征为出发点,通过重新构架产品概念和减少不必要的设计,降低资源利用和生产成本,生产出消费者能负担得起的实用产品。

3.2.8　绿色创新

在全球范围内,随着各国和地区经济活动给生态环境带来的负外部性影响日益重视,绿色创新这一概念应运而生。企业绿色创新是指企业为减少对环境的负面影响而开展的一系列创新活动的总称。这些活动包括开发环保新产品、应用新工艺,以及实施新的或改进的污染控制技术和管理制度等。与绿色创新理念相似的还有可持续创新、生态创新和环境创新,它们共同体现了企业在追求经济效益的同时,注重环境保护和社会责任的可持续发展理念。

3.2.9　整合式创新

整合式创新(holistic innovation,HI)是一种在战略视野驱动下,融合全面创新、开放式创新与协同创新的综合创新范式。其核心由“战略”“全面”“开放”和“协同”四大要素构成,这些要素相互支撑、有机统一,共同构建了整合式创新的理论框架。基于这一框架的创新管理模式,称为整合式创新管理(holistic innovation management,HIM)。整合式创新顺应了人类文明进步、全球和平与可持续发展的时代潮流,不仅满足了企业技术创新战略管理的需求,还为科技强国战略的实施提供了理论支撑,是推动我国企业构建全球创新领导力的重要实践思维。

值得注意的是,这些创新模式并非相互排斥,而是可以灵活结合。首先,企业可根据自身实力和研发水平选择适合的创新模式:实力雄厚的大企业可在优势领域选择自主创新,而中小企业则更适合模仿创新或合作创新。其次,从时间维度看,模仿创新往往是自主创新的必经阶段,企业通过模仿积累技术、资金、管理经验和人才,为后续的自主创新奠定基础。最后,即使是大型跨国公司,在其不同发展阶段或不同技术领域,也可以同时采用多种创新模式,以最大化创新效果。

总之,整合式创新为企业提供了多维度的创新路径,而不同创新模式的有机结合则能够帮助企业更好地适应复杂多变的竞争环境,实现可持续发展。

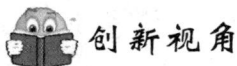

创新视角

杜邦公司:创新驱动,科技引领未来

杜邦公司,一个以科技创新为核心竞争力的百年企业,其自主研发的品牌和产品在全球范围内享有盛誉。特氟龙(teflon)树脂、莱卡(lycra)弹性纤维、特卫强(tyvek)地纺布、Mylar 聚酯薄膜等,这些耳熟能详的产品不仅深受消费者喜爱,更在各自领域引发了革命性的变革。杜

邦的染料技术推动了服装颜料工业的进步,高级油漆的推出加速了汽车工业的发展,玻璃纸的应用则彻底改变了包装行业。而尼龙的发明,更是对全人类生活产生了深远的影响。

自成立之初,杜邦公司便深刻认识到科学技术是推动生产力发展的关键。公司领导层始终秉持着超越当前市场竞争,着眼于未来经济全局的战略眼光。在杜邦的发展历程中,科学研究与产品开发始终是公司战略和市场竞争的核心支撑。杜邦坚持"用创新赢得市场"的营销模式,从公司创立之初便设立了实验室,致力于新技术和新产品的研发。

杜邦公司之所以能在全球化工行业中占据领先地位,很大程度上得益于其对研发的长期投入。公司每年投入超过 11 亿美元的科研开发资金,拥有近 10 万名员工中科研人员占比超过 4%。全球范围内,有 12000 名科学家、工程师和技术人员参与杜邦的研发工作,每年推出数以千计的新产品。这些创新成果不仅为人类科技文明做出了巨大贡献,也使得杜邦在激烈的市场竞争中始终保持领先。

目前,杜邦公司拥有 5000 名高级科技人员,其中一半来自国外。他们以每两三天研制出一种新产品的速度,为公司创造了巨大的财富。杜邦在威尔明顿的实验站拥有 30 座大楼,是世界上最先进的化学实验室之一。这种庞大而高效的研发实力,使杜邦在全球化学工业中占据着无可比拟的优越地位。

杜邦公司的故事,是一部科技创新与市场战略完美结合的传奇。它不仅改变了世界,也为我们展示了科技创新的无限可能。

资料来源:史约克.杜邦帝国:让世界震惊、让历史吃惊的流亡贵族[M].成都:成都出版社,1996.

3.3　创新的衡量尺度

"创新"一词,如一颗璀璨的星辰,频繁闪烁于世界各国政要的演讲之中,成为经济与科技领域热议的焦点。它之所以成为万众瞩目的关键词,是因为它被视作推动经济发展与社会进步的万能钥匙,是斩断纷繁复杂矛盾之结的利剑。创新的核心,在于其孕育价值的非凡能力——无论是经济价值的丰盈,还是社会价值的滋养。对于这一概念,我们可以从多维度的视角来审视和评判其深远意义。

3.3.1　以创新的标准为评判依据

1.新颖性

创新绝非简单的模仿或复制,其核心在于新颖性,这是创新的首要特征。创新意味着对现有不合理事物的批判性继承,摒弃过时的元素,同时确立新的事物。新颖性即"前所未有",在判断劳动成果是否为创新成果时,可从两个层面考量:一是科技发展史上前所未有的原创性成果,属于高水平的创新;二是创新主体自身前所未有地产生的新思想或新成果。前者称为"绝对新颖性"，后者则为"相对新颖性"。对于个体而言，只要其设想或成果源于独立思考或研究，即可视为具有相对新颖性的创新。

当一个人能够发明或思考出对自己而言全新的内容时，便可认为其完成了一项创造性行为。

2. 价值性

新颖性的层次性直接决定了创新价值的层次性。与新颖性相对应，最高层次的新颖性往往对社会产生深远影响，甚至成为划时代的标志。中间层次的创新则具有行业或区域的社会价值，能够为特定领域带来经济效益和社会效益。而最低层次的个体新颖性，其价值主要体现在对个体自身的积极影响。

价值是客体满足主体需求的属性，是主体基于自身需求对客体的评价。创新的目的性决定了其必然带有明确的价值取向。创新成果满足主体需求的程度越高，其价值越大。通常，社会价值越大的创新成果，越能推动社会进步。反之，缺乏社会价值的创新则无益于社会进步，也不具备任何社会意义。

3.3.2　以创新的过程为评判依据

1. 创造性

创造性指的是在创新活动中实现的质的飞跃，这种飞跃使得创新活动与常规活动相比具有显著的突破性。创新，本质上是将创造性的构想转化为实践成果的过程。它首先体现在新产品或新工艺的诞生，或是对现有产品和工艺的显著改进上；其次，也体现在组织结构、制度安排、管理方式等方面的革新上。创造性的核心在于勇于打破常规，同时准确把握时代脉搏，积极探索新路径。

2. 风险性

创新过程涉及众多变量和影响因素，因此其结果往往具有一定的不确定性，即创新活动伴随着较高的风险。正如"一将功成万骨枯"所言，每一个成功的创新背后，往往伴随着无数次的失败尝试。据统计，美国企业的产品开发成功率仅为 20％至 30％，而从设想到最终成功的比例更是微乎其微。

创新的风险性主要源于以下几个方面：首先，创新过程需要大量的资源投入，而这些投入能否转化为价值，受到技术、市场、制度、社会、政治等多重不确定因素的影响。其次，由于竞争过程中的信息不对称，竞争对手的创新活动可能领先一步，导致我们的努力付诸东流。最后，创新计划作为一项决策，难以预见所有未来的环境变化，因此不可避免地带有风险。

3. 高收益性

企业创新的目的在于提升经济效益和社会效益，推动企业发展。创新之所以具有高收益性,是因为在经济活动中,高收益往往与高风险并存。尽管创新的成功率不高,但一旦成功,便能带来丰厚的回报。以微软公司为例,其初期仅有一种产品、三名员工和 1.6 万美元的年收入,但通过持续的创新,最终成为全球领先的高科技公司,其创始人比尔·盖茨也因此成为世界首富。

"天下熙熙,皆为利来;天下攘攘,皆为利往。"正是由于创新在承担高风险的同时可能带来高回报,许多国家设立了风险投资公司,资助创新者进行各种创新试验,以期在部分项目成功后获得高额收益,从而实现持续发展。

4. 系统性和综合性

企业创新是一个涉及战略、市场调查、预测、决策、研发、设计、安装、调试、生产、管理、营销等多个环节的系统性活动。这些环节构成了一个完整的链条,任何一个环节的失误都可能影响整个创新的效果。同时,企业的经营思想、管理体制、组织结构等也深刻影响着创新的成效。因此,创新具有系统性和综合性。此外,创新往往是集体智慧的结晶,需要众多参与者的协作与互动,以产生协同效应,实现预期目标。

5. 时机性

时机是时间与机会的结合体,意味着任何机会都存在于特定的时间范围内。正确识别并充分利用时机,可以带来巨大的发展;反之,错过时机则可能导致努力白费,甚至引发危机。

创新同样具有时机性。随着消费者偏好的不断变化和社会技术水平的持续提升,创新在不同方向和不同阶段都面临着不同的时机。因此,创新者在决策时必须准确把握市场趋势和技术水平,选择正确的创新方向,并识别该方向所处的阶段,以确保创新的成功。

6. 适用性

创新的根本目的在于推动进步与发展,因此,只有真正能够促进企业发展和进步的创新,才是有效的创新。从这个意义上讲,创新并非越奇特越好,而是应以适用为基本原则。由于企业在基础条件、历史背景、所处环境、经营战略等方面存在差异,其面临的问题和目标也各不相同。因此,不同企业应采取适合自身需求的创新方式,确保创新的适用性和有效性。

本章小结

1. 创新是将新思想转化为市场价值的完整过程,涵盖从构思、研发、试制、生产到首次商业化的各个环节。任何环节的缺失或低效衔接都将阻碍创新的最终实现,甚至导致创新滞后。

2. 创新的基本过程包括创新理念酝酿和选择阶段、创新定位阶段、创新方案设计阶段、实施创新行动阶段、总结与评估阶段五个阶段。

3. 创新模式是创新的方式、方法和范式的理论归纳与总结。创新过程涉及因素较多,这些因素组合、配置方式及其结构上的差异构成了创新的不同模式。近几年较为流行的创新模式有：自主创新、模仿创新、合作创新、破坏式创新、开放性创新、逆向创新、朴素式创新、绿色创新、整合式创新等。

4. 创新的核心内涵在于创造价值，而创新的价值评判一方面是创新的新颖性和价值性，即此种创新是否是前所未有的原创性成果和是否能够带来价值。另一方面，是从创新的过程对创新进行衡量，包括创新的创造性、风险性、高收益性、系统性和综合性、时机性与适用性。

关键术语

创新的过程　　创新的模式　　创新的衡量尺度

第 2 篇

创新思维

第 4 章　创新的思维

学习目标

1. 知识层次：了解思维定势的定义与类型；掌握突破思维定势的几种方法。
2. 能力层次：培养学生突破定势的思维能力。
3. 情感层次：激发学生挑战思维定势、拥抱多元思维方式的主动性。

4.1　思维定势

4.1.1　思维定势的含义及作用

思维定势，这一概念最早由德国心理学家缪勒（G. E. Muller）于 1889 年提出，亦被称为"惯性思维"。它原是一个心理学概念，描述的是由先前活动形成的一种对后续活动的特殊心理准备状态或倾向性。简而言之，思维定势是人们在反复使用中，根据积累的思维活动、经验教训和已有的思维规律，形成的较为稳定和定型化的思维路线、方式、程序和模式。

思维定势通常具有两个显著特征。首先是其形式化的结构，即思维定势是一种"纯形式化"的存在，它仅在特定条件下显现。这意味着只有当思维过程发生，被思考的对象填充到这一结构中时，思维定势才显现其存在。没有思维过程，便无所谓思维的惯常定势。其次，思维定势具有强大的惯性。一旦某种思维定势建立，它便能轻易地支配人们的思维过程、心理态度乃至实践活动。改变这种定势需要相当的时间和努力，因为长时间形成的思维定势具有极强的稳固性，甚至顽固性。

当人们面对现实问题或外界事物时，思维定势会将这些纳入特定的思维框架，并沿着特定的思维轨道进行分析和处理。思维定势作为人类的一种思维模式，并非全然无用。在环境不变的条件下，它实际上可以提高思维活动的便捷性和敏捷性，提升思维效率，帮助人们运用已掌握的方法迅速解决问题。在日常生活中，思维定势能帮助我们解决 90％以上的日常问题，从而提高工作和学习的效率。

然而，思维定势的弊端同样明显。在面对新情况、新问题，需要开拓创新时，思维定势可能会禁锢我们的思维，阻碍新构想的产生。此外，它还可能将我们引入认识或处理某些问题上的歧途。在当今这个创新制胜的时代，每个人、每个企业每天都面临着全新的挑战，而思维定势在这时往往成为一种误区，限制我们的思维和行动。因此，认识到思维定势的双刃剑特性，并在必要时打破它，对于个人和组织的发展都至关重要。

4.1.2　影响创新的思维定势及其表现形式

影响创新的思维定势有多种表现形式,主要包括以下五种:从众型思维定势、权威型思维定势、经验型思维定势、书本型思维定势和自我中心型思维定势。

1.从众型思维定势

从众型思维定势源于个体在群体一致性压力下寻求安全感和归属感的行为。它是一种普遍的社会心理现象,表现为个体倾向于跟随大多数人的想法和行为,即“随大流”。这种思维定势的形成通常是由于实际或想象中的社会舆论和群体压力,导致个体在认知和行动上趋向于与多数人保持一致。

从众型思维定势虽然有助于维持群体的稳定性,但它抑制了个体的独立思考和创新能力。为了突破这种思维定势,需要在保持群体和谐的前提下,鼓励个体发挥主观能动性,避免盲目从众。

2.权威型思维定势

权威型思维定势表现为个体对权威观点的无条件接受和遵从。这种思维定势的形成主要来源于两个方面:一是成长过程中的教育权威,二是专业领域的知识权威。虽然权威的观点在特定领域内具有重要参考价值,但过度依赖权威会限制创新思维的发展。

权威型思维定势的弊端在于,它容易使人们固守旧有的权威观点,难以突破传统框架进行创新。例如,历史上长期占据主导地位的“地心说”就是一个典型例子。为了促进创新,必须避免将权威绝对化,鼓励批判性思维和多元化观点的探索。

3.经验型思维定势

经验型思维定势是指个体过度依赖过去的经验来指导当前和未来的行为。虽然经验在某些情况下可以提供有价值的参考,但过度依赖经验可能导致思维僵化,无法适应新的情况和挑战。

4.书本型思维定势

书本型思维定势表现为个体过分依赖书本知识,忽视实践和创新。这种思维定势可能导致理论与实际脱节,限制了创新思维的发展。

5.自我中心型思维定势

自我中心型思维定势是指个体过于关注自身观点和利益,忽视他人的意见和集体利益。这种思维定势可能导致视野狭窄,难以进行有效的团队合作和创新。

各种思维定势在不同程度上影响着创新思维的发展。为了促进创新,必须识别并突破这些思维定势,鼓励独立思考、批判性思维和多元化观点的探索。通过平衡群体稳定性和个体创新,可以更好地推动社会和科技的进步。

4.1.3　走出思维定势的误区

1.突破从众型思维定势

要打破从众型思维定势，我们需要培养一种"反潮流"的精神。这种精神意味着在思考和解决问题时，依靠自己的理性判断，勇于坚持自己的观点，不轻易随波逐流。通常，具有强烈创新思维能力的人往往具备这种反潮流的特质，而那些倾向于从众的人则可能在创新思维上显得较为薄弱。

历史上，真理往往最初只被少数人发现，随后逐渐传播并被大众接受。因此，为了克服从众心理，在面对新情况时，我们不应过分关注多数人的意见，而应勇于打破常规，开拓思路，以发现新事物和新观念。

2.突破权威型思维定势

要克服权威型思维定势，我们需要学会批判性地审视权威。首先，要判断权威是否在其专业领域内。社会上有一种现象是将某一领域的权威不恰当地推广到其他领域。实际上，权威往往局限于其专业领域，一旦超出这个范围，其权威性就可能不复存在。其次，要考虑权威的地域性和时效性。一个在特定时间和地点有效的权威观点，在其他情况下可能不再适用。因此，我们不应盲目接受任何权威论断，而应进行深入分析。此外，还要警惕那些通过非专业手段（如政治地位、经济力量或媒体炒作）建立的权威，以及那些可能受到利益驱动的权威结论。

3.突破经验型、书本型思维定势

要超越经验型和书本型思维定势，关键在于将经验思维提升到理论思维的高度。理论思维，或逻辑思维，是一种基于理论知识并遵循特定逻辑顺序的思维活动。它比经验思维更高级，能够更深入地理解事物的本质和普遍规律。经验思维虽然重要，但它往往局限于表面现象和固定特性，无法揭示事物的内在规律。因此，我们需要通过理论思维来更全面、更深刻地理解事物，从而更有效地指导实践。同时，我们也应该超越书本知识的局限，通过实践学习和跨领域思考来拓宽我们的视野和思维空间。

4.突破自我中心型思维定势

要克服自我中心型思维定势，我们需要学会"跳出自我"，多与他人交流，尝试从他人的角度看待问题，理解自身之外的事物和现象。这种跨越"自我"与"非我"的思维方式有助于我们开阔视野。许多重要的新思想和新观念，如"可持续发展战略"和"地球伦理观念"，都是通过打破自我中心型思维定势而产生的。同样，国际间的"和平共处原则"也是通过超越狭隘的民族主义和意识形态偏见而提出的。这些例子表明，只有当我们能够超越自我中心的视角，才能发现更广阔的世界和更多的可能性。

4.2　创新思维

创新思维是一种在客观需求驱动下,以新获取的信息与已有知识储备为基础,通过综合运用多种思维形态或模式,突破思维定势,对各种信息和知识进行匹配与组合,从而筛选出最优解决方案,或通过系统整合、类比、直觉等方式,创造出新方法、新概念、新形象与新观点的思维活动。这种思维活动能够推动认识或实践实现突破性进展。创新思维以其新颖性、灵活性、探索性、能动性和综合性等特征,成为创新过程中不可或缺的核心手段。

4.2.1　发散思维与收敛思维

著名思想家托马斯·库恩指出,在科学革命时期,发散思维占据主导地位,而在常规科学时期,收敛思维则更为重要。一个优秀的探索者需要在发散思维与收敛思维之间保持恰当的平衡与张力。

1.发散思维

发散思维由美国心理学家 J. P. 吉尔福特提出,是一种针对同一问题从不同层次、不同角度、不同方向进行探索的思维过程。其目的是提供新的结构、新的点子、新的思路或新的发现(见图 4 - 1)。发散思维强调思维的开放性与多样性,是创新过程中激发创意的重要方式。

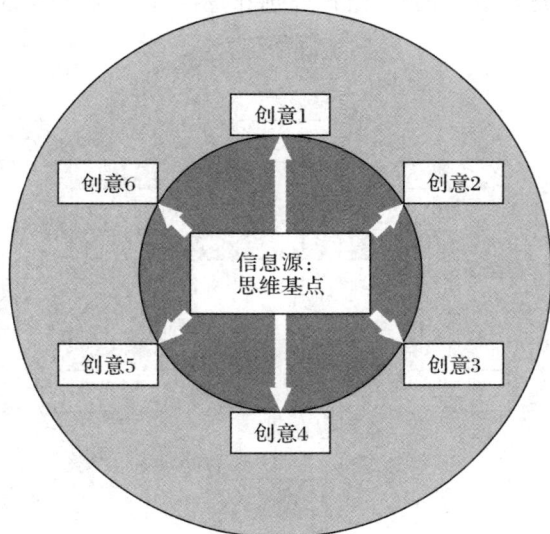

图 4 - 1　发散思维

发散思维在创新创造中扮演着至关重要的角色,它能够激发多样化的解决方案,其核心特征可归纳为以下三点。

（1）流畅性。这一特质体现了思维的敏捷与丰沛，即在有限的时间内，能够迅速产生并表达出大量的想法，同时快速吸收和适应新的概念。它是衡量思维产出量的关键指标。以"取暖"为例，思维的流畅性体现在能够迅速列举出多种方法，如沐浴阳光、围炉取暖、启动空调、使用电暖器、铺设电热毯、进行剧烈运动或增添衣物等，这些都是在同一思维维度上的扩展。

（2）灵活性。灵活性要求打破常规思维的束缚，以全新的视角探索问题。它通过横向比较、跨界融合和触类旁通等策略，使思维在多元化的路径上展开，展现出思维的多样性和多维度。

（3）独特性。独特性是发散思维中的闪光点，它要求以创新的视角审视问题，提出新颖、独特且富有创意的解决方案，从而推动创造性成果的产生。

然而，发散思维所产生的构想往往需要经过筛选和提炼。这时，收敛思维的作用便凸显出来，它能够对发散思维的成果进行筛选，最终提炼出既合理又可行的方案。

2. 收敛思维

与发散思维相呼应，收敛思维致力于将来自不同视角和层面的信息汇聚一堂，依托现有的知识体系进行系统性的整合与处理。它将开放性的思维引导至有序的逻辑框架中，使思维从自由发散转向集中闭合，从而提炼出更为精确和实用的解决方案。

在收敛思维的过程中，关键在于精准地识别出最优方案。这需要对发散思维的成果进行全面评估，通过归纳、分析和比较，进行创新性的整合。这种整合并非简单的信息堆砌，而是围绕既定目标，对现有知识进行有目的的评价、筛选和重构，以实现知识的升华和创新的突破。

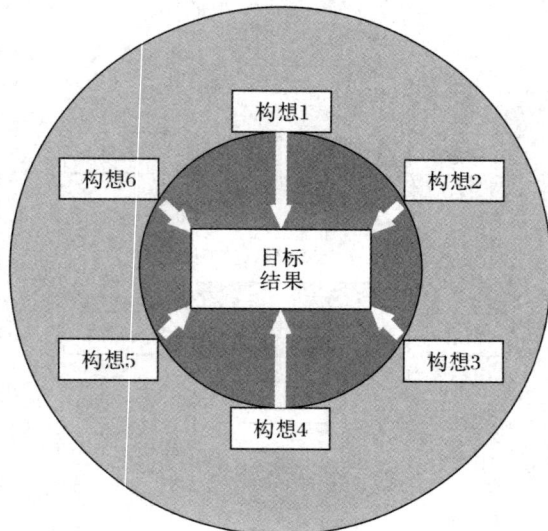

构想1　构想2　构想6　目标结果　构想5　构想3　构想4

图 4-2　收敛思维

4.2.2　纵向思维与横向思维的综合解析

纵向思维是一种通过分析事物的过去、现在和未来,揭示其在不同时期的特点及其内在联系,从而把握事物本质的思维方式。横向思维则是从历史的某一横断面出发,研究同一事物在不同环境中的发展状况,并通过与周围事物的相互联系和比较,找出其在不同环境中的异同。这两种思维方式的综合运用,能够帮助我们对事物形成更全面、更深入的理解和判断,是创造性思维的重要技巧之一。

1. 纵向思维

纵向思维在科学研究和实践活动中得到了广泛应用。事物发展的过程性是纵向思维形成的客观基础。任何事物都会经历萌芽、成长、壮大、发展、衰老和消亡的过程,而这一过程中蕴含着事物发展的规律性。纵向思维正是对事物发展过程的反映,它按照从过去到现在、从现在到未来的时间顺序来考察事物。

纵向思维的一个重要特点是其对未来的预测性。通过对事物现有规律的分析,纵向思维能够推断出未来可能的发展趋势。这种预测性在现实生活中具有广泛的应用价值。例如,在气象预测、地质灾害预测等领域,纵向思维方法被广泛采用,为人们的行为、决策和规划提供了重要的指导。

2. 横向思维

横向思维是由爱德华·德·波诺(Edward de Bono)于 1967 年在其著作《水平思维的运用》中首次提出的。横向思维强调从多个角度入手,打破常规的思维模式,拓宽解决问题的视野,从而找到创新的解决方案。它在创造性活动中发挥着重要作用。

横向思维的核心在于确定一个时间范围内的研究对象,并在这一范围内研究各方面的相互关系。通过横向比较,横向思维将研究对象置于更广泛的环境中,考察其与其他事物的联系,从而揭示出那些在单一视角下不易察觉的问题。横向思维是一种开放性的思维方式,它突破了问题的传统结构范围,将事物置于多种关系和背景中进行比较,甚至从其他领域的事物中汲取灵感,最终找到解决问题的创新路径。

纵向思维和横向思维各有其独特的优势和应用场景。纵向思维注重时间维度上的连续性,帮助我们理解事物的演变规律;横向思维则强调空间维度上的多样性,为我们提供了多角度的分析视角。两者的结合不仅能够深化对事物的理解,还能激发创造性思维,为解决问题提供更全面的思路和方法。

创新视角

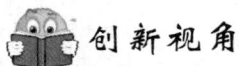

彼特·尤伯罗斯组织1984年洛杉矶奥运会

彼得·尤伯罗斯(Peter Ueberroth)因成功筹办1984年洛杉矶奥运会,被全球知名的《时代周刊》评为1984年度的"世界风云人物"。在尤伯罗斯之前,举办现代奥运会几乎等同于经济上的巨大负担:1976年蒙特利尔奥运会亏损高达10亿美元,1980年莫斯科奥运会更是耗资90亿美元。然而,第23届洛杉矶奥运会却在没有政府资金支持的情况下,实现了2.25亿美元的盈利,这一成就震惊了世界。这一历史性的转变,主要归功于尤伯罗斯在奥运经费筹措上采用的创新性横向思维策略(见图4-3)。

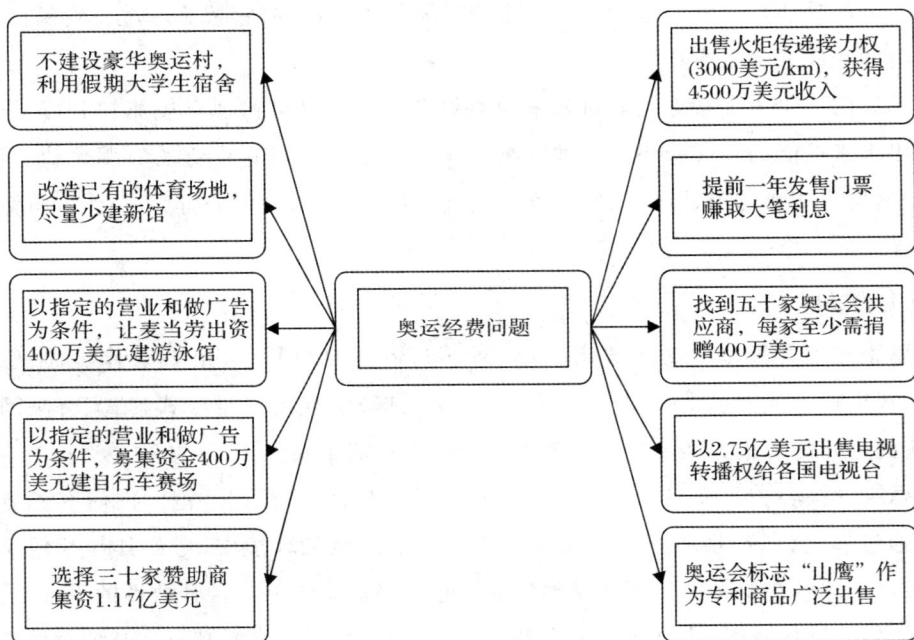

图4-3 奥运会经费问题的横向思维

尤伯罗斯通过创新的商业策略和横向思维,成功将1984年洛杉矶奥运会转变为盈利的盛会,成为奥运会历史上的转折点。以下是他的主要举措:

(1)拍卖电视转播权。尤伯罗斯首次将电视转播权进行拍卖,吸引了多家广播公司竞争,大幅提高了转播收入。

(2)出售火炬传递权。他将火炬传递的参与权商业化,允许公众通过付费参与这一传统仪式,增加了收入来源。

(3)引入新赞助机制。他打破了传统的赞助模式,限制赞助商数量并提高赞助费用,吸引了高端品牌,提升了奥运会的商业价值。

（4）压缩开支。尤伯罗斯避免新建场馆，充分利用现有设施，并招募大量志愿者，大幅降低了运营成本。

（5）不建奥林匹克村。他选择使用大学宿舍等现有设施，避免了新建奥运村的巨额开支。

通过这些措施，尤伯罗斯在没有政府拨款的情况下，实现了 2.25 亿美元的盈利，使洛杉矶奥运会成为近代奥运会中首次盈利的一届。他的成功不仅改变了奥运会的商业模式，也为后续赛事提供了宝贵的经验，因此被誉为奥运会的"商业之父"。

4.2.3　正向思维与逆向思维

正向思维是一种遵循常规逻辑的思维方式，它以时间发展的自然顺序、事物的普遍特征以及一般趋势为基础，是一种从已知到未知、逐步揭示事物本质的思维方法。与之相反，逆向思维则是一种突破常规的思维方式，它通过改变思考对象的空间排列顺序，从反方向寻找解决问题的途径，以实现创造性目标。正向思维与逆向思维并非对立，而是相互补充、相互转化的关系。

1. 正向思维

正向思维是人们日常生活中最常用的思维方式。它基于对事物过去和现状的充分分析，推断事物的未来发展趋势，并提出相应的解决方案。

正向思维的特点包括以下方面：①时间一致性。在时间维度上，正向思维与时间的方向一致，符合事物的自然发展规律和人类认知的逻辑顺序。②规律性。它能够识别和分析具有统计规律的现象，发现符合正态分布规律的新事物及其本质。③高效性。在面对生产生活中的常规问题时，正向思维通常能够高效地找到解决方案，并取得良好的效果。

2. 逆向思维

逆向思维，又称求异思维，是一种对常规观点或既定结论进行反向思考的思维方式。它鼓励人们"反其道而行之"，从对立面探索问题，从而激发新的思想和创造新的可能性。

逆向思维的特点包括以下方面：①可逆性。逆向思维利用事物的可逆性，从反方向进行推理，寻找常规路径之外的解决方案。②创新性。它通过打破常规思维模式，推动思维向对立面发展，从而在逻辑推理的基础上发现新的方法和方案。③广泛适用性。逆向思维适用于各种领域和活动，只要能够从一种角度想到与之对立的角度，就体现了逆向思维的应用。

通过正向思维与逆向思维的结合，人们可以更全面、更灵活地应对复杂问题，既能遵循常规逻辑，又能突破思维定式，从而在创新与实践中取得更好的成果。

4.2.4　求同思维与求异思维

1.求同思维

求同思维是一种在创造性活动中广泛应用的思维策略,其核心在于将两个或两个以上的事物,依据实际需求,巧妙地串联起来进行"求同"探索,寻觅它们之间的契合点,进而从这些契合点中孕育出崭新的创意。这种思维活动,犹如在纷繁复杂的现象中寻找共通的线索,以编织出创新的图案。

求同思维通常从已知的事实或命题出发,通过沿着单一的方向一步步推导,来获得满意的答案。已获得客观事物共同本质和规律的基本方法是归纳法,把归纳出的共同本质和规律进行推广的方法是演绎法。这些过程中,肯定性的推断是正面求同,否定性的推断是反面求同。

求同思维是沿着单一的思维方向,追求秩序和思维缜密性,能够以严谨的逻辑性环环相扣,以实事求是的态度,从客观实际出发,来揭示事物内部存在的规律和联系,并且要通过大量实验或实践来对结论进行验证和检验。

求同思维进行的是异中求同,只要能在事物间找出他们的结合点,基本就能产生意想不到的结果。组合后的事物所产生的功能和效益,并不是原先几种事物的简单相加,而是整个事物出现了新的性质和功能。

创新视角

活版印刷机的诞生与古登堡的贡献

在欧洲中世纪,约翰内斯·古登堡(Johann Gutenberg,1397—1468)发明了具有划时代意义的活版印刷机。这项发明源于古登堡对硬币打印机的研究,这种机器能够在金币上压印出精细的图案,但由于其印刷面积过小,无法应用于书籍印刷。随后,古登堡受到葡萄压榨机的启发,通过对比两种机械的工作原理,他运用"求异思维",将二者的优势巧妙结合。经过反复实验和改进,古登堡成功研制出欧洲第一台活版印刷机。

这项革命性的发明打破了中世纪僧侣和贵族阶层对知识和文化的垄断,使信息得以快速传播。活版印刷机的出现不仅推动了欧洲科学技术的蓬勃发展,也为整个社会的进步做出了不可磨灭的贡献。古登堡的发明标志着人类文明进入了一个新的纪元,为文艺复兴和宗教改革等重大历史事件奠定了重要基础。

2.求异思维

求异思维则是对某一现象或问题,采取多起点、多方向、多角度、多原则、多层次、多结果的全面剖析与深思。它致力于捕捉事物内部的矛盾,揭示表象之下潜藏的事物本质,从而筛选出富有创造性的观点、见解或思想。这种思维方法,如同在迷雾中探寻不同的路径,以期发现那些被常规思维所忽略的独特风景。

在遇到重大难题时,采用求异思维,常常能突破思维定势,打破传统规则,寻找到与原来不同的方法和途径。求异思维的客观依据是任何事物都有的特殊本质和规律,即特殊矛盾表现出的差异性。要进行求异思维,必须积极思考和调动长期积累的社会感受,给人们带来新颖的、独创的、具有社会价值的思维成果。

创新视角

松下无线熨斗的创新之路

在日本家电发展史上,松下电器的熨斗事业部占据着重要地位。该部门不仅于 20 世纪 40 年代成功研制出日本首台电熨斗,更在 80 年代通过一次突破性创新,为整个行业注入新的活力。

80 年代,传统电熨斗市场趋于饱和,销量持续低迷。面对这一困境,松下熨斗事业部亟须找到突破口。被誉为"熨斗博士"的事业部部长采取了一个开创性的举措:他邀请了数十位不同年龄段的家庭主妇,倾听她们作为使用者的真实需求。

在一次座谈会上,一位主妇提出了一个看似简单却极具启发性的建议:"如果熨斗没有电线就好了。"这句话犹如一记惊雷,让部长茅塞顿开。他当即拍板决定开发无线熨斗,并迅速组建了专项攻关小组。

研发过程并非一帆风顺。最初的蓄电池方案因熨斗过于笨重而告失败。但研发团队并未气馁,他们深入观察家庭主妇的实际熨衣过程,发现了一个重要规律:使用者并非持续使用熨斗,而是有约 8 秒的间隔时间用于整理衣物。基于这一发现,团队创新性地设计了充电槽系统——每次熨烫间隙将熨斗放入充电槽,仅需 8 秒即可完成快速充电。这一巧妙设计不仅解决了电池续航问题,还显著减轻了熨斗重量。

这款革命性的无线熨斗一经推出便大获成功,成为当年最畅销的家电产品之一。这个案例生动地展示了:关注用户需求、突破常规思维,往往能带来意想不到的创新突破。松下的成功不仅在于技术创新,更在于其深入理解用户使用场景的洞察力,这种以用户为中心的创新理念,至今仍具有重要的借鉴意义。

在创造性的思维活动中,求同思维与求异思维相辅相成,共同构成了创新思维的丰富内涵。求同思维帮助我们找到事物之间的联系,为创新提供基础;而求异思维则鼓励我们挑战常规,发现新的可能性。两者结合,能够激发更为全面和深入的创新思考。

通过求同思维,我们能够在复杂的事物中找到共性和规律,为创新提供坚实的基础;而通过求异思维,我们能够突破常规,发现新的视角和解决方案。两者的结合,不仅能够提升思维的深度和广度,还能够激发更多的创新灵感,推动事物的发展和进步。

4.3　创新思维的技法

4.3.1　整体思考法

整体思考法是由爱德华·德·波诺(Edward de Bono)所创立的一种全面思考问题的模型。该模型旨在提供横向思维的工具,以减少在无谓争执上的时间消耗。整体思考法将思维方式划分为六种不同的类别,要求思考者在某一时刻仅采用一种思维方式,以此防止思维的混杂,并在需要特定类型思维时提供结构上的便利。此外,这种方法能够将通常的争辩型思维转化为制图型思维,从而以图形的方式清晰地展示思考的路径,这有助于思维的展开与系统性整理(见图4-4)。

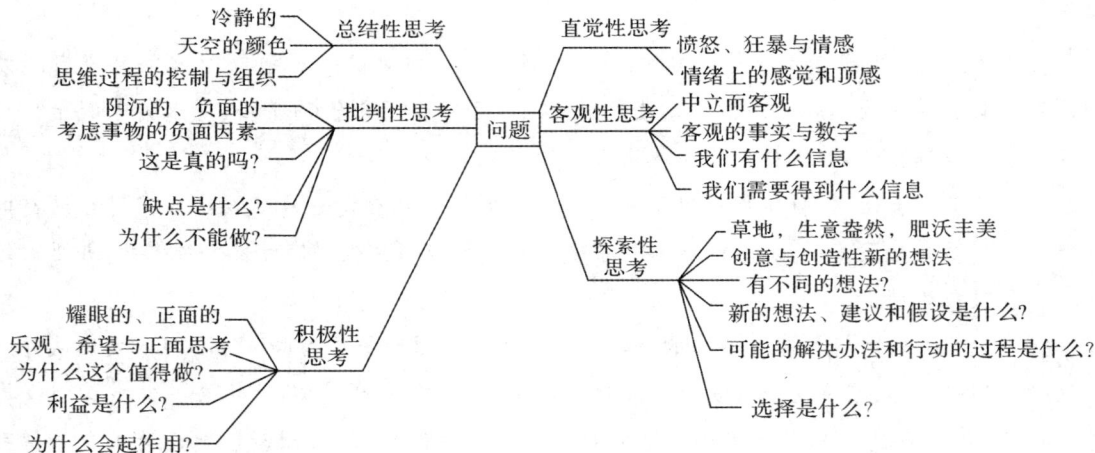

图4-4　整体思考法的不同思维角度

整体思考法是一种多维度的思维方式,它要求我们从不同的视角出发,对问题进行全面的分析和探讨。以下是整体思考法的几个关键角度。

1.客观性思考

客观性思考要求我们摒弃偏见和主观臆断,专注于对事实、数据和信息的搜集与分析。在这一过程中,我们需要回答以下问题以明确信息的现状和需求:

• 已掌握哪些信息?

• 哪些信息尚缺?

• 我们期望获得哪些信息?

• 如何获取这些信息?

2. 探索性思考

探索性思考鼓励我们打破常规,提出创新的想法和选择。这种思考方式在创造性思维中占据核心地位,其价值在于通过后续的加工和提炼,将新颖的观念转化为可行的解决方案。

3. 积极性思考

积极性思考是一种正向的思维模式,它要求我们寻找事物的积极面和发展潜力。例如:

- 它的优势何在?
- 它为何可行?
- 为何值得投入努力?
- 它蕴含了哪些潜在价值?

有时,事物的优势并不显而易见,需要我们主动去发掘。

4. 批判性思考

批判性思考强调在事实的基础上对问题进行质疑和评估,甚至进行逻辑上的否定。这种思考方式有助于我们发现和纠正错误。例如:

- 方案是否有效?
- 是否安全?
- 是否符合事实?
- 是否可行?

批判性思考对于提升决策质量具有重要价值。

5. 总结性思考

总结性思考是对思考过程的反思和总结,它帮助我们对下一步行动做出规划。在进行总结性思考时,我们需要保持思维的清晰和冷静,以决定后续的思考方向和评估已应用的思维模式。

6. 直觉性思考

直觉性思考依赖于我们的直觉和情感反应,它不要求提供具体的理由。例如,对项目的未来发展有何预感? 这种方法能否达成目标? 直觉往往是经验在潜意识中的综合体现,尽管有时难以言表,但在思考过程中却可能发挥关键作用。直觉性思考的结果通常需要通过其他思考方法进行验证。

【4.3.1 小结】整体思考法的常规流程为:客观性思考—探索性思考—积极性思考—批判性思考—总结性思考—直觉性思考。在实际应用中,我们应根据问题的特性和各思考方式的特点灵活调整思考顺序。

4.3.2　多屏幕法

多屏幕法(亦称九屏幕法)是 TRIZ 理论(theory of inventive problem solving)中典型的"系统思维"方法,旨在对情境进行全面分析。该方法不仅关注当前情境及所探讨的问题,还深入考察其在层次结构和时间维度上的位置与作用。多屏幕法以其高度的可操作性和实用性著称,能够有效帮助使用者突破常规思维,挑战既有假设,克服思维定势,从而为解决实践中的复杂问题提供清晰的思维框架(见图 4-5)。

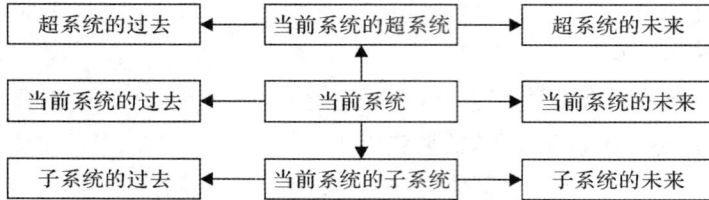

图 4-5　系统思维的多屏幕法

根据系统论的观点,系统是由多个相互关联的子系统构成的整体,这些子系统通过相互作用共同实现特定的功能。系统可以被进一步划分为更高层次的超系统和更低层次的子系统。我们通常将研究的焦点放在"当前系统"上,即问题发生的主要系统。以汽车为例,若将汽车视为当前系统,那么轮胎、发动机和方向盘等便构成了其子系统。同时,汽车本身又是更大系统——交通系统的一部分,因此交通系统被视为汽车的超系统。此外,环境因素如大气和车库等也构成了汽车的超系统。

当前系统的概念是相对的。例如,若将轮胎作为当前系统进行研究,那么轮胎的组成部分如橡胶和子午线等就成了其子系统,而汽车、驾驶员、大气和车库等则构成了轮胎的超系统。在运用多屏幕法进行问题分析和解决时,我们不仅要关注当前系统本身,还需考虑其超系统和子系统的动态;不仅要审视当前系统的历史与未来,还要探究其超系统和子系统的历史演变与未来发展趋势(见图 4-6)。这种方法有助于我们更全面地理解系统的运作机制,并有效地解决系统中的问题。

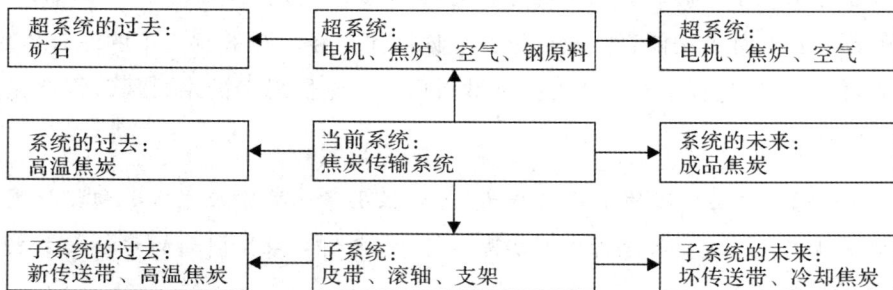

图 4-6　系统思维的多屏幕法的例子:焦炭的皮带传动系统

多屏幕法是一种卓越的问题解析工具,它能够协助我们重新界定任务或冲突,从而开辟解决问题的新路径。该方法通过多层次、多角度地审视与当前问题相关的整个系统(例如汽车),以及与之相关的其他系统,来深入理解问题并探索解决方案。

(1)探究"当前系统的历史"意味着追溯问题出现前系统的状态,包括系统的运行历程和生命周期的各个阶段。这一过程旨在挖掘过去的资源,以预防问题的发生,或通过调整历史状态来减轻问题的负面影响。

(2)展望"当前系统的未来"则涉及预测问题发生后系统可能的状态,并探讨如何利用未来的资源,或通过调整未来状态来预防问题的发生或减轻其影响。

(3)当前系统的"超系统"元素可能包括各种物质、技术系统、自然因素、人类活动及能量流动等。通过分析如何利用和组合这些超系统元素,我们可以找到解决当前系统问题的方法。

(4)同样,当前系统的"子系统"元素也可能包含各种物质、技术系统、自然因素、人类活动及能量流动。通过分析这些子系统元素的利用和组合,我们也能找到解决问题的途径。

(5)分析"超系统的历史"和"超系统的未来"意味着研究问题发生前后超系统的状态,并探讨如何利用和改变这些状态来预防或减轻问题的影响。

(6)分析"子系统的历史"和"子系统的未来"则涉及研究问题发生前后子系统的状态,并探讨如何利用和改变这些状态来预防或减轻问题的影响。

经过这些分析,我们在寻找问题解决方案时,将会发现一系列全新的视角:新的任务定义取代了旧有的,产生了一个或多个新的问题考虑角度,发现了系统中之前未被注意到的资源等。

多屏幕思维方式不仅是一种问题分析工具,它还体现了一种更深入理解问题的思维方式,并确定了解决问题的新途径。虽然并非每个屏幕上的信息都能直接引向新的解决方法,但每个屏幕对于全面把握问题都是有益的。即使暂时找不到好的解决方案,也可以留待未来。练习多屏幕思维方式,不仅能够锻炼人们的创造力,还能提升在系统层面上解决各种问题的能力。

创新视角

焦炭运输中的挑战与创新解决方案

在炼焦工艺中,高温焦炭的运输是一个关键环节。焦炭从炉口产出后,通过传送带输送至指定位置。然而,高温焦炭对传送带的损害是一个亟待解决的问题。

为了解决这一问题,我们采用了多屏幕法构建了焦炭皮带传动系统的多屏幕图(见图4-7)。其构成如下。

. 当前系统:焦炭传送系统;

. 系统的过去:高温焦炭;

　·系统的未来：装在小车中的焦炭、喷淋降温后的常温焦炭；

　·系统的子系统：皮带、焦炭、滚轴、支架等；

　·系统的超系统：电机、焦炉、空气、钢原料等；

　·超系统的过去：矿石；

　·超系统的未来：钢材；

　·子系统的过去：新传送带、高温焦炭；

　·子系统的未来：坏传送带、冷却的煤炭。

图 4-7　皮带传送

　　利用建立的多屏幕图寻找资源解决问题，提出以下几个方案。

　　【方案一】可以利用当前系统的未来资源，将原本在小车中冷却的焦炭提前在传输过程中进行冷却。因此，在皮带上方设立喷淋装置，对传送过程中的焦炭进行冷却，保护皮带。

　　【方案二】可以利用子系统的未来系统。利用已经冷却的焦炭对皮带进行保护。具体做法是，在高温焦炭的出料口之间设置已冷却了的焦炭的出口，让传送带上先铺一层冷却的焦炭，然后再让传送带传输高温焦炭，高温焦炭和传送带之间有一层冷的焦炭隔离，使高温焦炭不会直接伤害传送带，同时高温焦炭最终也会变成冷的焦炭，和预先铺在传送带上的冷却焦炭是相同的物质，所以也不会对焦炭造成自身的污染。

4.3.3　金鱼法

　　在创新的征途中，我们时常会孕育出一些看似天马行空、不切实际的想法。然而，正是这些看似虚幻的构想，有时却能引领我们走向令人惊叹的突破。那么，我们该如何克服对这些"虚幻"想法的本能排斥呢？金鱼法（见图 4-8）为我们提供了一条解决之道。

　　金鱼法的核心在于将一个看似荒诞不经的想法逐步分解，直至其变得切实可行。这一方法的基础是将想法划分为现实与非现实（幻想）两部分，然后对非现实部分进行进一步的细分，直至剩余的非现实部分变得微不足道，而整个想法则逐渐显现出可行性。

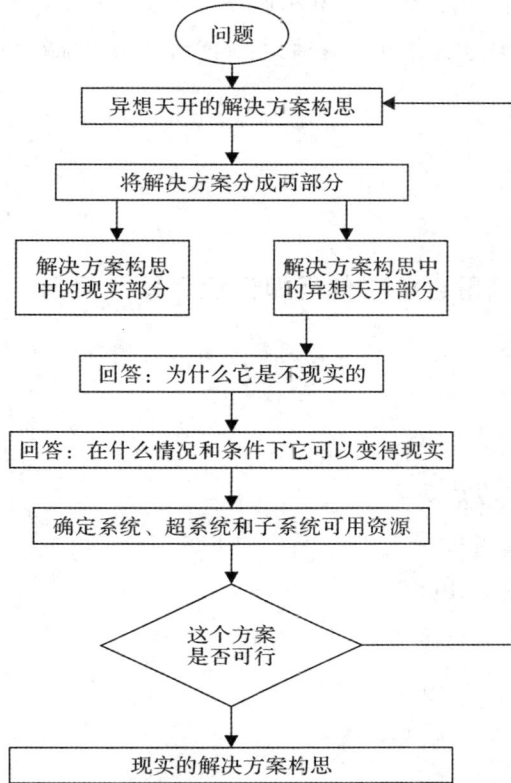

图 4 - 8　金鱼法

金鱼法的具体实施步骤如下：

(1)划分现实与非现实。首先,将不现实的想法明确划分为现实部分与非现实部分。这一步骤要求我们清晰地界定何为现实,何为非现实。

(2)解释非现实的不可行性。接着,深入分析并解释为什么非现实部分在当前看来是不可行的。这一过程需要严谨和精确,以避免最终再次得到一个不可行的想法。

(3)探索转变条件。然后,探讨在哪些条件下,想法的非现实部分可以转化为现实。这一步骤鼓励我们发挥想象力,寻找可能的转变途径。

(4)评估资源可用性。检查系统、超系统或子系统中是否存在资源,能够提供上述转变条件。这一步骤是对现实可行性的进一步验证。

(5)构建解决方案。如果资源可用,那么我们需要定义如何改变情境,以实现想法的非现实部分。将这一新想法与初始想法的现实部分结合,形成一个可行的解决方案构想。

(6)迭代分解。如果现有资源无法满足条件,我们将非现实部分再次分解为现实与非现实部分,并重复上述步骤,直至得出一个切实可行的解决方案构想。

金鱼法是一个不断迭代的分解过程,其精髓在于将幻想的、不现实的问题求解构想,逐步转化为可行的解决方案。通过这种方法,我们不仅能够克服对虚幻想法的排斥心理,还能够在创新的道路上走得更远。

创新视角

用金鱼法分析如何让毛毯飞起来

金鱼法是一种创新思维工具,它通过将问题分解为现实与幻想两部分,来激发创造性解决方案。以下是对如何让毛毯飞起来的金鱼法分析。

步骤一:问题分解

- 现实部分:毯子是存在的实体。
- 幻想部分:毯子能够飞翔。

步骤二:幻想部分的现实性分析

- 毯子比空气重,缺乏克服地球重力的力量。

步骤三:幻想变为现实的条件

- 毯子受到的上升力超过其重力。
- 毯子的重量小于空气的重量。

步骤四:资源清单

- 超系统资源:空气、风(高能粒子流)、地球引力、阳光和重力。
- 系统资源:毯子的形状和重量。
- 子系统资源:毯子中交织的纤维。

步骤五:方案构思

- 毯子纤维与太阳粒子流相互作用,产生飞翔力。
- 毯子材料比空气轻。
- 毯子置于无地球引力的宇宙空间。
- 毯子装备反作用力发动机。
- 毯子下方气压增加,形成气垫效应。
- 磁悬浮技术应用。

步骤六:不现实方案的再分析

- 选择不现实的构想:毯子比空气轻,回到第一步。

步骤一(再次):问题分解

- 现实部分:存在重量轻的毯子,但仍比空气重。
- 幻想部分:毯子比空气轻。

步骤二(再次):幻想部分的现实性分析

• 制作毯子的材料通常比空气重。

步骤三(再次):幻想变为现实的条件

• 使用比空气轻的材料制作毯子。

• 毯子缩小至尘埃微粒大小,密度与空气相等。

• 毯子因空气分子布朗运动而移动。

• 在飞行器内创造飞翔条件,飞行器以自由落体加速度上升,抵消重力。

步骤四(再次):资源清单

• 超系统资源:空气、风(高能粒子流)、地球引力、阳光和重力。

• 系统资源:毯子的形状和重量。

• 子系统资源:毯子中交织的纤维。

步骤五(再次):方案构思

• 采用比空气轻的材料制作毯子。

• 毯子缩小至尘埃微粒大小,密度与空气相等。

• 毯子因空气分子布朗运动而移动。

• 在飞行器内创造飞翔条件,飞行器以自由落体加速度上升,抵消重力。

步骤六(再次):不现实方案的再分析

• 继续循环,直至找到可行的解决方案。

通过金鱼法的反复迭代,我们可以不断挑战和扩展我们的思维边界,最终可能会发现让毛毯飞起来的创新方法。

本章小结

1.思维定势,又称"心理定势",具有双重性。一方面,它能提升思维的便捷性和敏捷性,从而提高思维效率;另一方面,若将其绝对化和固定化,则会成为束缚思维创新的框架,阻碍创新思维的发展。

2.从众型思维枷锁指的是人们在心理上倾向于相信多数人的观点,认为多数人的知识和信息来源更广泛、更可靠,正确的概率更高。当个人的判断与多数人发生冲突时,个人往往会跟随多数人,怀疑并修正自己的判断。

3.权威型思维枷锁表现为不加批判地引用权威观点,以权威的观点作为判断是非的最高标准,不敢挑战权威的界限。

4.经验型思维枷锁表现为过分依赖狭隘的个人经验,极大地限制了视野,阻碍了思维的开放性和创新性。

5. 书本型思维枷锁指盲目迷信书本知识，忽视现实生活的多样性和复杂性，甚至用书本知识去裁剪现实，从而禁锢思想，阻碍创新。

6. 发散思维是创新思维的核心，其形式包括结构发散、因果发散、属性发散、关系发散和功能发散。它通过对同一问题的多层次、多角度、多方向探索，提供新的结构、点子、思路或发现。

7. 创新思维是在客观需求的推动下，基于新获得的信息和已有知识，综合运用多种思维方式，突破思维定势，通过信息与知识的匹配、组合，或选择最优解决方案，或系统整合，或借助类比、直觉等创造出新方法、新概念、新形象、新观点，推动认识或实践取得突破性进展。

8. 收敛思维是将不同角度和层面的信息聚集在一起，利用已有知识和经验，重新组织和整合信息，从开放的自由状态向封闭的点进行思考，逐步引导到条理化的逻辑序列中，以产生新的想法或解决方案。

9. 横向思维通过截取历史的某一横断面，研究同一事物在不同环境中的发展状况，并通过与周围事物的联系和比较，找出其在不同环境中的异同。纵向思维则通过分析事物的过去、现在和未来，发现其在不同时期的特点及前后联系，从而把握事物的本质。

10. 正向思维是按照常规思路，以时间发展的自然过程、事物的常见特征和一般趋势为标准，从已知到未知揭示事物本质的思维方式。逆向思维则反其道而行之，跳出常规，从反方向寻找解决方案，是一种突破常规的思维方式。

11. 求同思维是指在创造活动中，将两个或更多事物联系起来，寻找它们的结合点，从而产生新创意。求异思维则是对某一现象或问题进行多起点、多方向、多角度、多原则、多层次、多结果的分析，捕捉事物内部的矛盾，揭示本质，从而选择富有创造性的观点或思想。

本章通过对多种思维方式的探讨，揭示了思维定势的双重性以及创新思维的重要性，强调了发散思维、收敛思维、横向思维、纵向思维、正向思维、逆向思维、求同思维和求异思维在突破思维枷锁、推动创新中的关键作用。

关键术语

思维定势　从众型思维定势　权威型思维定势　书本型思维定势　经验性思维定势　自我中心型思维定势　创造性思维方式　发散思维　收敛思维　横向思维　纵向思维　正向思维　逆向思维　求同思维　求异思维

第5章 十个常用方法与工具

学习目标

1. 知识层次：了解十大方法与工具的定义，学会十大方法的具体步骤。
2. 能力层次：学会采用适切的方法解决学习与工作中的特定问题。
3. 情感层次：培养处处皆可创新的意识。

5.1 强制联想法

5.1.1 定义与起源

强制联想法是一种通过强制性连接方式激发创造性构想的方法，也被称为焦点法。该方法由美国学者查尔斯·S.惠特（Charles S. Whiting）提出。其核心操作是首先选定一个需要改进的焦点事物，然后广泛罗列与之无关的其他事物，接着强行将这些事物与焦点对象结合，最终筛选出最佳方案。

5.1.2 技法

1.接近联想

接近联想是指由于时间或空间上的接近而引发的不同事物之间的联想。例如，门捷列夫在发现元素周期表时对未知元素位置的判断，以及卢瑟福在研究原子核时提出存在质量与质子相同的中性粒子。在诗歌中，时空接近的联想表现为："春江潮水连海平，海上明月共潮生。滟滟随波千万里，何处春江无月明。"这里，春江、潮水、大海与明月（既相远又相近）被巧妙地联系在了一起。

2.相似联想

相似联想是指由一事物联想到与其性质相类似的另一事物。例如，"春蚕到死丝方尽，蜡炬成灰泪始干"和"床前明月光，疑是地上霜"等诗句，都是通过相似联想将不同事物联系在一起。

3.对比联想

对比联想是由事物间完全对立或存在某种差异而引起的联想。文学艺术中的反衬手法就是对比联想的具体运用。例如,描写岳飞和秦桧的诗句:"青山有幸埋忠骨,白铁无辜铸佞臣。"通过对比忠臣与奸臣,突出了两者的对立。

4. 因果联想

因果联想是指由于两个事物之间存在因果关系而引起的联想。这种联想往往是双向的,既可以从因想到果,也可以从果追溯到因。例如,早上看到地面潮湿,会联想到可能是夜间下过雨。在广告中,常用这种因果关系来揭示某种商品可以满足消费者的某种需要,从而将商品观念与需要观念联系起来,突出产品的个性。例如,凤凰自行车针对青少年消费群体制作的广告:"独立,从掌握一辆凤凰车开始。"因果联想能帮助消费者将商品与其自身需要联系起来,取得较好的效果。

5. 类比联想

类比法是通过将一种事物与另一种(类)事物进行对比,从而进行创新的方法。其特点是以大量联想为基础,以不同事物间的相同或类比为纽带。根据不同的类比形式,可分为以下几种。

(1)直接类比法。例如,鱼骨——针,酒瓶——潜艇。

(2)间接类比法。例如,负氧离子发生器。

(3)幻想类比法。例如,第一台电子计算机的诞生。

(4)因果类比法。例如,气泡混凝土。

(5)仿生类比法。例如,抓斗、电子蛙眼、蜻蜓翅痣与机翼振动。

通过这些不同的联想技法,强制联想法能够有效地激发创造性思维,帮助人们在解决问题和创新时找到新的思路和方法。

5.2 逆向思维法

5.2.1 定义与起源

逆向思维,亦称反向思维或求异思维,是一种对普遍接受的观点或既定结论进行反向思考的思维方式。它鼓励我们挑战常规,勇敢地"反其道而思之",将思维引向对立面,从而在问题的反面进行深入探索,激发新思想,塑造新形象。当众人沿着传统的思维路径前行时,逆向思维者却独辟蹊径,向相反的方向进行思考。人们通常习惯于按照事物发展的自然顺序来思考问题并寻找解决方案。然而,对于某些特殊问题,采取从结论回溯,逆向推理的方法,即从答案反推至已知条件,往往能够使复杂问题迎刃而解,展现出逆向思维的独特魅力与实效。

5.2.2　方法步骤

(1)设定主题。明确讨论或研究的核心主题,确保所有参与者对目标有清晰的理解。

(2)列出假设及规则。围绕主题,列出相关的假设和规则,这些是当前思考的基础框架。

(3)反转每一个假设和规则。对列出的假设和规则进行逆向思考,尝试从相反的角度重新定义它们。

(4)思考如何在反转规则下找出完成的方法。在反转后的规则框架内,探索新的解决方案或方法,挑战传统思维模式。

(5)选定一项或两项反转规则,改变可行的点子。从反转的规则中选择最具潜力的一个或两个,进一步深化和细化,转化为实际可行的创新点子。

通过这种方法,可以激发创造性思维,突破常规限制,发现新的可能性。

5.2.3　技法

1.反转型逆向思维法

这种方法是指从已知事物的相反方向进行思考,以产生新的发明构思。通常,这种思维方式会从功能、结构、因果关系三个方面进行反向思考。例如,市场上销售的无烟煎鱼锅就是将传统煎鱼锅的热源从锅底移至锅顶,这一创新正是反转型逆向思维在结构设计上的应用。

2.转换型逆向思维法

当解决某一问题的方法受阻时,转换型逆向思维法提倡转换手段或思考角度,以寻找新的解决途径。历史上著名的司马光砸缸救人的故事,就是这一思维方法的典型例证。面对无法通过常规方法救出落水儿童的困境,司马光转换思路,采取破缸的方式,成功地解决了问题。

3.缺点逆向思维法

这种思维方法强调利用事物的缺点,将其转化为有利条件,从而化被动为主动,化不利为有利。与克服缺点不同,缺点逆向思维法旨在发掘缺点的潜在价值,并加以利用。例如,金属腐蚀通常被视为负面现象,但通过这一原理,人们可以生产金属粉末或进行电镀等工艺,这正是缺点逆向思维法的巧妙运用。

5.3　SCAMPER 检查表法

5.3.1　定义与起源

SCAMPER(substitued,combine,adapt,magnify,put to other use,eliminate,reverse)法，由美国心理学家罗伯特·F.艾伯利(Robert F. Eberle)提出，是一种创新的设问技术。该方法通过一系列预设的问题对现有问题进行全面审视，激发多样化的创造性思维，旨在推动创新、发明和问题解决。SCAMPER 因其操作简便、适用性广以及融合了多种创新技巧，被誉为"创造技法之母"。它广泛应用于产品改进、商业模式创新及服务优化等领域。

5.3.2　方法步骤

(1)问题识别。首先，明确并列出阻碍团队前进的产品或服务问题、障碍和困惑。

(2)寻找切入点。根据 SCAMPER 的七个创新切入点，为每个问题找到合适的切入点。

(3)设计问题。围绕创造目标或待解决问题，设计具体的问题。

(4)讨论与研究。逐一讨论每个问题，探索解决方案和创新思路。

(5)方案评估与实施。评估提出的解决方案的可行性，并实施流程改进或产品改良。

5.3.3　技法详解

SCAMPER 法包含以下七个创新切入点，每个点都旨在从不同角度激发创新思维(见图 5-1)。

发想主题：		
S	Substitute（取代）	主题可以取代什么？可以被什么取代？
C	Combine（组合）	主题可以与什么结合？
A	Adapt（改造）	主题有什么地方可以改进、加强？
M	Magnify（扩大）	主题可以被方法变多、变得夸张吗？
P	Put to other use（他用）	主题可以用在传统意外的场合吗？
E	Eliminate（减少）	主题可以被缩小、变少吗？
R	Reverse（反转）	顺序可以相反或重新排列吗？

图 5-1　SCAMPER 法的七个切入点

(1)S(取代)。探索替代方案，考虑现有元素或材料是否可以被其他更优选项替代。例如，使用塑料或木材替代金属，或采用人造材料替代天然资源。

（2）C（组合）。考虑将不同元素或概念结合，创造出新的解决方案。例如，橡皮头铅笔是铅笔与橡皮擦的结合，外卖行业是美食与物流的结合。

（3）A（改造）。审视并改造现有事物的特性和功能，以适应新的需求。例如，手机从键盘输入到触摸屏输入的转变。

（4）M（扩大）。通过放大或缩小等手段，调整事物的特性。例如，物流配送从仅限于信件扩展到多种物品。

（5）P（他用）。探索现有事物的新用途，开拓新的应用领域。例如，微爆技术从其他领域引入，用于消除肾结石。

（6）E（减少）。识别并去除不必要的元素，简化或创新产品。例如，电脑体积的减小导致了平板电脑和掌上电脑的出现。

（7）R（反转）。尝试将事物的某些特性反转，以发现新的可能性。例如，飞机螺旋桨从头部移至顶部，演变为直升机。

通过这七个切入点，SCAMPER 法帮助团队系统地探索和实现创新，推动产品和服务的持续改进。

5.4　智力激励法

5.4.1　定义与起源

智力激励法，又称“头脑风暴法”，由创造工程学的奠基者亚历克斯·奥斯本（Alex Osborn）于 1939 年创立。该方法通过群体思维的互激效应，针对特定问题进行集体创造活动，旨在激发参与者的创造力，集思广益，为解决问题提供了多样化的新设想。

智力激励法是一种基于群众路线的发明创造方法，通过特殊的会议形式，鼓励与会者畅所欲言，充分发挥集体智慧。该方法迅速被全球广泛采用，并被誉为创造技法的“母法”，因其能够有效打开创造者的想象空间，为创造性解决问题提供了丰富的思路。

智力激励法的核心在于“集智”和“激智”。

（1）集智：集中众人的智慧，其基础是相信每个人都具有创造力。

（2）激智：激发参与者的潜在创造力。通过时间限制营造紧张氛围，使参与者的大脑处于高度兴奋状态，从而激励创造性设想的产生。同时，人数限制确保每位参与者都能充分表达意见，提升参与热情，实现自我价值。无论是书面还是口头的意见，都能得到充分交流，促进思想碰撞，提升思维的数量和质量。

智力激励法从“独奏”开始，逐步引发“共振”，最终获得创造性成果。因此，该方法应用广泛，备受重视。

在群体决策中,成员容易受到权威或多数意见的影响,形成"群体思维",从而削弱批判精神和创造力,降低决策质量。为提高群体决策的创造性和质量,管理领域发展了一系列方法,头脑风暴法便是其中的典型代表。

5.4.2　应用步骤

(1)明确问题。清楚地阐述问题或讨论主题,确保每位参与者都能理解。

(2)轮流发言。每位小组成员依次陈述观点(若无观点可跳过),确保每个人都有机会表达。

(3)记录观点。将所有观点记录下来,讨论结束前不对任何观点进行评论。这一做法特别适用于成员自信心水平不同的情况,既能鼓励沉默寡言者提出观点,也能防止能言善辩者垄断讨论,从而促进自由表达。

(4)核对分类。列出所有观点后,请小组成员核对并分类整理。

(5)评论与延伸。小组依次评论每个观点,延伸其意义,综合或取消部分观点。

(6)分组与优先级。将观点分组,归类到不同标题下,并确定优先考虑的重要方面。在全组范围内争取一致意见时,需设定时间限制,以避免"聊天现象"影响效率。

通过以上步骤,智力激励法能够有效激发集体智慧,为创造性解决问题提供系统化的支持。

5.4.3　四个基本原则

1.自由畅想原则

自由畅想原则的核心在于追求新颖、奇特和与众不同,这是智力激励法的关键。这一原则要求与会者大胆放开思维,不受传统思维模式、常规逻辑以及已知定律、定理、公式、法则和常识的束缚。通过克服心理惯性和思维惰性,思想处于自由驰骋的状态,可充分运用创造性思维,从广泛的学科领域中寻找独特且富有创意的设想。

2.庭外判决原则(延迟评判原则)

延迟评判原则是智力激励法中至关重要的一条。它要求在讨论问题时,避免过早地对提出的设想进行任何形式的评判,无论是肯定还是否定。这一原则旨在防止评判对创造性思维的抑制作用,确保自由畅想原则的顺利实施,营造良好的激励氛围。延迟评判包括三个方面:一是不做任何否定或肯定的评价;二是不批判他人,也不自我批判;三是不仅在言语上避免评判,心理上也不应产生评判的念头。需要注意的是,延迟评判并非完全不评价,而是将评价推迟到会议结束后进行。

3.综合改善原则

综合改善原则是头脑风暴法成功的关键之一。它要求与会者在讨论过程中,紧密跟随他人的发言,并在他人方案的基础上形成自己的思路。这一原则鼓励与会者积极参与知识互补和智力互激的活动,通过信息增殖激发更多创意。在智力激励会上,每个人提出的新设想都能为他人提供信息刺激,产生知识互补和思维激发的效果。只有通过这种互动,才能实现群体思维的链式反应,达到激励的效果。如果与会者不倾听他人的发言,或仅仅关注自己的解决方案,头脑风暴会就会变成普通的汇报会,失去其应有的激励作用。因此,与会者应认真倾听他人的想法,及时修正和完善自己的设想,或将他人的想法与自己的思路结合,提出更完善的创意。

4.以量求质原则

以量求质原则强调通过大量设想的提出,来保证最终方案的质量。奥斯本认为,理想的解决方案往往是一个逐步逼近的过程,最初的设想通常并非最佳。经验表明,具有实际价值的创造性设想往往出现在大量设想之后。如果仅仅满足于提出少量方案,可能会错失最优解。因此,这一原则要求与会者在有限的时间内,尽可能多地提出新设想,通过思维的流畅性、灵活性和求异性,激发更多的创意。只有在积极活跃的氛围中,才能引导与会者集中精力构思新设想。量变引发质变,只有提出足够多的方案,才能从中筛选出最具创新性和实用性的解决方案。

四项原则通过以下七条具体会议规则来实现,以确保与会者之间的智力互激和思维共振。

(1)禁止评判。无论是自我评判还是相互评判,都应避免过早进行。过早的评判会抑制创造性思维,阻碍新设想的提出。

(2)自由思考。与会者应无拘无束地畅所欲言,充分发挥想象力,从各个领域广泛寻找创新方案。

(3)平等对待。与会者不分等级,平等参与讨论。

(4)禁止私下交谈。避免干扰他人的思维活动,确保会议始终围绕一个中心进行。

(5)避免集体或权威意见的压制。不允许用集体或权威的意见阻碍个人的创新思维。

(6)不做判断性结论。在开会过程中,任何人都不应对提出的设想做出判断性结论。

(7)记录所有设想。无论设想的好坏,一律记录下来,确保不遗漏任何可能的创意。

当与会者提出的设想基本满足会议目的时,会议可以结束;如果未能达到要求,则可以更换一批人进行新一轮讨论。主持人将汇总、分类和加工记录,使用决策树等科学方法进行决策处理。这种方法不仅适用于创新创造发明,还可用于改进工作和优化管理。

5.5　"635"脑力激荡法

5.5.1　定义与起源

"635"脑力激荡法,又称"默写式智力激励法",是由德国创造学家鲁尔巴赫(Ruhrbach)提出的一种创新思维方法。该方法基于德意志民族偏好沉思的性格特点,同时针对传统头脑风暴法中多人争相发言导致点子遗漏的缺点进行了改进。与头脑风暴法类似,"635"脑力激荡法也鼓励自由提出设想,但其核心区别在于参与者将设想写在卡片上,而非口头表达。

　　头脑风暴法虽然强调严禁评判和自由表达,但部分参与者可能因性格内向、不善言辞或担心与他人想法重复而选择沉默。"635"脑力激荡法通过书面形式记录设想,有效避免了这些问题,确保每位参与者都能充分贡献自己的创意。

5.5.2　具体步骤

　　1.准备工作

　　(1)以 A 至 F 代表 6 位参与者,他们围坐在环形会议桌旁。

　　(2)每人面前放置一张画有 6 个大格、18 个小格(每大格包含 3 个小格)的记录表(见表5-1)。

表 5-1　"635"脑力激荡法记录表

1A	1B	1C
2A	2B	2C
3A	3B	3C
4A	4B	4C
5A	5B	5C
6A	6B	6C

　　2.主题公布与重新表述

　　主持人公布会议主题,并要求参与者对主题进行重新表述,以确保所有人对问题的理解一致。

　　3.第一轮设想提出

　　(1)计时开始,第一个 5 分钟内,每位参与者在记录表的第一个大格内写出 3 个设想。

　　(2)每个设想应简明扼要,分别填写在一个小格内。

　　4.传递与第二轮设想提出

　　(1)第一个 5 分钟结束后,每位参与者将记录表顺时针(或逆时针)传递给左侧(或右侧)的同伴。

　　(2)在接下来的 5 分钟内,每位参与者在下一个大格内再提出 3 个设想。

　　(3)新提出的设想应尽量受到已有设想的启发,同时避免重复。

　　5.重复传递与设想提出

　　(1)按照上述方法,依次进行第三至第六轮,每轮 5 分钟,共 30 分钟。

　　(2)最终,每张记录表上将写满 18 个设想,6 张表共产生 108 个设想。

6. 整理与归纳

会议结束后，主持人组织参与者对所有设想进行整理、分类和归纳，筛选出可行且具有创新性的解决方案。

5.5.3 注意事项

(1)保持沉默。会议过程中，参与者不能说话，但思维可以自由发散。

(2)高效协作。6 人同时作业，能够产生更高密度的设想。

(3)借鉴与改进。参与者可以参考他人传递来的设想，并在此基础上进行改进或创新。

(4)平等参与。该方法不受参与者地位或性格影响，确保每位成员的意见都能得到充分表达。

补充说明：记录表尺寸为 A4 纸张，上面画有横线，每个大格内包含 3 个小格，分别标注序号 1～3，便于设想的有序记录。

通过以上步骤和注意事项，635 脑力激荡法能够有效激发团队创造力，为问题解决提供多样化的思路和方案。

5.6 KJ 法

5.6.1 概念与起源

KJ 法，全称为 Kawakita Jiro 法，又称 A 型图解法或亲和图法，是一种用于整理复杂信息、激发创造性思维并寻找问题解决方案的方法。该方法由日本东京工业大学教授、人文学家川喜田二郎(Kawakita Jiro)于 1964 年提出，KJ 即其姓名的英文首字母缩写。川喜田二郎在长期的野外考察中，总结出一套科学发现的方法，即通过收集大量看似不相关的事实，对其进行有机组合和归纳，从而揭示问题的全貌，建立假说或新学说。后来，他将这一方法与头脑风暴法结合，发展出兼具提出设想和整理设想功能的 KJ 法。

KJ 法的核心工具是 A 型图解，即通过收集与特定主题相关的大量事实、意见或构思，利用其内在关系进行分类和综合。这种方法能够帮助人们打破思维定式，激发创造性思维，并通过协同行动解决问题。自 1964 年提出以来，KJ 法因其高效性在日本迅速流行，成为一种广泛应用的创造性技法。其主要特点在于通过比较和分类实现综合创新，既可由个人独立完成，也可通过集体讨论进行。

5.6.2 具体步骤

(1)准备阶段。确定主持人和与会者(通常 4～7 人)，准备好黑板、粉笔、卡片、大张白纸、文具等工具。

（2）头脑风暴会议。主持人引导与会者提出 30～50 条设想，并依次记录在黑板上。

（3）制作卡片。主持人与与会者共同将提出的设想简化为 2～3 行的短句，并写在卡片上。每人一套卡片，称为"基础卡片"。

（4）分组阶段。与会者根据个人思路将卡片分组，内容相似的卡片归为一组，并为每组添加一个适当的标题，写在绿色卡片上，称为"小组标题卡"。无法归类的卡片自成一组。

（5）合并中组。将各人制作的小组标题卡和独立卡片集中，通过讨论将内容相似的小组进一步合并，并为每组添加一个标题，写在黄色卡片上，称为"中组标题卡"。无法合并的卡片仍自成一组。

（6）归并大组。再次通过讨论，将中组标题卡和独立卡片中内容相似的部分进一步合并为大组，并为每组添加一个标题，写在红色卡片上，称为"大组标题卡"。

（7）编排卡片。将所有分类后的卡片按照隶属关系贴在大张白纸上，并用线条连接有逻辑关联的卡片。若发现编排不合理，可重新分组和排列，直至找到清晰的逻辑联系。

（8）确定方案。通过卡片分类，逐步揭示解决问题的方案或最佳设想。最终方案可通过会议讨论或专家评审确定。

KJ 法通过系统化的信息整理和分类，帮助团队从复杂现象中提炼出清晰的思路，为创造性解决问题提供了有效路径。

知识补充站

日本公司运用 KJ 法解决通信科问题

日本某公司通信科科长发现科员对工作中存在的问题颇有微词，但由于倒班人员众多且工作繁忙，难以召开座谈会集中听取意见。为此，科长决定采用 KJ 法来系统性地收集并解决科员的不满。实施步骤如下。

1. 问题收集

科长首先留意科员间的日常对话，并将反映问题的只言片语逐一记录在卡片上，每张卡片记录一条问题。例如：有时缺少电报用纸；交接班时遗留工作未完成；电传机位置需要调整；接收机噪声过大；资料查找过程烦琐；夜班人员组合需要优化；打字机台滑动不顺畅。

2. 问题分类

科长将内容相似的卡片进行分组。

（1）接收机噪声问题。其他公司已为接收机安装隔音罩，科员建议本公司也采取类似措施。

（2）交接班流程问题。科员希望制定更简单明了的交接班程序，以减少工作遗漏。

3. 问题归纳与关键点提炼

通过对分组卡片的分析，科长发现了一些潜在的关键问题。例如：由于每个季节的业务高峰时间不同,现有的倒班制度需要调整;交接班时间应根据季节业务高峰或电车客流量高峰进行优化。

改进措施:科长根据分析结果拟定了一系列具体改进措施,并征求了部分科员的意见进行完善。最终实施的改进措施包括:①为接收机安装隔音罩以减少噪声干扰;②优化交接班流程,确保工作交接清晰明确;③根据季节和客流高峰调整倒班制度,提升工作效率。

实施效果:改进措施实施后,科员们对工作环境的满意度显著提升,问题得到了有效解决。

备注:本例并未严格遵循 KJ 法的标准程序,但在实际应用中,创新技法的使用往往需要根据具体情况进行灵活调整,以达到最佳效果。

5.7 移植法

5.7.1 概念与起源

移植法是一种创新思维方法,它通过将某一学科或领域中的原理、技术或方法应用到其他学科或领域中,为解决新问题提供灵感和帮助。这种方法依赖于联想和类比,试图在看似不相关的两个事物或现象之间建立联系,因此与联想和类比密切相关。移植法的核心在于将成熟的成果转移到新领域,以解决新问题。

在运用移植法时,通常有两种思路:一种是"成果推广型移植",即将现有的科技成果扩展到其他领域,关键在于理解现有成果的原理、功能及适用范围,并利用发散思维寻找新的应用场景;另一种是"解决问题型移植",即从问题出发,通过发散思维找到现有成果,并通过移植解决问题。

移植法是一种高效的创新方法,它能够将某一领域的成熟技术推广到其他领域,从而形成新技术。当企业在创新过程中遇到瓶颈时,跳出固有领域,借鉴其他领域的经验和方法,往往能带来意想不到的突破。正如蒙田所言:"我宁愿拥有一个开放的头脑,而不是一个被填满的头脑。"移植法正是这种开放思维的体现,它鼓励我们跨越界限,寻找新的可能性。

5.7.2 技法

移植是一种将对象从其原有的时空位置和作用中抽离,安置于新的环境以实现不同功能的方法。技术与功能的转移,往往通过改变事物的位置、结构、材料和方法来实现。因此,移植创新技法可以分为原理移植、方法移植、结构移植、材料移植和综合移植五种。

1.原理移植

原理移植涉及将一个学科的科学原理应用于解决另一个学科的问题。例如,电子语音合成技术最初应用于贺年卡,随后被用于倒车提示器,再后来被用于制作能够哭、笑、说话、唱歌和奏乐的玩具。这种技术的原理通过不同的结构设计、材料选择和加工方法,可以实现多种功能。因此,探索现有事物的原理,开发其新领域或新用途,是技术创新的源泉。

当现有事物的原理被发掘或开辟出新用途时,只需通过新的结构、材料或制造工艺,就能创造出新产品。例如,香水喷雾器的雾化原理被应用于油漆喷枪、喷射注油壶和汽化器等,尽管这些产品的内部构造、外观、材料和加工工艺各不相同,但它们的原理功能相同。

2.方法移植

方法移植涉及将一个学科或领域的方法应用于解决另一个学科或领域的问题。方法移植不仅限于制造方法,还包括使用方法。科学研究的理论创新和技术发明的实现,往往伴随着方法的更新与突破。方法的移植具有广泛的适用性,能在多个科研和技术创造领域发挥重要作用。

笛卡儿曾言:"最有价值的知识,是关于方法的知识。"科学研究和技术发明的进步,本质上是方法的进步。我们在此主要讨论加工制造方法的移植。加工制造是技术创造的关键环节,物质产品的加工制造方法不仅关系到发明的实现,还影响产品的质量和成本。在技术创造中,有时发明的原理、结构和材料都合适,但产品的某些部分或整个产品却无法制造出来。因此,解决加工制造技术问题是至关重要的。

思路主要有以下两步。

第一步,移植方法──→解决问题。具体为:由某事物──→究其方法解决问题──→移植对象。

第二步,解决问题──→移植方法。具体为:待解问题──→寻同类已解问题──→究其方法──→可否移植。

3.结构移植

结构移植涉及将某种事物的结构形式或特征部分或整体地应用于另一种产品的设计与制造。例如,缝衣服的线被移植到手术中,出现了专用的手术线;衣服鞋帽上的拉链被移植到手术中,完全取代了传统的针线缝合技术,"手术拉链"比针线缝合快10倍,且不需要拆线,大大减轻了病人的痛苦。

4.材料移植

材料移植涉及将物质材料加以改变、添加某种物质或进行处理后移用到其他领域或物品上,创造出新的使用价值和功能。物质产品的使用功能和价值,除取决于技术创造的原理和结构功能外,还取决于物质材料。

许多工业产品,如含香味金属、药皂、坦克的装甲、防火短布、纸质手绢、水泥弹簧等,都是物质材料的创新性应用。它们多是变革原有产物的材料或者增添了其他物质。例如,在人们的心目中,造桥只能用砖石、木料、藤条、钢材、铁索、钢筋混凝土等材料,而现在很多桥梁建造使用了机制砂混凝土、超高性能混凝土、竹-钢复合材料、智能监测混凝土等。

5.综合移植法

综合移植创新法涉及将众多领域中的技术方法、结构、原理、材料汇集到一个新的创造对象上,进行综合性考察,从而得到新的创新性成果。工业机器人、宇航工程、克隆技术、海洋技术等都是综合移植的产物。

总之,移植创新法具有能动性、变通性和多层次性的特点[①]。通过移植事物的结构、原理、方法和材料,可以进入新的领域,创造出新的应用、新的发明。

5.8　组合技法

5.8.1　概念与起源

组合技法,简而言之,是将两种或两种以上的技术、理论或产品进行有机结合,从而创造出新的技术、理论或产品。这种方法的魅力在于其无限的可能性,通过不同的组合,可以孕育出无数新颖的设想和产品。日本人有一句名言:"组合即创造。"这反映了他们对组合技法的重视。日本通过吸收和整合外来技术,成功开发出许多世界领先的产品,如在合成纤维和钢铁技术领域的突破。

组合技法的核心目的是通过整合不同的元素,使最终的产品或技术具备更强大的功能和更优越的性能。据统计,20 世纪后半叶,全球 80% 以上的重大创新发明都是组合技法的成果,这充分证明了组合法在创新创造活动中的重要地位。通过不断地探索和实践,组合技法已成为推动科技进步和产业升级的关键力量。

5.8.2　技法

组合方法包括主体添加、异类组合、重组组合、综合组法、同类组合等。以下是各种组合法实现的发明创造实例。

1. 主体添加法

主体添加法是指在选定的事物上附加其他元素,这些元素可以是已存在的或全新的。例如,为相机增加闪光灯,为电视机添加遥控器等。通常,添加的目的、添加体及添加方式需要明确,但有时也会进行试探性添加。首先,有目的地选择一个主体。其次,运用缺点列举法全面分析主体的不足。再次,运用希望点列举法对主体提出改进期望。最后,考虑是否能在主体基本不变的前提下,通过增加附属物来克服或弥补主体的缺陷。例如,在电风扇上增加时间控制装置,主要功能仍是扇风,但增加了时间控制使电风扇性能更优。此外,海尔生产的电冰箱增加温度显示器,也是一种主体附加。再如,以电视机为主体,用缺点列举法列出其缺点——电视机工作时会放射出超紫外线。经分析研究,设计出一种电视光栅过滤器,人看电视时将其置于电视机前,能阻挡超紫外线,还可消除图像的闪烁和噪声,这也是主体附加的组合。

---

① 王亚东,赵亮.创造性思维与创新方法[M].北京:高等教育出版社,2013:158-163.

2. 异类组合

异类组合涉及两种或两种以上不同创意的组合,不同领域的技术思想的组合,以及不同物质产品的组合。组合对象来自不同方面,一般无主次关系;参与组合的对象在意义、原理、构造、成分、功能等方面互相渗透,整体变化显著;异类组合是异类求同的创新,创新性很强。例如:台表式圆珠笔、花瓶式台灯;电冰箱、电视机、计算机、音响等的组合;污泥处理与酵素处理结合可开发洁面乳,大受女性欢迎;通下水道的工作者与清洁剂制造商结合,生产出工业用清洁剂。

3. 重组组合法

重组组合简称重组,是指在同一个事物的不同层次上分解原来的事物或组合,然后再以新的方式重新组合起来。重组组合仅改变事物内部各组成部分之间的相互位置,从而优化事物的性能,它是在同一事物上施行的,一般不增加新的内容。

任何事物都可以看作由若干要素构成的整体。各组成要素之间的有序结合,是确保事物整体功能和性能实现的必要条件。如果有目的地改变事物内部结构要素的次序,并按照新的方式进行重新组合,以促使事物的功能和性能发生变革,这就是重组组合。重组组合能引起事物属性的变化。

重组组合具有意想不到的魅力。例如,在电影剪辑技术中,改变镜头的次序可能产生完全不同的效果。请看以下三个镜头:①一个人在笑;②枪口对准了他;③他一脸恐惧。

按上述顺序放映,观众看到的将是一个懦夫的形象。

如果将三个镜头重组,按照②③①的顺序放映,观众得到的却是有人在开一场玩笑的印象。如果按照③②①的顺序重组,观众看到的将是一个逐渐坚强起来的勇士。

如果把现有事物重新组合,很可能得到新的事物。善于把各种事物进行重新组合,从而催生新物,产生新意,这种组合被人们广泛运用。例如,传统玩具中的七巧板、积木,现在流行的拼板、变形金刚等,就是让孩子们通过一些固定板块、构件的重新组合,创造出千姿百态、形状各异的奇妙世界。组合玩具之所以很受儿童欢迎,是因为不同的组合方式可以得到不同的模型。重组组合作为一种创新手段,可以有效地挖掘和发挥现有事物的潜力,例如企业的资产重组,说明重组可以引发质变。

重组组合有三个特点:第一,重组组合是在一件事物上施行的;第二,在重组组合过程中,一般不增加新的东西;第三,重组组合主要是改变事物各组成部分之间的相互关系。在进行重组组合时,首先,要分析研究对象的现有结构特点。其次,要列举现有结构的缺点,考虑能否通过重组克服这些缺点。最后,确定选择什么样的重组方式,包括变位重组、变形重组、模块重组等。

4. 综合组法

综合是将大量先进事物、思想、观念等进行融合,形成新的有价值的整体。它是一种更高层次的组合,具有系统性、完整性、全面性和严密性的特点。在管理领域,企业通过综合运用多种方法对资金、物流、人力资源等进行有效管理。例如,项目管理、ERP、CRM 以及 ISO 国际质量标准等管理方法的综合运用,可以创造出具有自身特色的管理模式,如 ABC 管理模式和海尔管理模式。综合并非简单的"大拼盘",而是一种有机的结合。在艺术领域,综合同样体现得淋漓尽致。例如,陈钢与何占豪将传统越剧的优美旋律与交响乐的浑厚表现方式完美结合,创作出了轰动世界的《梁祝》;徐悲鸿和蒋兆和则将中西绘画技法巧妙融合,开创了丹青泼墨的新境界。现代科学技术飞速发展,边缘学科不断涌现,各种科学技术相互渗透,呈现出明显的综合化趋势。

5. 同类组合技法

同类组合,亦称同物组合,是指将若干相同的事物进行自组,例如双层公共汽车、情侣伞、情侣衫、双向拉链、双色笔或多色笔、子母灯、霓虹灯、双层文具盒、多级火箭等。同类组合的特点是,参与组合的对象在组合前后仅通过数量的变化来增加新功能,而其性质和结构并未发生根本性改变。同类组合的模式可以表示为:$a + a = N$。无论是简单事物,还是复杂事物,都可以通过自组实现创新。

在同类组合中,参与组合的对象通常是两个或两个以上的同一事物;组合后,这些事物的基本原理和基本结构通常保持不变。同类组合的核心在于,在保持事物原有功能或意义的前提下,通过数量的增加来弥补功能不足或创造新的功能和意义,而这些新功能和新意义是事物单独存在时所不具备的。同类组合方法简单却实用,广泛应用于工业和生活产品的创新中,常常能产生意想不到的效果。

5.9　八何分析法

5.9.1　定义与起源

八何分析法,又称 6W2H,是一种标准化的决策与评价模型,广泛应用于决策和创新过程中。该方法由我国教育家陶行知提出,他将这种提问模式称为"八大贤人",并通过一首小诗形象地描述了其核心要素:"我有几位好朋友,曾把万事指导我,你若想问真姓名,名字不同都姓何:何事、何故、何人、何如、何时、何地、何去,还有一个西洋名,姓名颠倒叫几何。若向八贤常请教,虽是笨人不会错。"

6W2H 的具体内容如下:

Why:为什么需要创新?

What:创新的对象是什么?

Where:从什么地方着手?

Who:谁来承担创新任务?

When:什么时候完成?

Which:选哪一个方案?

How：怎样实施？

How Much：达到怎样的水平？

5.9.2　应用实例：人工养殖珍珠的创意

在人工养殖珍珠的过程中，初期成功率较低，贝类容易死亡或无法形成珍珠。通过应用6W2H方法，可以逐步缩小问题范围并找到解决方案。

（1）What：放什么东西，贝不易死掉？

放沙子不行，尝试放裹着贝肉的贝壳粒是否更好？

（2）When：什么季节、贝的年龄、一天中的什么时间最适合操作？

选择合适的季节、贝的生长阶段和操作时间，以提高成功率。

（3）Where：将贝壳粒放在贝的哪个部位最合适？

确定最佳位置以促进珍珠的形成。

（4）How：如何使贝张开口？放进去后如何养殖？

设计操作流程和养殖方法，确保贝的健康和珍珠的生长。

通过以上问题，可以制定多个方案并进行试验，最终找到最佳解决方案，形成新的技术。

5.9.3　四种技巧

在创新过程中，6W2H方法可以与以下四种技巧结合使用。

1. 剔除

去除不必要的部分。例如，在一堆苹果中，剔除坏苹果以确保整体质量。

2. 减少

使用"奥卡姆剃刀"简化复杂问题。例如，"三个和尚没水吃"可以通过减少和尚数量来提高效率。

3. 增加

在流程中增加某些环节以提升效率。例如，在流水线上增加一个单元，可能改善整体流程。

4. 创造

通过模仿和改进进行创新。正如"先仿造再创造"，站在巨人的肩膀上才能看得更远。

这四种技巧与蓝海战略中的"四步动作框架"相似，旨在通过剔除、减少、增加和创造来实现创新和效率提升。

【5.9 小结】6W2H分析法通过系统化的提问，帮助人们全面分析问题并找到解决方案。结合剔除、减少、增加和创造四种技巧，可以进一步提升创新效率和决策质量。这种方法不仅适用于技术创新，也适用于管理、生产等多个领域。

5.10　和田法

"和田法",亦称"动词提示检核表法",是我国创造学研究者许立言、张福奎与上海市和田路小学的领导、教师结合我国实际情况,在检查表法及其他技法的基础上,提炼总结而成。因其深入浅出、通俗易懂的特性,又被誉为"一点通法"。

动词提示检核表法从十二个方面为创意者提供启示,具体内容如下。

(1)加一加——思考在现有发明上可添加何物,是否需要增加运转时间或次数,考虑加高、加厚的可能性。例如,机床与电脑结合成为数控机床,物体振动频率提升至 2 万赫兹以上产生超声波。

(2)减一减——探索在现有发明基础上可减去何物,考虑减少时间或次数,降低、减轻的可能性,或略去某些部分、取消某些零件。例如,天津布泽尖盐场通过新工艺降低食盐中的钠含量,制作出受欢迎的低钠盐。

(3)扩一扩——设想将现有发明放大、扩展后的效果。例如,电炉扩展为电热毯。

(4)缩一缩——思考将现有物品压缩、缩小后的结果。例如,保温瓶缩小为保温杯;晶体管分离元件压缩成集成电路。

(5)变一变——考虑改变形状、颜色、音响、气味后的效果,以及改变次序的可能。例如,绞肉机改变刀片形状,实现一机多用。

(6)改一改——分析现有发明的缺点与不足,思考改进方法。例如,造船工艺改为自上而下建造,提高工效。

(7)联一联——探究事物结果与起因的联系,寻找解决问题的方法。例如,将上衣与裙子连接成连衣裙。

(8)学一学——寻找可模仿、借鉴的事物,考虑模仿其形状、结构或学习其原理、技术。例如,根据充电效应原理发明太阳能电池等。

(9)代一代——思考用其他材料、零件或方法替代现有物品的可能性。例如,用塑料代替金属、木材;运用磁效应制冷技术制造无氟环保电冰箱。

(10)搬一搬——考虑将物品搬到其他地方后的新用途。例如,激光技术在医疗、精密计量等领域的应用。

(11)反一反——设想将事物的正反、上下、左右等颠倒后的结果。例如,由对称变为不对称的效果。

(12)定一定——为解决问题或改进事物,规定必要的措施。例如,纺织女工的短发规定,企业的劳动纪律、规章制度等。

以上为动词提示检核表法的详细内容,旨在通过多角度的思考激发创意,推动发明与创新。

本章小结

1. 强制联想法是一种通过将焦点事物与看似无关的事物强行结合,从而产生创造性构想的方法。其执行步骤包括:选择需要改善的焦点事物;罗列与焦点无关的事物;强行将两者结合,探索新的可能性;最终选择最佳方案。

2. 逆向思维,又称反向思维或求异思维,是一种对常规观点或定论进行反向思考的思维方式。其核心在于"反其道而思之",从问题的对立面进行深入探索,从而树立新思想、创立新形象。

3. SCAMPER法通过一张核对表对问题进行逐项设问,从多个角度诱发创造性设想。其目的是促进创造、发明、革新,或解决工作中的实际问题。

4. 智力激励法(头脑风暴法)的核心是"集智"和"激智",遵循四大原则:自由畅想、庭外评判、综合改善、以量求质。其衍生方法包括默写式智力激励法、KJ法、菱式智力激励法和德尔菲法。

5. 移植法是将某一学科或领域的原理、技术、方法等应用或渗透到其他学科或领域中。根据移植内容的不同,可分为原理移植、方法移植、结构移植、材料移植和综合移植五种技法。

6. 组合的可能性无穷无尽,组合技法也多种多样。通过合理运用多种组合法,可以形成无数的新设想和新产品。

7. 八何分析法(6W2H法)通过以下八个问题启发创新思维。Why:为什么需要创新?What:创新的对象是什么?Where:从什么地方着手?Who:谁来承担创新任务?When:什么时候完成?Which:选哪一个方案?How:怎样实施?How Much:达到怎样的水平?

8. 动词提示检核表法(和田法)通过十二个动词提示创意者进行创新思考,包括加一加、减一减、扩一扩、缩一缩、变一变、改一改、联一联、学一学、代一代、搬一搬、反一反、定一定。

关键术语

强制联想法　逆向思维法　SCAMPER检查表法　智力激励法　"653"脑力激荡法
KJ法　移植法　组合技法　八何分析法　和田法

第 3 篇

创新模式

第6章　破坏性创新

学习目标

1. 知识层次:了解破坏性创新的定义;理解破坏性创新的过程;掌握破坏性创新的模型。
2. 能力层次:培养学生批判思维能力。
3. 情感层次:树立"换道超车"的信念和信心。

案例导入

从辉煌走向没落的手机帝国:诺基亚的兴衰史

摘要:2014 年 4 月 28 日,微软正式宣布完成对诺基亚设备与服务部门(手机业务)的收购,收购后实体公司更名为"微软移动"。这一收购终止了诺基亚为了扭亏为盈所做的一切挣扎,包括合作研发、更换高管以及大规模裁员等。这个曾经连续 14 年市场占有率第一的手机帝国盛极而衰,由辉煌走向覆灭令人惋惜。本案例按照时间顺序,在介绍诺基亚手机业务的诞生、成长、成熟、衰退直至消亡整个发展历程的基础上,重点描述诺基亚在智能手机时代的战略决策,客观还原诺基亚手机由辉煌走向衰败的转折过程。

注:案例全文请参见第 5 篇相关案例中的《从辉煌走向没落的手机帝国:诺基亚的兴衰史》。

【案例思考题】

1. 诺基亚发展历程中采用了哪些发展战略? 为什么在电信时代诺基亚会取得辉煌的成就?
2. 在智能手机领域,诺基亚为什么会突然出现严重的失败?
3. 诺基亚面临激烈的竞争,采取了哪些竞争战略?
4. 诺基亚的退出战略是什么? 如何看待?
5. 苹果、三星以及小米手机采取了哪些战略,从而在智能手机市场上获得了巨大的成功?

6.1　破坏性创新的定义

破坏性创新(disruptive innovation)概念最早源于经济学家熊彼特(Schumpeter)提出的创造性破坏(creative destruction)这一术语。熊彼特在《资本主义、社会主义和民主》中指出：新市场的开拓，无论是国外还是国内，从手工作坊到美国钢铁等企业的发展，都说明了相似的工业突变过程，这种创造性破坏的过程构成了资本主义的发展事实，即创造性从内部不断地改革经济结构，不断地摧毁旧的和不断地创造新的经济结构。在此之后，哈佛大学教授克莱顿·M.克里斯坦森(Clayton M. Christensen)在 1997 年出版的《创新者的窘境》(*The Innovator's Dilemma*)一书中首次提出闻名世界的"破坏性创新"(也翻译为颠覆性创新)。此后，他撰写或合著的一系列文章和专著中，进一步阐述和发展了破坏性创新的理论内涵。

破坏性创新是指企业基于够用技术(good enough technology)原则，建立在新技术或是各种技术融合、集成的基础之上，偏离主流市场用户所重视的绩效属性，引入低端用户或新用户看重的绩效属性或属性组合的产品或服务，通过先占领低端市场或新市场，从而拓展现存市场或开辟新的市场，引起部分替代或颠覆现存主流市场的产品或服务的一类不连续技术创新。

破坏性创新普遍存在，早在克里斯坦森发现并系统地提出可重复的创新流程之前，一些聪明的企业家已经学会挖掘破坏性机会。克里斯坦森给出了一些案例，如小型机、微型机、掌上电脑、数码相机、因特网设备、小型钢厂、微型涡轮、燃料电池等。事实上，很多亚洲的知名品牌企业，如丰田、夏普、索尼、佳能和中国台湾半导体制造公司宏碁等，都是因为有了破坏性创新的支持才成长为大企业的。

破坏性创新的泛用性使其未来发展具有多样的可能，在与某些具有显著时代特征的技术进行结合之后，可以得到一些未来的研究方向。第一，破坏性创新与数字技术相结合。破坏性创新概念被提出时，信息时代尚未真正到来。对于如今的世界而言，数字经济已是当之无愧的核心技术。破坏性创新是动态发展的理论，基于独特的数字性技术而催生的破坏性创新逐渐成为主流。第二，破坏性创新与社会创业相结合。过去几十年间，破坏性创新与社会创业以及创业的相关性研究屈指可数，但对于现今社会的发展程度而言，社会创业的需求很大，此方面的相关性研究值得尝试。社会创业并不是广义上的创建一家公司，模仿已成功的公司产品和服务，而是通过创新增添了新的服务或产品，增加了社会价值。社会创业的本质更可能是通过新的服务或产品，解决部分尚未解决的社会问题，因此，社会创业所发生的领域没有明确划分，商业、政府、公益组织都是潜在发生区域。那么，关于社会创业的破坏性创新研究，势必会在未来得到更多的关注。

6.2　破坏性创新的过程

破坏性创新的过程通常始于利基市场（niche market），通过开发或强化辅助属性，逐步对原有主流市场或现有业务形成侵蚀。在此过程中，破坏者与在位者持续演变，最终推动破坏性创新的发展。根据两者关系的变化，可将其划分为四个阶段。

6.2.1　初始破坏阶段

初始破坏阶段的标志性事件是破坏者的产品或服务开始对在位者产生实质性影响。值得注意的是，在此阶段之前，破坏者的产品或服务往往处于"隐蔽状态"——因其性能指标或目标用户群体与主流市场存在差异，导致在位者未能及时察觉其潜在威胁。

该阶段中，破坏者极力开发辅助属性，避免与在位者发生冲突，弱化其产品中与在位者产品核心属性一致的功能属性。所以，破坏者的最初客户是极少一部分看重辅助属性的群体，这一部分群体或是因辅助属性所带来的新消费群体，或是对于现有产品价格不满的消费者。简而言之，对于在位者而言是无关痛痒的市场份额。也是因为这一原因，在位者对于破坏者的态度大多是视若无睹。

这一阶段，破坏者产业体现出产业增值潜力大、发展空间广、不确定性、产品处于尝试和纠错阶段等特点。破坏者中的一部分新兴产业，要么进行低端破坏，要么进行新市场破坏，一言以蔽之，扩大破坏者产品（服务）市场规模。

6.2.2　快速破坏阶段

破坏者依据需求群体的要求，对产品进行快速升级迭代，不断强化其辅助属性的功能效用，并逐渐形成适合破坏者的商业模式、销售模式。破坏者最初的受用群体是看重现有产品辅助属性的小部分群体，为了保证对这一部分市场的占有，破坏者会不断强化辅助属性的功能，并且不断调整其核心属性以期吸引更多的潜在消费者和不属于现有市场的新消费者。此时的在位者已然注意到破坏者的存在，并开始采取一系列的行动。但是对于破坏者的产品效用评价会采取主流产品的评价体系，并且在位者仍会投身于其产品的核心属性开发。

该阶段中破坏者产业快速发展，由于市场扩大，既得利益的增加，市场驱动力增强，破坏性技术逐渐成为产业的设计核心。其特征表现为，进入者和退出者频繁交替，市场动荡，吸引大量其他行业的投资者，破坏性创新产业的成果产业化。

6.2.3　趋同阶段

破坏者所代表的创新产业不断发展,市场重新洗牌,把对于主流市场产品效用的评价体系更换为破坏者的产品评价体系,对破坏性创新产品的服务和属性进行新的定位。破坏者最初的目标客户成了主流群体,破坏者会开始考虑主流客户的需求,同时也会继续进行产品的辅助属性开发,破坏者慢慢接近最初目标,对现有市场进行取代。在位者感到破坏性创新压力,有意识地探索破坏性创新的途径。在位者为了跟上市场的变化,会尝试进行自己产品的破坏性创新。但是这一行动往往会因为固有经验和企业性质而导致当局者迷,难以发现新兴产品真正的核心属性与自身产品的特有差异,从而陷入"创新者窘境"。

在此阶段,新兴产业稳定发展,逐步进入成熟期。随着进入新兴产业企业的不断增加,产业内竞争愈发激烈,大量企业因为无法适应竞争而退出新兴产业。一方面,破坏者对原有产业市场进行侵入,发展产品主流属性;另一方面,在位者为应对破坏者威胁,改善产品辅助属性,于是二者之间呈现趋同。

6.2.4　重塑阶段

当破坏者经过发展和斗争击败在位者,成为新的市场领导者时,会对自身的产品进行审视,他们同样面临着新破坏者的威胁。这时,破坏者会对产品进行重新审视,基于基本假设而发现并提出应对新破坏者的方案。而原在位者会因为竞争方式的冲突不断衰落,甚至退出主流市场。

在此阶段市场进入"衰退—更新"的迭代阶段,技术和商业模式都面临着随时被再次破坏的威胁,而趋于成熟的新兴产业则面临重新洗牌的机会。

6.3　破坏性创新的分类

按产品或服务提供方式的不同,破坏性创新可分为破坏性技术创新和商业模式创新。破坏性技术创新是基于技术的创新。商业模式创新是指通过商业模式的变革来提供与主流产品或服务不同的价值或属性,不论是销售模式创新还是管理模式创新,本质上都是为了提高效用。但是,许多破坏性创新都是破坏性技术和商业模式共同作用的结果。因此,这种分类具有一定的局限性。

按对现有市场的侵蚀方式的不同,破坏性创新可分为低端破坏性创新和新市场破坏性创新。低端破坏性创新是指从主流市场的低端市场中,占领低利润市场或者未满足消费者需求的市场部分。该类创新与原有市场息息相关。而新市场破坏性创新的目的是创造出一个全新的价值网络,吸引潜在的消费者或现有市场的非消费者,与现有主流市场关系较少。

最新的分类方式是按技术创新分类,把创新分为延续性创新与破坏性创新。因为破坏性创新是相对而言的,当针对主流企业的破坏性技术出现后,这一破坏性技术对于破坏者而言就是不断的延续性创新,毕竟已经具有了改进的方向。但是对于在位者而言就是不断的破坏性创新,因为每一次破坏者技术的更新,都代表着对在位者产品辅助属性上的技术突破。所以对于破坏者与在位者而言,同样的技术创新,却是不同的定位。

6.4　破坏性创新的模型

6.4.1　二维模型

克里斯坦森在《创新者的窘境》中通过研究磁盘驱动器工业,构建了破坏性创新模型的基本框架——二维模型,如图 6-1 所示。

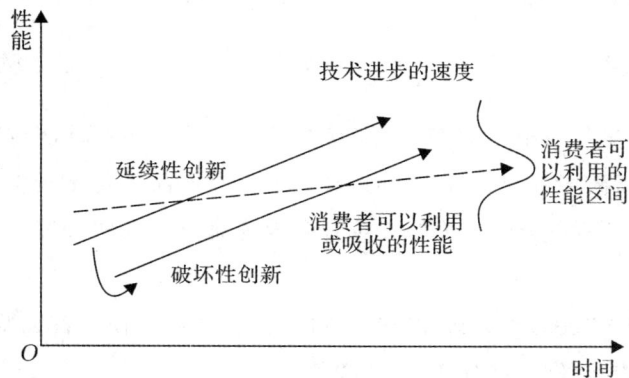

图 6-1　二维模型

图 6-1 确定了三个关键的破坏要素。第一,每个市场上都存在一个顾客可以利用或吸收的改进率。换句话说,就是每一个产品的消费者所需要的产品价值属性占产品所具有的全部属性比例,以虚线表示。围绕这一中位线存在一个消费者分布,也就是消费者可以利用的性能区间。第二,每个市场上都存在完全不同的改进轨迹,这些改进是在破坏者引入新型和改进型产品时提供的。该改进轨迹以更陡峭的实线表示。一般情况下,技术进步的速度总是超过消费者对性能需求的速度。第三,延续性创新总是以挑剔的高端产品消费者为目标,而破坏性创新往往以现有市场的非消费者(未被满足的消费者)为目标。

6.4.2　三维模型

当在破坏性创新的二维模型中增加了代表新的用户和新的消费环境的第三个轴时,破坏性创新的二维模型扩展为三维模型,如图 6-2 所示。

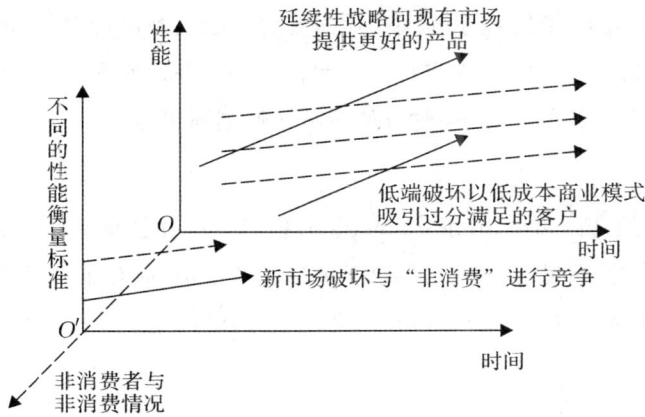

图 6-2　三维模型

资料来源:克里斯坦森,雷纳.困境与出路:企业如何制定破坏性增长战略[M].容冰,译.北京:中信出版社,2004.

克里斯坦森提出了两种基本的破坏性创新模式:低端破坏和新市场破坏。①低端破坏是基于原有的价值网络或主流的价值网络进行的破坏,如折扣商店对百货商店,日本汽车、韩国汽车进入北美市场等。它们采取的是低成本商业模式,并没有创造新市场,主要是通过破坏原有市场,让低端市场的消费者获得发展空间。②新市场破坏是指在第三个坐标轴上产生新价值网络,与"非消费"(未被满足的消费者)进行竞争的破坏,如个人电脑(PC)、索尼的第一台电池晶体管袖珍式无线电收音机、佳能的台式复印机。新市场破坏者需突破的核心挑战是激活"非消费群体",而非直接与市场在位者竞争。

新市场破坏和低端破坏尽管存在差异,但它们的共同特征都是给市场现存者带来了相似困境。"新市场破坏导致市场现存者忽略进攻者的攻击,低端破坏鼓励市场现存者逃避攻击。"在现实中,许多破坏性创新具有混合性,是新市场破坏和低端破坏的结合。

后来,有学者提出了第三种破坏方式:基于对市场的高端切入的破坏。如美国联邦快递一开始就定位高端市场,在高端市场站稳脚跟后开始向中端和低端市场进行渗透和破坏。

6.4.3　MSE 创新模式

作为近年来的新秀,MSE 模式已然成了研究热门。克里斯坦森自 2014 年开始比较多地解释和深入研究了市场创造型创新、持续型创新和效率型创新 3 种不同类型的创新模式,着重强调创新在经济增长中的作用,并进一步结合破坏性创新原理解释了这 3 种创新模式。

1. M 创新模式

该模式即市场创造型创新(market creating inncvation)模式。它是从根本上降低产品的价格或者改变商品复杂的功能属性,革新现有产品和服务,从而创造新的消费者群体或新市场,为企业创造新的增长点。就业是市场创造型创新模式带来的肉眼可见的福利。市场创造型创新能够创造就业机会,原因在于新兴产业需要更多的人来进行宣传、销售、制造;市场创造型创新还利用资本来扩大产能,作为应收账款和存货融资进行资本运作,使得整个资金流循环更为顺畅,这些是企业增长的来源,同时也使得破坏性创新更容易。

2. S 创新模式

该模式即持续型创新(sustaining innovation)模式。这种创新旨在改善现有产品,用新的更好的产品替换旧产品,因此它不一定着眼于创造新的市场,而在于开发拥有更高价值和更多机会的现有市场。换言之就是对现有市场的高度细分,精准定位,有针对性地满足高端市场需求,严格遵守"二八定律"。

3. E 创新模式

该模式即效率型创新(effective innovation)模式。效率型创新可以简单地表述为用更少的钱做更多的事,即公司以更低的价格向目标客户出售更完备、更成熟的产品或者服务,包括通过破坏性的方式获得主导地位。

MSE 模式对比见表 6 - 1。

表 6 - 1　MSE 模式对比

与效率增长有关的创新	是否与破坏性创新有关	是否具有破坏性	是否等同于破坏性创新	实现周期	能否带来效率增长	能否增加就业
持续型创新	是	否	否	相对较短	否	否
市场创造型创新	是	是	非常相似	相对较长	是	是
效率型创新	否	是	否	相对较短	否	否

本章小结

1. 理论最初的提出者克里斯坦森,以及后续的管理学者们,不断丰富破坏性创新的内涵,建立了如今的认知框架,从定义到特征,破坏性创新的本质一览无余。

2. 破坏性创新是指企业基于够用技术(good enough technology)的原则,建立在新技术或是各种技术融合、集成的基础之上,偏离主流市场用户所重视的绩效属性,引入低端用户或新用户看重的绩效属性或属性组合的产品或服务,通过先占领低端市场或新市场,从而拓展现存市场或开辟新的市场,引起部分替代或颠覆现存主流市场的产品或服务的一类不连续技术创新。

3. 破坏性创新是指从利基市场入手,通过开发或强化辅助属性,对原有主流市场或现有业务不断侵蚀的过程。破坏者和在位者的关系变化,呈现出了破坏性创新的发展过程。

4. 按产品或服务提供方式的不同,破坏性创新可分为破坏性技术创新和商业模式创新。

按对现有市场的侵蚀方式的不同,破坏性创新可分为低端破坏性创新和新市场破坏性创新。最新的分类方式是按技术创新分类,把创新分为延续性创新与破坏性创新。

5.克里斯坦森提出了两种基本的破坏方式:低端破坏和新市场破坏。后来,有学者提出了第三种破坏方式:基于对市场的高端切入的破坏。如美国联邦快递一开始就定位高端市场,在高端市场站稳脚跟后开始向中端和低端市场进行渗透和破坏。

6.作为近年来的新秀,MSE 模式已然成了研究热门。克里斯坦森自 2014 年开始比较多地解释和深入研究了市场创造型创新(market creating innovation)、持续型创新(sustaining innovation)和效率型创新(effective innovation)三种不同类型的创新模式。

关键术语

破坏性创新　创新者窘境　低端破坏　新市场破坏　二维模型　三维模型　MSE 创新模式

第7章　开放性创新

学习目标

1. 知识层次：了解开放性创新的背景与内涵；掌握开放性创新的核心概念；熟悉开放性创新与其他创新模式的联系与区别；了解开放性创新的主要方法与实施路径。

2. 能力层次：培养学生发现问题、分析问题和解决问题的能力；培养学生批判思维能力；增强学生的系统性思考能力。

3. 情感层次：建立"正反合"的哲学观，培养辩证思维与创新意识。

案例导入

海尔开放式创新发展之路

摘要：传统企业如何与互联网深度融合，加速创新升级，是当前众多企业面临的共同挑战。本案例详细记录了海尔开放创新平台的发展历程，从海尔遭遇的困境出发，依次阐述了其开放创新战略的制定、全球线下渠道网络的布局，以及开放创新平台的设计、构建、资源对接与运营过程。通过对海尔"互联网＋"实践的深入剖析，本案例旨在引导 MBA 学员运用开放创新、商业模式等理论，分析开放创新平台的要素、技术转移方式、商业架构及战略目标，探讨众创、众筹模式在平台中的应用，并对大数据、物联网等新技术在平台中的发展前景进行展望。

关键词：互联网＋　开放创新平台　商业模式　技术转移

注：案例全文请参见第 5 篇相关案例中的《海尔开放式创新发展之路》。

【案例思考题】

1. 试分析海尔创新平台的参与主体、主体特征、主体需求及其参与模式。

2. 针对海尔的互联网创新转型，说明传统企业应如何实现"互联网＋"的深度融合。

3. 阐述大数据、云计算、物联网等新技术对海尔创新平台的作用与影响。

4. 试分析开放性创新平台对海尔长期发展的战略意义。

5. 什么是商业模式？结合海尔开放创新平台的发展过程，你认为设计商业模式应从哪些方面着手？

7.1 开放性创新产生的背景

传统的创新观念认为,创新是企业的灵魂,只能由企业独立进行,以确保技术保密和领先地位。内部研发被视为企业的重要战略资产,是提升核心竞争力和维持竞争优势的关键。大公司凭借雄厚的技术和资金实力,雇用顶尖科技人才,提供优厚待遇和完备的研发设施,投入大量研究经费进行基础和应用研究。科技人员产生突破性思想和研究成果,企业独立开发这些成果,通过设计制造形成新产品,并通过自有营销渠道商业化,从而获得巨额利润。随后,企业再投资于内部研发,形成创新的良性循环。

然而,随着环境的快速变化,这种情况在 20 世纪末逐渐转变。企业家发现,即使是行业领导者,其研发投资回报率也越来越低;技术成果转移困难,许多研究成果不适合现有业务,大部分技术被搁置;突破性成果减少,更多的是渐进性创新。

令人惊讶的是,一些差点被放弃的项目后来发展成了有影响力的新产品。例如,新华科技原本打算放弃的 LED 技术,在多屏时代成为公司盈利的增长点。新华科技在 90 年代初开始研发 LED 显示屏,前期困难重重,公司高层曾考虑裁撤该业务,但创始人坚持保留了核心研究团队。正是这个决定,使他们在市场来临时迅速抓住了机遇。

原有的领先企业面临新兴企业的有力竞争。这些新兴公司虽然缺乏基础研究能力,但创新能力强,善于利用不同方式进入市场,在其他公司研究成果的基础上进行创新。以思科与朗讯为例,尽管在同行业中竞争,但创新方式截然不同。朗讯在脱离 AT&T 后,继承了贝尔实验室的大部分资产,继续巨额投入基础性研究。而思科作为新兴企业,缺乏深层内部研发能力,却能在创新能力上与朗讯并驾齐驱,甚至在市场竞争中偶尔击败朗讯。

思科采用的并非内部研发模式,而是从外部购买所需技术。它在全球范围内寻找有前途的创业公司,参与或投资这些公司,其中许多是由前朗讯和 AT&T 员工创办的。通过这种模式,思科获得了世界顶级产业研发机构的研发成果,而无须进行大量内部研发工作。

封闭性创新模式正面临越来越多的挑战,多种因素共同瓦解了其原有的基础。随着知识创造和扩散的速度加快、高级人才的广泛流动以及风险资本的盛行,企业越来越难以完全控制其专有的创意和专业技能。这种变化迫使企业加快新产品开发及商业化的速度,以应对竞争压力。

与此同时,研究人员可能选择利用风险资本的支持进行创业,自行开发并商业化他们的研究成果,而不再像过去那样依赖企业内部资源。这种趋势导致企业内部的知识和技术逐渐外流,企业的研发投入可能无法产生预期的价值,原有的良性循环被打破。

这一系列变化不仅改变了企业的创新模式,也对整个行业的竞争格局产生了深远影响。企业需要重新思考如何在开放与封闭之间找到平衡,以应对日益复杂的创新环境。

　　在知识经济条件下,以前让许多企业获得竞争优势的封闭式创新范式已不再合适,开放性创新越来越受到人们的关注。国际上很多著名企业已经成功地践行着开放性创新。例如:海尔官网的首页上专门有一个版块是"开放性创新";腾讯董事会主席马化腾在 2010 年底表示未来将是腾讯的开放转型期;世界领先的制药企业默克公司,在公司年度报告中说,"在全世界的生物医药研究中,默克只占了 1％,为了利用另外 99％,我们必须积极与大学、研究机构和世界各地的企业联系,以便把最好的技术和最有发展前途的新产品引入默克";IBM 和苹果公司的创新模式也开始由封闭向开放转化。

　　在当前快速变化的市场环境和日益激烈的竞争压力下,企业仅依赖内部资源进行高成本的创新活动已难以满足发展需求。因此,开放性创新正逐渐成为企业创新的主流模式。

7.2　开放性创新的定义

　　亨利·切萨布鲁夫(Henry Chesbrough)首次明确提出了开放性创新的概念,强调企业应同时利用内外部创新和商业化资源。开放性创新既是一种从创新中获利的实践,也是一种创造、解释和研究这些实践的认知框架。简而言之,开放性创新代表了一种思想:企业通过整合一切可利用的内外部资源,开放自身的非核心技术,与不同规模、不同行业的企业合作创新,无论是通过外部合作还是内部创新,最终实现商业利润的最大化。这种基于内外资源的双向流动并将内外创新融合的合作方式,构成了开放性创新的核心。

　　与传统的封闭性创新模式不同(企业创新主要依赖内部资源,尽管可能与外部企业合作,但很少与外界共享创新成果),开放性创新要求企业将外部创新资源置于与内部资源同等重要的位置,通过择优选择创新来源,摒弃"内大于外"的传统思维,充分利用内外部资源。此外,开放性创新对创新成果的使用不再局限于内部途径,外部途径同样被视为重要的推广渠道,以实现更大的商业价值。企业通过将内外资源整合到一个系统中,并建立相应的机制来推广创新成果,分享创造的新价值。

　　开放性创新的本质是基于创新资源的流动与交换,嵌入在组织间层面的价值创新。它不仅包含开放性的价值创造,还涉及初期的价值识别与最终的价值获取。与封闭性创新相比,开放性创新不再强调资源的持有和控制,而是更注重资源的合理、高效获取与配置(表 7-1)。开放性创新弱化了内部创新的独占性,将外部合作创新视为同等重要的途径,将企业的研发部门嵌入外部合作网络中,实现各企业研发部门之间的互通有无与相互依存。开放性创新要求企业摒弃传统的通过知识和技术控制来积累竞争优势的方式,转而通过开放与合作实现更高效的创新与价值创造。

表 7 - 1　封闭性创新和开放性创新基本原则的比较

封闭性创新的基本原则	开放性创新的基本原则
本行业里最聪明的员工为我们工作	我们需要和企业内外部所有聪明人合作
为了从研发中获利,我们必须自己进行发明创造、自己开发产品并推出市场(make)	外部研发可以创造巨大价值(buy)
我们必须控制知识产权,这样竞争对手就无法从我们的创意中获利	我们应当通过让他人使用我们的知识产权而从中获利,同时应购买别人的知识产权

资料来源:CHESBROUGH H. Open Innovation, the New Imperative for Creating and Profiting From Technology[M]. Harvard Business School Press,2003.

7.3　开放性创新的途径

在信息时代和知识经济的背景下,传统的知识专利保护制度和垂直管理结构正面临挑战。为了适应开放性创新的需求,企业和组织可以采取以下几种常见的开放性创新途径。

7.3.1　海尔:搭建平台型

在互联网时代,海尔提出了"世界是我们的研发中心"的理念,强调研发过程不仅需要用户参与,还要吸引全球创新者的加入。张瑞敏曾表示:"我们转向开放式创新,在与用户的互动中不断迭代,整合各种资源。迭代是一个试错的过程,但关键在于用户的参与。如果没有用户参与,无论是渐进式还是突破性创新,都可能失去意义。"

以海尔 2014 年智能家居产品为例,如海尔星盒、空气魔方、无压缩机酒柜等,都是开放式创新的成果。其中,海尔空气魔方是全球首款可模块化组合的智能空气产品,支持加湿、除湿、净化、香薰等多种功能的自由组合,为每个家庭提供定制化的"空气圈"。

空气魔方的独特之处在于其研发过程。它并非基于企业自身能力在实验室中完成,而是通过海尔开放创新平台,汇聚了来自 8 个国家的 128 名内外部专家和学者团队,历时 6 个月与全球超过 980 万用户进行交互,利用大数据分析筛选出 81 万粉丝最关注的 122 个产品痛点需求,最终确定了产品的核心功能。

类似的企业还包括特斯拉和丰田。它们通过开放专利,降低了技术门槛,吸引更多企业或个人参与到电动汽车的研发和普及中。尽管开放专利看似让竞争对手受益,但实际上增强了特斯拉技术的普适性,使其在未来的行业标准制定中占据了有利地位。

7.3.2　英特尔:外部引流型

英特尔的开放式创新策略侧重于在创新过程中整合外部资源。其研发战略由四部分构成：大学研究赞助、大学周边的开放式合作研究实验室、公司内部研究项目以及公司收购。整个流程始于对环境和潜在研究领域的扫描，随后通过赞助、实验室研究、内部研究或英特尔投资启动项目，直到成果明确后再决定是否商业化。

英特尔赞助了全球 500 多所大学，并在相关领域的顶尖大学周边设立了开放式合作实验室。这些实验室通常由 20 名英特尔研究人员和 20 名大学研究员组成。尽管实验室归英特尔所有，但研究环境高度开放，部分项目甚至对外公开。英特尔通过这种方式快速吸收外部知识，获取大量新想法和知识产权。

同时，英特尔也注重内部研究活动，鼓励实验室从公司内部和业务单位的角度提出有价值的创意。每两年，英特尔会更新一次研发战略规划，以确保其技术发展的前瞻性。此外，实验室中近一半的研究员是学生，这为英特尔注入了更多年轻创新的活力。

通过以上案例可以看出，开放性创新不仅打破了传统的研发边界，还通过整合内外部资源，加速了技术迭代和市场响应速度。无论是海尔搭建的全球创新平台，还是英特尔的外部引流策略，都为企业提供了在激烈竞争中保持领先的有效途径。

7.3.3　思科：并购整合型创新策略

思科作为华为的主要竞争对手，其创新策略以并购整合为核心。自 1993 年起，思科已成功收购了 108 家公司，其 30％的收入来源于这些收购和后续的研发活动，这种策略使得思科能够迅速获取新技术和解决方案。

在企业规模扩大后，内部推动创新往往面临较大阻力。因此，许多员工在有创新想法时，更倾向于创业。思科对此采取了独特的策略：支持有潜力的员工创业，并提供投资。若创业成功，思科拥有优先收购权；若失败，思科仅承担有限的风险投资损失。

思科的收购策略聚焦于获取稀缺的智力资源，尤其是人才。公司内部常见"二进宫"甚至"三进宫"的员工，这体现了思科对人才的重视。为确保收购成功，思科设定了三个关键目标：员工保留率、新产品开发的连续性和投资回报。

思科对潜在收购对象有严格的筛选标准：约 25％的收购初始投资较小，且并购需为双方带来短期和长期的共赢；被收购企业需与思科有共同的愿景，且地理位置相近。思科采用情景规划方法来决定收购与否及收购速度。通过这种策略，思科几乎将所有生产外包，并通过内部风投支持创业和并购，从而在互联网路由器及其他关键设备技术领域形成了垄断。

7.3.4　《赫芬顿邮报》：身份置换型创新策略

《赫芬顿邮报》被誉为"互联网第一大报"，2011 年被美国在线以 3.15 亿美元收购。自 2005 年成立以来，该网站迅速崛起，2011 年 1 月的独立访问量已达 2800 万，接近《纽约时报》和《国际先驱论坛报》的 3000 万，标志着其已成为主流媒体。在 2010 年，其营业额达到 3000 万美元，在美国报业普遍面临广告收入下降、发行量减少和读者转向免费网络新闻的困境中，

《赫芬顿邮报》却实现了逆势增长。

《赫芬顿邮报》采用了一种创新的"分布式新闻"模式，将读者转化为记者。该网站拥有超过1万名"公民记者"，他们类似于传统媒体的通讯员，持续为网站提供报道。2008年美国大选期间，《赫芬顿邮报》将采访任务分配给50到100名"公民记者"，每人每天工作一小时，便能完成一个记者两个月的工作量。这种模式不仅提高了效率，还激发了用户生成内容（UGC）的潜力。

该媒体仅有150名带薪员工，但依赖超过3000名投稿者为各种话题制造内容。此外，还有12000名"公民记者"作为其"眼睛和耳朵"。读者也积极参与内容生产，每月投稿量高达200万条。《赫芬顿邮报》的共同创建人乔纳·柏瑞蒂认为，新闻模式已从被动的信息传递转变为生产者和消费者之间的共享事业。

这种"共享事业"模式呈现为一个同心圆结构：核心是高质量的原创博客作者；中间层是遍布美国的公民记者；最外层则是与网站博主互动的读者。这种开放的新闻模式可视为一种"众包"模式，其中博客作者和公民记者是两个重要的贡献群体。

开放性平台对传统媒体的采编形式构成了颠覆。尽管一些媒体也在探索 UGC 信息源的建立，但主要集中在非严肃新闻领域。《赫芬顿邮报》的开放思维为中国媒体提供了新的思考方向，如何借鉴这种模式，仍需深入探讨，但开放式内容生产已成为不可逆转的趋势。

▊本章小结

1. 在知识经济时代，传统的封闭性创新范式已不再适用，开放性创新逐渐成为主流。

2. 开放性创新要求企业将外部创新资源与内部资源同等对待，通过择优选取来源，充分利用内外部资源。创新结果的使用也不再局限于内部，外部途径同样重要，以实现更大的商业价值。

3. 常见的开放性创新途径包括搭建平台型、外部引流型、并购整合型、身份置换型等。

关键术语

开放性创新　封闭性创新　内部创新　外部创新

第8章 自主创新

学习目标

1. 知识层次:了解自主创新的内涵;掌握自主创新的路径。
2. 能力层次:培养学生自主创新的能力。
3. 情感层次:树立独立自主的创新观。

案例导入

换道超车? 长安汽车的自主品牌之路

摘要:此案例描述长安汽车从军工企业转型成为车企,并走上自主品牌之路的故事。在其他车企陶醉在挟外自重、合资办厂而带来的快速获利时,长安汽车率先转换车道,透过自主研发,踏上了品牌自主之路。转换车道后的长安汽车在前两任董事长的带领下由一家偏安西部一隅的小微车厂,发展为全国知名、车种齐全的大型汽车企业集团,建立了"五国九地"24小时不间断的全球化研发体系,连续八年名列中国车企技术创新能力之首,自主品牌车款销售连续九年位于全国前列。然而,近两年长安汽车业绩却每况愈下,长安该何去何从?

长安汽车的成长伴随着中国改革开放40年跌宕起伏,本案例时间跨度近40年,反映了和长安汽车一样众多国有企业的跌宕征程。当初的长安汽车靠着一股劲,从刚开始被外国公司所带领,到后来可以管理外国公司,从一个"学生"拼成了"老师",该案例可以激发学生的自信与自豪感。而其中所呼应的后进企业"技术追赶"的主题,对很多企业具有意义。然而,曾经的成功并不代表永远成功,面对外在环境的变化,长安汽车近两年的业绩并不好,如何在新一轮的竞争中再次脱颖而出也是每一个企业所需要深入思考的问题。

关键词:换道超车　自主创新　自主品牌

注:案例全文请参见第5篇相关案例中的《换道超车? 长安汽车的自主品牌之路》。

【案例思考题】

1. 长安为何会走上自主品牌之路?
2. 长安过去是如何布局自主品牌之路的?
3. 近年来汽车产业出现了哪些重大变化? 面对新的机遇与挑战,您认为新能源与智慧汽车的趋势能否给长安提供赶超其他知名车企的机会?
4. 转型过程中,您认为长安汽车是应继续以往自主研发的模式,还是采取并购式成长? 是继续追求低端市场,还是向高端市场挺进?

8.1　自主创新的定义

自主创新这一研究领域起源于发展中国家及新兴工业化国家对技术创新路径的探索。在"自主创新"这一概念被明确提出之前,与之相关的概念主要包括"本土创新"和"发展自主知识产权"等。

8.1.1　狭义的自主创新

从狭义的角度来看,早期的自主创新主要聚焦于微观层面。例如,将自主创新定义为企业主要依靠自身努力,突破技术难关,形成具有价值的研发成果,并在此基础上依靠自身能力推动创新的后续环节,完成技术成果的商品化,从而获取商业利润的创新活动。这一阶段的自主创新主要面向技术吸收与改进后的技术发展阶段,强调技术学习的过程。随着时间的推移,自主创新的含义逐渐演化为企业积累和提升技术能力的过程或行为。从企业战略的角度来看,自主创新与模仿创新、合作创新共同构成了技术创新的三种主要模式。

8.1.2　广义的自主创新

从广义的角度来看,自主创新不仅包括技术创新,还涵盖了非技术创新,如管理机制创新、服务创新等。柳卸林(1997)提出,自主创新是"创造了自己知识产权的创新"。表8-1总结了主要学者对自主创新的观点。

表 8-1　主要学者关于自主创新广义内涵的观点总结

代表学者	主要观点	关键词
陈劲	自主创新是在引进、消化及改进国外技术的过程中,继技术吸收、技术改进之后的一个特定的技术发展阶段	发展阶段
杨德林	自主创新用于表征企业技术创新的行为时,指企业主要依靠自身力量独立研究开发,进行技术创新的活动	自主性
彭纪生	主要依靠企业自身的力量完成技术创新全过程,技术上的突破由本企业自身实现	自主性
王瑞杰	通过自身的研究与开发,攻破技术难关,形成技术上的突破,进而实现产业化,其基本的标志之一是在技术创新过程中拥有自主知识产权	知识产权
董必龙	以获取核心知识产权、掌握核心技术为宗旨,以自我为主发展与整合创新资源,进行创新活动,提高创新能力的科技战略方针	知识产权

资料来源:黄攸立,吴蕊,叶长荫.企业自主创新能力的关键因子分析[J].研究与发展管理,2009(21):24-29.

综上所述,自主创新是指组织主要依靠自身力量获取核心知识产权,并实现新产品价值的过程。我们可以从以下四个方面深入理解自主创新:

第一,自主是创新的基石。缺乏自主权,创新便无从谈起。作为创新的主体,企业应享有创新投入、技术选择、创新活动及创新收益分配的自主权。

第二,创新是自主创新的核心。自主创新的关键在于创新本身,仅有自主权而不进行创新活动,则创新亦不存在。因此,推动自主创新最重要的是激励、引导、促进并支持企业开展技术创新。

第三,知识产权是自主创新的关键要素。在国际竞争日趋激烈、技术作用日益凸显的今天,知识产权已成为竞争的重要手段。

第四,创新能力是自主创新的核心驱动力。中国企业能否实现创新以及创新的深度和广度,除了机制因素外,归根结底取决于其创新能力。换言之,创新能力是中国企业创新的主要瓶颈。创新能力与创新行为之间存在着相互促进、相互制约的动态关系。因此,我们不仅要强调开展创新活动,更要高度重视在创新实践中培养和提升创新能力。

8.2 自主创新能力构成及提升途径

8.2.1 自主创新能力构成

自主创新是一个多维度的概念,它涵盖了原始性创新、集成创新以及消化吸收再创新三个方面。首先,原始性创新强调在各个生产领域中追求科学发现和技术发明,这是创新的源泉。其次,集成创新注重将各种相关技术有机融合,以形成具有市场竞争力的产品和产业。最后,消化吸收再创新(二次创新)则是在吸收全球科学成果和引进国外先进技术的基础上,进行深入的消化吸收,进而实现再创新。

从企业创新主体与创新流程的角度来看,自主创新能力的关键要素包括:研发人员的个体创新能力、领导在创新活动中的个人能力、企业对创新活动的投入强度、企业资源的联结与协调能力、企业信息获取与识别能力,以及企业将创新成果转化为实际生产力的能力。表8-2对自主创新能力的构成与基本特征进行了归纳,为理解自主创新提供了系统的框架。

在探讨自主创新能力时,需要明确几个关键问题。

(1)自主创新主体。无论是国家层面还是区域层面,自主创新的主体都是我国公民或相关法人组织机构,它们是自主创新的核心利益相关者。

(2)自主创新的实施。这包括两个维度:一是由个人或组织主导推进创新活动,通过利益相关主体的参与,将创意转化为创新成果,实现创新价值输出与回报;二是创新主体通过投资其他利益相关主体,在一定的法律与规范框架内实现创新商业化,并获取价值输出与回报。

（3）自主创新程度。自主创新并不意味着完全依赖自身实力。在网络化与开放式创新的背景下,技术引进、全球资源整合、跨国合作与并购等使得自主创新对外部资源的依赖成为必然。因此,自主创新的程度体现在创新主体在实施创新活动时,对自身及国外创新资源与能力的依赖程度。以我国为例,尽管研发经费占 GDP 比重较低,且重大创新与原始创新等活动的核心技术仍掌握在发达国家手中,但我国的技术创新正逐步从引进、消化吸收向再创新阶段过渡。

表 8 - 2　自主创新能力构成与基本特征

自主创新能力构成	内涵	基本特征
原始创新能力	企业实现突破性的技术发明或颠覆性的科学发现的能力	• 自主研究,自己设计,自行开拓,自成体系,并在此基础上努力争取获得更多的科学发现和技术发明。 • 可以享受专利,并受法律保护,有利于开拓新兴产业及其市场;不利的方面在于投资大、风险大、时间长
集成创新能力	企业整合各创新元素,利用创新要素间协同作用提高创新效率的能力	• 把已经被掌握的科技资源,包括自创技术或他创技术集成起来,兼容并蓄,融会贯通,通过放大效应,再创一个或多个新的科学和技术,或新的产品和产业
引进、消化、吸收再创新能力	核心技术知识来源于组织边界之外,是企业借助外力实现创新的过程,表现为设备引进、技术引进、消化吸收、技术改造、模仿创新等	• 在引进国外技术的基础上,学习、分析、借鉴,进行再创新,形成具有自主知识产权的新技术。 • 投资小,风险少,见效快

8.2.2　自主创新能力的提升途径

自主创新能力是指企业依托其核心技术知识,通过独立研发或合作研发,掌握并运用这些技术的能力。随着我国改革开放的深入和经济结构的转型,建设创新型国家和提升全球竞争力对自主创新能力提出了更高要求,同时也为其发展带来了机遇与挑战。表 8 - 3 对我国企业自主创新能力提升的可行性与存在的主要问题进行了梳理与总结。

表 8-3　我国企业自主创新能力提升的可行性与主要问题

可行性	存在的问题
• 国内市场扩张和大规模制造能力基础形成。以我国制造业规模扩展为基础,钢铁、手机、集装箱、空调、电冰箱等 100 多项制造业产品位居全球产量第一。制造业规模化为中国企业及其国家层面的核心技术突破积累了规模经济的成本优势与竞争优势。 • 国内企业的集成能力不断增强。集成能力是指在研发能力等基础之上整合企业内外部资源的能力,是市场竞争长期积累的能力基础。经过我国改革开放与经济全球化的多年积累,国内主要优势企业正由被动地整合全球产业链与价值链转为主动走出去,并通过兼并收购等方式主动整合集成全球资源。 • 对市场需求的适应能力增强。我国制造业企业大量研习"贸—工—技"的发展路线,开始由原先的制造加工与进出口贸易转向销售渠道、品牌等方面的打造。同时,随着我国国内市场的需求进一步被挖掘,企业市场能力提升,生产制造规模扩大,更有利于其对核心技术的提升与创新,以及获得正向反馈。 • 配套产业水平的提升。传统制造业,尤其是复杂技术的突破需要上下游等相关配套产业的协同发展。在我国创新能力的整体提升背景下,产业集群、科技园等创新生态系统逐步构建与完善,支撑核心技术突破与自主创新所需的相关配套产业不断发展,有助于进一步提升产业共性技术的开发与应用,并依赖产业创新生态系统的平台优势实现自主创新能力的提升	• 自主创新人才短缺。人才是创新的根本,自主创新能力需要具有创新精神的企业家、科技创新的学者与科研人才,以及富有创新文化思考的组织管理者与政府领导者。当前,我国企业面临经济结构与生产方式的转型,企业尤其是传统制造业企业面临巨大的人才短缺,科研人员的研发与知识水平也亟待提升。 • 企业知识产权意识淡薄,自主创新缺乏有效支撑。我国企业早期的创新模式着重于先进技术与设备的引进、消化、吸收再创新,对于创新的知识产权保护意识淡薄,更形成了面向产业和区域的"创新山寨模式"。由此,对于知识产权的保护、产业与行业建立有效的知识产权保护机制、完善知识产权与商业环境等,是中国企业参与更加规范化、法制化的国际创新竞争的前提与重要基础。 • 技术经营机制不健全。企业技术经营是企业将技术创意通过有效的机制转化为产品前试、中试,并最终面向试产实现商业化的全过程。技术经营是企业科学管理的核心要素,需要我国企业逐步转型,破除原有的重研发、重收益、重短期等模式,强调技术经营与管理的科学化,平衡研发与市场,平衡短期与长期收益与竞争优势平衡,并引导自主创新实现企业能力提升的目标。 • 有利于自主创新的企业文化尚未形成。创新文化是驱动企业自主创新、形成企业创新系统良性循环的基础。自主创新文化建设,是我国企业未来经营管理之道的探索与中国自主创新模式探索的重要方向

　　针对我国企业在提升自主创新能力过程中面临的可行性和主要问题,学者们提出了以下几条路径:

第一，推动思维创新，打破思维定势和能力固化，为提升自主创新能力奠定基础。自主创新涵盖原始创新、集成创新以及引进消化吸收再创新三个层面。考虑到我国企业在技术和人才方面的相对不足，早期主要依赖于集成创新和引进消化吸收再创新来增强创新能力。随着能力、资金、知识和人才的积累，企业应在思维上突破能力固化，逐步增强原始创新能力，实现从研发到品牌的全方位可持续竞争优势的提升。

第二，强化组织学习和技术学习，构建提升自主创新能力的内在支撑。组织学习和技术学习是我国企业吸收国际先进技术，并实现技术再创新、技术跨越、组织技术能力提升和吸收能力积累的关键途径。技术学习和组织学习的方法包括反求工程、反向创新（将在后续章节详细探讨）、模仿复制、知识管理、信息挖掘和技术研发等，这些方法有助于企业在长期发展中逐步积累和提升自主创新能力。

第三，增加研发投入，直接提升自主创新能力。技术研发和研发能力是自主创新的核心，增加研发投入是提升自主创新能力的最直接方式。企业应将提高研发投入占销售收入的比重作为提升自主创新能力的基本原则。

第四，整合外部资源，通过开放性创新促进自主创新能力的提升。开放性创新已成为企业增强创新能力和竞争优势的重要模式。通过跨国并购、引进高端人才、加强区域和国际战略联盟合作、产学研协同创新、参股或控股目标企业等方式，我国企业可以整合全球互补资源，进一步提升自主创新能力。

8.3　自主创新的模式

中国，作为一个正处于发展进程中的国家，其独特的社会体制、市场规模、文化底蕴、人口结构以及民生状况等因素，构成了与发达国家截然不同的国情。因此，学术界与产业界的共识是，中国在追求自主创新的道路上，不能简单地复制发达国家的经验，而应致力于探索一条符合自身国情和特色的自主创新之路。

柳卸林等学者指出，中国本土企业在核心技术能力、设计能力及研发资金投入等方面尚存不足，这使它们在国际竞争中处于不利地位。为了突破这一困境，实现自主创新，中国企业需要有效整合国内外资源，并可通过自主开发、合作创新、跨国兼并等多元化模式，实现从本土市场到国际市场的跨越式发展。

陈劲教授强调，中国企业自主创新模式的核心在于推动创新决策的转型，即从短视、应急、盲目的决策方式转变为更加平衡和规划周详的创新策略。这种转型对于企业的长远发展至关重要。

此外，陈劲与王方瑞共同研究并归纳了四种中国企业自主创新的模式，这些模式详细地展现在表 8-4 中，为理解中国企业的创新实践提供了清晰的框架和参考。

表 8 - 4　中国企业自主创新模式总结

维度/模式		高市场集中度的科技型模式	高市场集中度的制造型模式	低市场集中度的制造型模式	低市场集中度的科技型模式
市场进入的机会特征	市场结构	市场集中度高	市场集中度高	市场集中度低	市场集中度低
	技术获取	易	易	难	难
	技术特征	科技主导型	制造主导型	制造主导型	科技主导型
市场进入的决策特征	市场目标	低端市场	主流市场	低端市场	未来市场
	技术目标	低端技术	技术国产化	低端技术	国际技术
	决策特征	学习型(D)	追赶型(F)	学习型(D)	领先型(L)
决策的演变路径		D→L D→F→L	F→L	D→F→L	L→F→L
D:突破性;F:跟随;L:领先					

资料来源:陈劲,柳卸林.自主创新与国家强盛:建设中国特色的创新型国家中的若干问题与对策研究[M].北京:科学出版社,2008.

📖 **创新视角**

海尔的自主创新之路

海尔集团创立于 1984 年,自成立以来始终坚持自主创新,在中国自主创新 TOP100 企业排行榜中长期位居前列。如今,海尔已发展成为一家在国内外享有盛誉的大型国际化企业集团,其高市场集中度的制造型模式成为行业典范。

一、创新发展的三个阶段

1.创业阶段:引进、消化、吸收再创新

在技术开发初期,海尔通过学习借鉴国际先进技术,并未陷入"引进-落后-再引进"的循环,而是在引进技术的基础上融入自主创新基因,通过消化吸收形成具有市场竞争力的专有技术和产品。

2.发展阶段:集成创新

集成创新是海尔自主创新的重要内容。通过将现有技术有机整合,海尔创造出新产品和新的经营管理模式,开辟了新的经济增长点。海尔提出"整合力就是竞争力"的理念,强调资源利用效率的重要性,充分体现了其在集成创新阶段的战略布局。

3.展望阶段:原始创新

随着全球信息化时代的到来,海尔面临新的发展机遇与挑战。为实现从全球知名度向全球美誉度的跨越,海尔在国家"三自"创新战略的指导下,提出了信息化时代的创新战略——U-home 战略,标志着其正式进入原始创新时代。

二、企业文化与创新氛围

海尔的企业文化分为三个层次。

(1)物质文化:最外层,体现为企业的产品和服务;

(2)制度行为文化:中间层,包括企业的管理机制和行为规范;

(3)精神文化:核心层,即价值观,其核心是创新。

在"创新"价值观的引领下,海尔实现了技术创新、市场创新、管理创新、组织创新和观念创新的全面突破。企业文化为自主创新提供了浓厚的氛围,同时,海尔通过多种学习平台(如海尔大学、联合研发机构等)为员工创造了良好的学习环境。

三、学习与创新的实践

1.向用户学习

海尔秉持"用户永远是对的""视用户的抱怨为最好的礼物"等理念,通过用户反馈不断优化产品和服务,这是海尔最有效的学习方式之一。

2.在干中学

在"5W3H1S"体系下,海尔员工每天都在寻找差距,力求不断进步。通过实践学习,海尔将企业文化融入员工的日常工作中,提升员工的自主创新意识,将每一名员工培养成为企业的创新人才。

四、总结

海尔的成功源于其对自主创新的不懈追求。从引进消化到集成创新,再到原始创新,海尔始终走在行业前沿。其独特的企业文化和学习机制为创新提供了强大动力,使海尔在全球竞争中始终保持领先地位。

◢▮▮▮ 本章小结

1.自主创新强调在创新过程中不完全依赖技术引进和模仿,而是以创造市场价值为导向,掌握自主权,并拥有全部或部分核心技术与知识产权,从而打造自主品牌并赢得持续竞争优势。自主创新不仅限于技术层面(如新产品、工艺等),还包括管理、制度、战略、市场、文化以及商业模式等非技术领域的创新,这些方面共同构成了自主创新的有机整体。

2.自主创新主要包括以下三个方面。(1)原始性创新:通过科学研究和技术发明,推动基础性突破;(2)集成创新:将相关技术有机融合,形成具有市场竞争力的产品或产业;(3)消化吸收再创新:在引进国外先进技术的基础上,通过消化吸收实现再创新,形成自主技术能力。

3.自主创新能力是指企业在创新过程中掌握并应用核心技术知识的能力,包括独立研发、合作研发以及核心技术应用的能力。这种能力是企业实现技术突破和市场竞争优势的关键。

4.我国企业提升自主创新能力的路径主要体现在以下几个方面：

(1)思维创新。克服思维惰性和能力刚性,为自主创新能力的提升奠定基础。

(2)组织学习与技术学习。通过持续学习,打造企业创新能力的内在基石。

(3)加大研发投入。通过增加研发资源投入,提升技术研发能力。

(4)整合外部资源。通过开放性创新,有效利用外部资源,推动自主创新能力的提升。

5.提高自主创新能力需要坚持以下方向：

(1)提升原始创新能力。形成技术竞争力的核心源泉。

(2)加强集成创新能力。在关键领域实现技术集成与整体突破。

(3)加快引进消化吸收再创新。充分利用全球科技资源,形成后发优势,推动快速发展。

通过以上路径,企业能够在技术创新和市场竞争中占据主动地位,实现可持续发展。

关键术语

自主创新   自主创新能力   核心知识产权   原始创新能力   集成创新能力

第9章 逆向创新

![学习目标图标]

学习目标

1.知识层次：了解逆向创新的定义；理解逆向创新的5个战略要素和5级思维模型；掌握逆向创新的4个行动原则。

2.能力层次：培养逆向创新的能力。

3.情感层次：树立民族自信、创新自信。

案例导入

迈瑞：从贴牌制造商到"全球挑战者"

摘要：2017年，迈瑞医疗（以下简称迈瑞）在全球智能信息服务提供商科睿唯安发布的"中国大陆创新企业百强榜单"中脱颖而出，成为医疗器械领域唯一上榜企业，位列第二梯级。从最初的贴牌制造商到国内行业领军者，再到令跨国巨头敬畏的全球竞争者，迈瑞的每一次跨越都标志着其向更高端、更广阔平台的迈进。这一系列成就的取得，源于迈瑞构建并不断完善的一套自主创新体系。本研究通过追溯这家中国医疗器械龙头企业的创新发展历程，深入分析其构筑长期竞争优势的战略举措，并展望未来发展前景，以期为我国高新技术企业的创新实践提供有益借鉴。

传统观点认为，创新往往遵循从发达国家向发展中国家扩散的单向路径。然而，随着发展中国家在全球经济格局中的地位不断提升，这种"单行道"式的创新模式正在被打破。逆向创新的出现，标志着全球创新格局的重大转变。这一创新模式包含两个核心要义：其一，源自低端市场的需求可能催生具有全球影响力的创新动力；其二，创新的源头需要从传统的高端市场转向更具潜力的低端市场。迈瑞的成功实践，正是对这一创新理论的有力印证。

关键词：迈瑞医疗　自主创新　逆向创新　全球化战略

注：案例全文详见第5篇相关案例中的《迈瑞：从贴牌制造商到"全球挑战者"》。

【案例思考题】

1. 系统梳理迈瑞从贴牌制造商到全球竞争者的创新路径,重点分析其逆向创新的实施过程与关键节点。

2. 探讨迈瑞在发展过程中识别和把握逆向创新机会的具体策略,以及这些策略如何助力企业实现跨越式发展。

3. 分析迈瑞在逆向创新的不同发展阶段,如何通过战略布局和资源配置来构建和提升自主创新能力。

4. 结合中国建设创新型国家的战略目标,探讨迈瑞的创新实践对中国企业转型升级的启示意义。

9.1　逆向创新的定义

逆向创新,亦称反向创新(reverse innovation),是一种自下而上的创新模式,指的是首先在发展中国家被采纳并实施的创新,这些创新随后能够对发达国家产生影响。在这一过程中,发达国家的企业在全球化的大潮中,从零开始创新产品,将发展中国家作为创新的试验田,依据发展中国家用户的需求或借鉴当地企业的实践经验,进行产品或商业模式的创新,最终目的是服务于全球市场。与逆向创新形成对比的是全球本土化,后者指的是发达国家企业在将现有产品推向全球市场时,最多根据当地消费者的习惯对产品进行重新设计,主要目的是增加在发展中国家的销售量。

对于发达国家及其跨国公司而言,新兴市场蕴藏着丰富的创新机会。若这些国家和企业希望持续生存与发展,其下一代领导者或创新者必须密切关注发展中国家的需求与机遇,逆向创新是一个不容忽视的现象。从发达国家的视角出发,我们或许能够理解为何穷人渴望拥有富人的物品,却难以理解富人为何会追求穷人的物品。这背后的原因在于,富人的某些需求可能尚未得到充分满足,而那些最初为穷人设计的创新,可能会为富人带来全新的、意想不到的或长期被忽视的价值。

从发展中国家的视角来看,发达国家企业在新兴市场的扩张远非简单的地理扩展,深入理解发展中国家的需求、技术以及塑造这些需求和技术的社会环境和产业基础同样至关重要。戈文达拉扬(V. Govindarajan)教授曾系统地归纳了推动逆向创新的五大需求差异,包括性能差异(performance gap)、基础设施差异(infrastructure gap)、可持续性差异(sustainability gap)、监管差异(regulatory gap)以及偏好差异(preference gap)。表 9-1 对这五种需求差异进行了详细概述。

表 9－1　催生逆向创新的五大需求差异

项目	性能差异	基础设施差异	可持续性差异	监管差异	偏好差异
描述	发展中国家的用户收入较低,但渴望创新,以最低的价格得到最体面的性能	发达国家有非常完备的物质性基础设施,而新兴经济体的这些经济发展所需要的基础设施仍在建设中	发展中国家面临着全球范围内最严重的可持续发展问题	新兴市场的监管系统不甚完备,有时可能会为创新提供有益的帮助,不会招致太多延误	每个国家的客户都有独特的喜好和品位
含义	以 15% 的价格换取 50% 的性能	A. 发展中国家正是因为基础设施缺乏而激励了创造性解决方案的诞生。B. 新兴经济体基础建设者可以马上采取最前沿的解决方案	新兴市场渴望找到"绿色环保"的解决方案,很有可能直接跨越到下一代的环保技术	新型产品可能首先在发展中国家中应用,跨越监管障碍	创新需考虑各国客户之间的区别
例子	诺基亚手机	A. 印度在保健设施缺乏的状况下,便携式心电图仪得到应用。B. 没有固定电话的情况下,印度乡村地区直接搭起了无线基础设施	中国电动汽车	全民诊断公司	印度扁豆食品的流行
趋势	A. 创新将提高产品的性能,让发达国家的用户也对产品产生兴趣。B. 发达国家用户慢慢考虑超低价格的产品	发达国家陈旧的基础设施陆续更换	发达国家将会面临可持续发展的压力	发达国家政府最终通过新的技术或者修改监管要求	发达国家的客户受到发展中国家客户的影响

逆向创新并非完全由发达国家企业引入发展中国家市场,发展中国家的企业同样可以在此过程中发挥积极作用。由于发展中国家的企业可能通过逆向创新这一途径进入发达国家市场,因此一些发达国家的管理者已经分享了他们在逆向创新方面的经验,警示西方企业要关注这一新兴的创新通道。例如,通用电气前总裁伊梅尔特(J. Immelt)就曾专门撰文,总结了通用电气在逆向创新方面的实践经验。

9.2　逆向创新的五个战略要素

美国达特茅斯学院塔克商学院的戈文达拉扬(V. Govindarajan)教授在其著作《逆向创新》中强调,逆向创新过程中需特别关注用户、产品、产业、社会和政策等战略要素的差异。这些差异不仅存在于发展中国家与发达国家之间,也存在于同一国家的不同地区,成为逆向创新的重要源泉。

首先,用户和产品要素的差异催生逆向创新。根据需求层次理论,当人们的基本需求得到满足后,对更高层次需求的追求才会变得更加迫切。发达国家与发展中国家用户对产品的需求差异显著。例如,传音公司针对非洲用户的特点,设计生产了 TECNO 手机,解决了非洲用户自拍分辨不清的问题,成功占领了非洲市场。传音公司成立于 2006 年,专注于为新兴市场提供符合当地消费者需求的移动通信产品,其战略重点放在非洲。传音公司主要生产传统功能机,这些手机价格低廉,但具备双卡双待、自拍优化和长待机等优点,深受非洲消费者欢迎。传音公司的商业模式正是利用发达国家、中国和非洲国家用户需求的差异,通过发达国家过时的技术和中国过剩的产能,为非洲消费者提供他们所需的产品。

其次,产业基础设施要素的差异也是逆向创新的源泉。发达国家基础设施完善,而发展中国家的基础设施尚在建设或未建状态。这种基础设施的缺失迫使发展中国家的企业不断创新,一旦建设,便是前沿。例如,印度医疗保健设施的缺乏促使通用医疗集团(GE Healthcare)研发了便携式心电图机(portable electrocardiogram machine),这项技术对发达国家也产生了深远影响。由于发展中国家的基础设施刚开始增建,对施工服务的需求非常强烈,而发达国家对新基础设施的建设投资则相对滞后。

再者,不同国家和地区在社会和政策方面的差异会影响创新。当 Live me 进入美国市场时,美国几大直播平台更注重社交属性和直播质量。为了让 Live me 与其他平台区分开来,猎豹移动创始人傅盛强调,Live me 有两个特点:一是对现场直播的关注;二是对打赏功能的重视。最终,Live me 被誉为"美国快手",仅用 10 个月便成为 2016 年度最佳社交 App 排名第一。类似的例子还有今日头条。直播和头条这类业态在业务创新方面已领先于欧美同类公司,中国与发达国家企业之间的创新实力已发生逆转,从"copy to China"转变为"copy from China"。

最后,借助图 9-1 所示的五星模型对影响逆向创新的因素进行总结。进行逆向创新,第一,要了解发展中国家用户的实际需求和发达国家用户需求的差异;第二,要根据用户的实际需求重新进行产品设计;第三,要利用当地优势的产业环境和可得的技术手段,让创新接地气,让产品能落地;第四,要深入当地社会环境中,争取广大利益相关方参与创新;第五,要利用发展中国家的限制条件,在较差的环境下实现创新突破,继而将创新推广到全球市场。

通过以上五大战略要素的分析,我们可以看到,逆向创新不仅是一种创新模式,更是一种全球化战略,能够帮助企业在全球市场中占据有利地位。

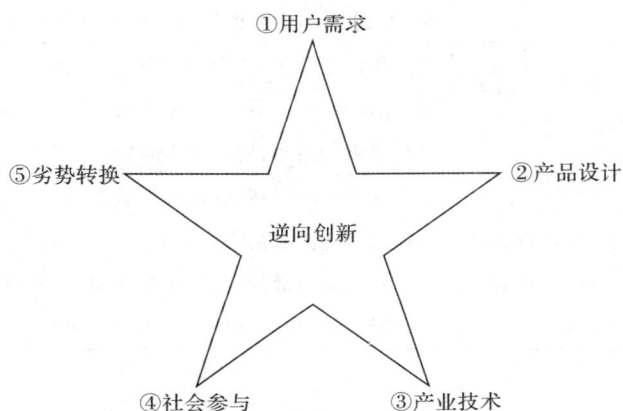

图 9-1 影响逆向创新因素的五星模型

9.3 逆向创新的五级思维模型

传统的创新思维模式通常认为,创新的源泉主要集中在富裕的发达国家或地区。因此,跨国企业往往只聚焦于发达国家的创新,而忽视了发展中国家和地区潜在的创新可能性。与这种传统思维不同,逆向创新思维强调发展中国家和地区的发展潜力,并将其创新能力视为全球创新的重要组成部分。戈文达拉扬(V. Govindarajan)教授将逆向创新思维划分为五个层级(见表 9-2)。

表 9-2 五级逆向创新思维解读

级数	含义	例子
第 1 级:视而不见	不做任何行动	eBay 对中国的习惯视而不见,当淘宝推出免交易手续费的模式时,卖家毫不犹豫地弃 eBay 而投淘宝,eBay 在中国 C2C 业务失利

续表

级数	含义	例子
第2级:让子弹飞	观望态度,考虑是否加大关注度	MSN刚进入中国的时候,一度风光无限,但在功能上长期不思进取,有八年时间没有进行重大的功能更新。直到2008年左右,MSN才开始支持离线消息,但始终不支持离线传文件、截图等中国用户非常需要的功能。2013年年初停止服务
第3级:小修小补	对现有产品进行小改动	肯德基采取"全球本土化"策略,在一些特别重要的市场上做一些微小的改动。这样做能够控制全球供应链和运营的成本,但长此以往,可能导致企业竞争力下降
第4级:重新设计	从头开始创新产品	印度保健设施缺乏,美国通用电气研发出一款便携式心电图仪,使用简单,在印度农村得到广泛应用,不仅挽救了很多心脏病患者的生命,同时也为通用电气带来了可观的收入
第5级:龙行天下	把逆向创新提升到全球战略高度	在中国发生的创新,既可以影响西方发达国家的经济,也可以到达欠发达国家的市场。中国向发达国家提供形形色色的工业品和创新落地的机会,同时向原料产地国家输出资本、制成品、基础设施和就业机会

　　若将逆向创新思维按1～5级划分,第1级认为发展中国家的创新能力无关紧要,可以完全忽略;第2级则认为,尽管发展中国家的创新能力目前尚未显现其重要性,但应关注其变化,待其市场扩大后再加大投入;第3级意识到发展中国家的用户需求与发达国家不同,因此需要对现有产品和服务进行调整以满足这些需求;第4级进一步认为,发展中国家的用户需求与发达国家截然不同,必须根据其需求重新设计产品和服务;第5级则强调,发展中国家的用户具有全球战略意义,必须像重视发达国家用户一样重视他们。

　　如果将上述逆向创新思维的分级理论中的"发达国家"替换为中国的发达地区,"发展中国家"替换为中国的欠发达地区,这一理论同样适用。这种视角的转换不仅有助于我们更好地理解逆向创新思维的内涵,也为中国区域间的创新合作与发展提供了新的思路。

9.4　逆向创新的四个行动原则

　　在执行逆向创新行动时,要把握建立本地团队、广泛整合资源、快速迭代产品和服务全球用户这四个原则(见图9-2)。

　　接下来,我们以宝洁公司的实例进行说明。20世纪80年代,宝洁公司推出了一款名为"护舒宝"的女性保健产品。护舒宝在美国等发达国家迅速成为市场领导者,随后宝洁公司开

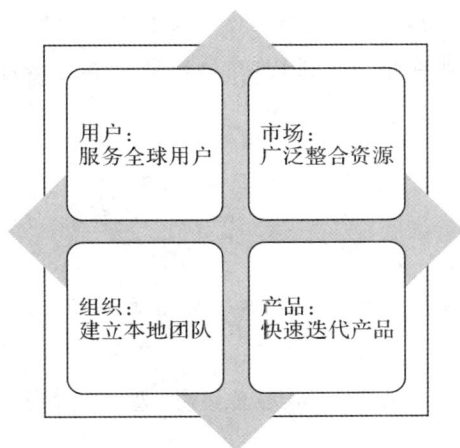

図 9 - 2　逆向创新的四个行动原则

始将其推向全球市场。然而,令公司高层始料未及的是,护舒宝在墨西哥等发展中国家的销量表现不佳。当时,宝洁在发达国家的市场已接近饱和,急需开拓发展中国家市场。为此,宝洁高层决定采取四项关键策略:建立本地团队、广泛整合资源、快速迭代产品以及服务全球用户,以打开发展中国家市场。

第一,建立本地团队。宝洁女性用品研发中心全球副总裁授权组建了一个熟悉墨西哥女性生活环境的本地团队。该团队发现,墨西哥女性与许多发展中国家的女性一样,生活在较为艰苦的环境中。她们通常依赖公共交通工具通勤,花费大量时间在路上,且很少有机会使用带有卫生设施的公共洗手间。她们的居住空间狭小,甚至多个家庭成员共用一张床,缺乏发达国家女性所享有的私人空间。因此,她们对卫生巾的舒适性和使用时长提出了更高的要求。

第二,广泛整合资源。在发现发展中国家女性使用习惯的差异后,宝洁公司决定重新开发一款名为"朵朵"的产品。开发团队面临的最大挑战是必须放弃一些过去的固有做法,甚至是一些竞争优势。例如,护舒宝的核心专利技术——干燥网面技术,虽然有效,但需要频繁更换以保持干燥。为此,朵朵的设计团队从宝洁全球资源库中寻找可用资源,最终采用了婴儿尿布的表层材料和美容产品中的润肤剂来保护皮肤。此外,团队还调动了宝洁总部的销售人员、美工人员和广告代理资源,甚至启用了一条位于加拿大的闲置生产线。这种全球资源的整合极大地缩短了朵朵产品的研发周期。

第三,快速迭代产品。与宝洁公司传统的"追求完美再上市"的做法不同,朵朵团队选择快速将产品推向市场,并通过用户反馈不断改进产品。这种针对发展中国家市场的逆向创新战略,帮助宝洁公司实现了全球市场销售的快速增长。

第四,服务全球用户。朵朵产品首先在墨西哥推出,随后迅速进入拉丁美洲市场。接着,它扩展到 18 个欧洲国家,并于 2010 年进入中国市场。如今,朵朵已从一个起源于发展中国家的子品牌,成功转型为全球知名品牌。

　　通过这一系列策略,宝洁公司不仅成功打开了发展中国家市场,还实现了全球业务的多元化增长。这一案例展示了企业在全球化过程中,如何通过本地化洞察、资源整合和快速创新来应对市场挑战并取得成功。

本章小结

　　1.逆向创新是指首先在发展中国家被采纳并应用的创新,这些创新随后能够对发达国家产生积极影响。

　　2.催生逆向创新的五大需求差异包括:性能差异、基础设施差异、可持续差异、监管差异以及偏好差异。

　　3.在逆向创新的过程中,需特别关注用户、产品、产业、社会和政策等战略要素的差异。具体而言:第一,深入了解发展中国家用户的实际需求,并与发达国家用户需求进行对比分析;第二,根据用户的实际需求重新设计产品,确保其满足目标市场的特定需求;第三,充分利用当地的产业环境和技术资源,使创新更具本地化特色,确保产品能够顺利落地;第四,深入融入当地社会环境,广泛争取利益相关方的参与和支持;第五,利用发展中国家的限制条件,在资源有限的环境中实现创新突破,并将这些创新推广至全球市场。

　　4.逆向创新的五级思维模型:传统观念认为发达国家和地区具有天然的创新优势,但随着信息社会的发展和技术的普及,创新已不再是发达国家的专属领域。发展中国家甚至欠发达地区同样具备逆向创新的潜力。通过五级逆向创新思维,将逆向创新提升至全球战略高度,能够为创新注入更强的动力,如同为创新动车装上五级变速器。

　　5.在执行逆向创新时,需遵循以下四个行动原则:①建立本地团队。组建熟悉本地市场的团队,确保创新更贴近实际需求;②广泛整合资源。充分利用本地及全球资源,为创新提供支持;③快速迭代产品。通过快速试错和迭代,优化产品和服务;④服务全球用户。将本地创新的成果推广至全球市场,实现更大范围的影响力。

　　通过以上总结,可以更清晰地理解逆向创新的核心概念、关键差异、实施策略以及全球化思维的重要性。

关键术语

　　逆向创新　五大需求差异　五级思维模型　四大行动原则

第10章　朴素式创新

学习目标

1.知识层次:了解朴素式创新的概念;掌握朴素式创新的原则;理解朴素式创新的应用情境。

2.能力层次:培养学生在逆境中寻找机会、辨识机会的能力。

3.素质层次:培养学生节俭的创新价值观。

案例导入

第一个穿卫生巾的男人:如何在逆境中创新

摘要:阿鲁纳恰拉姆·穆卢甘南塔姆(Arunachalam Muruganantham)原本是一名普通的电焊工,因目睹周围女性无法负担昂贵的卫生巾而陷入困境,甚至导致妻离子散、众叛亲离的悲剧,他决心改变这一现状。尽管面临资源匮乏、亲友误解甚至被驱逐出家乡的重重困难,穆卢甘南塔姆依然坚持不懈,最终成功研发出一种廉价且优质的卫生巾制造机。他的创新不仅改善了无数印度妇女的生活,也为低端市场提供了可持续的解决方案。本案例详细描述了穆卢甘南塔姆如何在逆境中整合资源、突破限制,最终实现朴素式创新的故事。

关键词:朴素式创新　资源整合　低端市场　印度妇女

注:案例全文请参见第5篇相关案例中的《第一个穿卫生巾的男人:如何在逆境中创新》。

【案例思考题】

1.穆卢甘南塔姆在资源极度匮乏的情况下,如何通过不断试验、学习和整合有限的资源,最终开发出物美价廉的卫生巾制造机? 他的创新过程中有哪些关键步骤和策略?

2.该产品已成功进入其他发展中国家市场。您认为它是否具备进军发达国家市场的潜力? 如果可以,应采取哪些策略进入? 如果不可以,请分析其主要障碍。

3.结合本案例,请分析创新者应如何有效利用和整合有限的资源,以实现突破性创新。穆卢甘南塔姆的经验对其他创新者有何启示?

10.1　朴素式创新的定义

10.1.1　朴素式经济的崛起

全球约有 40 亿消费者的年消费额低于 1800 美元,这些消费者主要分布在技术和市场条件相对落后的发展中国家。低收入和低购买力显著削弱了这部分群体对产品设计和功能的需求,因此高性价比产品更受他们青睐。此外,在一些资源匮乏的地区,生产和使用某些产品的条件极为有限。例如,根据世界银行等国际机构的报告,截至 2017 年,全球仍有 8.4 亿无电人口,其中印度占 9900 万。在这些地区,普通家电无法正常使用。

在《节俭式创新:如何少花钱多办事》(*Frugal Innovation:How to Do More with Less*)一书中,咨询专家纳维·拉德友(Navi Radjou)和剑桥大学贾奇商学院的学者杰德普·普拉布(Jaideep Prabhu)指出,节俭式创新不仅在新兴国家中蓬勃发展,也逐渐渗透到发达国家。过去几十年里,美国、加拿大、欧洲、日本和澳大利亚等地的中产阶级经历了收入停滞和购买力下降。自 2009 年以来,美国 95% 的收入流向了 1% 的最富裕阶层;在法国,2008 年至 2012 年间,平均收入下降了 24%,而生活成本却上升了 30%;在日本,2012 年的贫困率达到 16% 的峰值。发达国家的消费者开始从高档品牌转向价格亲民的小众产品,越来越注重性价比,并愿意购买更平价的产品,朴素生活和朴素消费的观念逐渐成为主流。

不仅消费者更加关注购买成本,发达国家的政府也开始重视每一笔支出。人口老龄化带来的医保成本和养老金负担不断上升,促使美国、欧洲和日本政府意识到朴素精神的重要性。在美国,奥巴马提出了为期三年的"个人可支配收支冻结计划";在英国,保守党领导的政府也削减了国防预算、地方政府开支和警局预算等。

此外,发达国家的消费者越来越关注社会和谐与生态可持续发展。超过 80% 的欧洲人在购买产品时会非常关注产品对环境的影响。正如爱德曼社会商业实践部的负责人卡罗尔·科恩(Carol Cone)所说:"公民消费者会把他们的钱当作选票,投给那些具有社会包容性和环境保护性的品牌。"这表明朴素式创新与绿色创新在企业社会责任方面具有共通理念,第 11 章将详细介绍绿色创新的相关内容。

面对新型朴素消费者的消费观念,朴素式创新(frugal innovation)成为一种颠覆性的商业模式,为企业提供了新的视野,帮助企业将资源限制视为机会而非障碍。通过将发展中国家的朴素智慧与发达经济体先进的研发能力相结合,企业能够创造出可负担、可持续且对人类群体有益的高质量产品和服务。

10.1.2　朴素式创新的定义

朴素式创新理念源于 20 世纪 50 年代的"适用技术"(appropriate technology)运动。舒马赫（Schumacher）在《小的是美好的》（*Small Is Beautiful*）一书中，基于"适用技术"的理念，批评了将发达国家技术直接迁移到发展中国家的行为，并反对大规模生产，认为这会阻碍经济的可持续发展。根据客户需求和地区经济与环境条件开发适合的产品是这一理念的核心。

这一创新范式的思想可以追溯到印度传统哲学中的实用主义倾向，即 jugaad。Jugaad 是印度当地的口语，意为"在限制条件下通过创新性方案，利用有限资源即兴设计出有效的解决方案"。其主要思想是在逆境中寻找机会，用更少的资源获得更多的利益，并采用简单的方式解决问题。作为一个资源有限、人口众多且大部分人口处于贫困水平的发展中国家，印度企业和产业面临着上游资源有限、下游客户购买力不足的困境。因此，基于"jugaad"文化思想，印度企业以当地用户需求和市场特征为出发点，通过重新构架产品概念和减少不必要的设计，降低资源利用和生产成本，生产出消费者能负担得起的实用产品。

2010 年，《经济学人》刊登了"朴素式创新的魅力"一文，以美国通用公司面向印度市场的便携式心电图设备——Mac400 和印度塔塔公司开发的水净化器为例，提出了朴素式创新的概念。文章强调，朴素式创新面向低收入人群，同时保证产品质量和功能需求，形成了一种自下而上的创新范式转移，为经济欠发达地区和发展中国家市场创新提供了重要思想转变。

所谓朴素，就是一种在面对难题时的独特思考方式和行动方式，是在最不利的情况下发现机会并用简单灵活的方式临场解决问题的大胆艺术，是关于用更少的资源做更多事情的智慧。显然，朴素式创新意味着最大限度地利用现有资源，即"就地取材"。这既包括为日常物品发现新的用途，也包括利用日常用品发明新的实用工具，以及任何巧妙的"利用规则"的方法。总的来说，朴素式创新是一种在投入更少的能源、资金和时间等资源的情况下，产出更多商业和社会价值的能力。

10.2　朴素式创新的基本特征

朴素式创新的核心特征可以概括为以下几点：

1. 聚焦"金字塔底端"市场

朴素式创新主要服务于"金字塔底端"（bottom of pyramid，BOP）的消费者群体。这一概念由普哈拉（C. K. Prahalad）在《金字塔底部的财富》一书中提出，他将全球消费市场划分为金字塔结构，并指出，金字塔底端包括 40 多亿刚脱离贫困的消费者，主要分布在中国、印度、巴西等新兴市场。这些消费者收入有限，倾向于购买满足基本功能的产品。此外，发达经济体中同样存在类似的低收入群体，例如欧洲的低收入人群和美国未被充分金融服务的群体，分别代表着 2800 亿美元和 900 亿美元的潜在市场。朴素式创新通过针对性设计，能够有效触达这些被传统企业忽视的消费者。

2.提供高性价比的产品

朴素式创新强调在保证基本功能和质量的前提下,降低产品成本。与传统创新模式追求多功能和高附加值不同,朴素式创新专注于减少不必要的功能和设计,确保产品坚固耐用且价格亲民。这种创新模式不仅满足了低收入消费者的需求,还通过优化成本结构实现了更高的用户价值。

3.重新设计产品与开发过程

朴素式创新并非简单地对发达市场的产品进行改造,而是从底层重新设计产品、商业模型和价值链。它针对发展中市场消费者的独特需求,采用弹性、可持续的方式重构设计、研发、制造和分销等环节。这种创新模式不仅降低了研发成本,还确保了产品在功能、质量和价格上的平衡。

4.与低成本创新的区别

朴素式创新并非单纯追求低价或普通质量,而是通过精心设计和优化流程,提供高性价比的产品。相比之下,低成本创新更侧重于通过降低研发和营销成本来生产普通质量的商品。朴素式创新的核心在于简化,既降低研发成本,也降低消费者的购买成本,同时整合生产、质量、分销、服务等要素,实现用户价值的最大化。

综上所述,朴素式创新是一种以简化为核心、聚焦低收入市场、提供高性价比产品的创新模式。它通过重新设计产品和开发过程,满足特定消费群体的需求,同时与低成本创新形成鲜明区别。朴素式创新的发展模型,如图10-1所示。

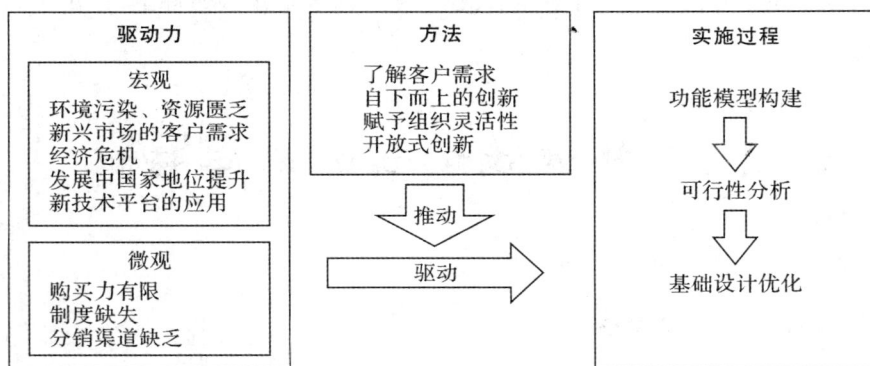

图10-1　朴素式创新发展模型

资料来源:陈劲,王锟.朴素式创新:正在崛起的创新范式[J].技术经济,2014,33(1):1-6.

10.3　朴素式创新的应用

随着朴素式创新理念的演进及市场需求的不断变迁,无论是发展中国家的企业还是发达国家的企业,都在积极探索和实践朴素式创新。各国在朴素式创新领域的典型实践案例,如表10-1所示,为我们提供了宝贵的参考。

表 10-1　朴素式创新的典型案例

国家	典型案例
中国	海尔小神童洗衣机;比亚迪锂离子电池
加纳	Toyola 炭炉
印度	Nano 汽车;微型冰箱;通用电气便携式心电图仪;35 美元平板电脑
埃及	便携式(ADAPT)住房
多哥	电子废弃物 3D 打印机
南非	神奇袋(wondering);莫拉蒂住房(廉价房);Eskom 预付电费量表
肯尼亚	M-PESA 货币体系
荷兰、美国、加纳、肯尼亚	TAHMO 气象站
荷兰	联合利华奥妙洗涤小袋
荷兰、肯尼亚	飞利浦自动呼吸速率监视器
美国	火狐 OS25 美元智能手机

那么,企业应如何实施朴素式创新呢?为了在成本、效率、速度和灵活性方面取得显著收益,企业需要重塑其创新引擎。尽管不同行业和职能领域面临的挑战各异,但以下六个原则普遍适用于各行各业和组织:在逆境中捕捉机遇、以小博大、灵活思考与行动、保持简单、服务边缘客户,以及遵从内心。

10.3.1　原则一:在逆境中捕捉机遇

在逆境中,弱势企业不仅需要培养强大的适应能力,还需及时转变思维方式,以发展的视角审视问题,用逆向思维解构当前的极端条件,从而将制约因素转化为自身优势。一旦实现这种思维反转,发现创新机遇,便应迅速响应。

2001 年,印度西部发生了一场严重的地震。一张以"穷人的冰箱坏了"为标题,并配有一张破碎瓦罐照片的报纸,引起了正在灾区参与救援的陶艺工匠曼苏克拜·普拉贾帕蒂(Mansukhbhai Prajapati)的注意。当地村民常用瓦罐取水并保持水的清凉。Prajapati 发现,许多家庭缺乏食物和水,即使有食物,也因无电或缺电而无法保存。这激发了他的灵感:

"为何不用黏土为村民制作一个外观类似普通冰箱,但更便宜且无须电力的真正冰箱?"结合自身技艺,Prajapati 设计了一种名为"Mitticool"的黏土冰箱,意为与陶土共冷却。这种冰箱的工作原理是:水从箱体一侧流下,内部热量随水分蒸发而逐渐降低,从而实现冷却。顶部水箱用于储水,前面的小龙头也可提供饮用水。这种低成本、无须维护的冰箱不仅节能,还为众多农村家庭节省了长期开支。

Prajapati 曾表示:"我的目标是让穷人也能负担得起,不损害任何人健康的产品。"因此,Mitticool 冰箱的售价定在 40 至 60 美元之间(约 275 至 413 元人民币)。如今,该产品已收到来自世界各地的订单,并荣获印度总统奖及多项国际安全认证。Mitticool 黏土冰箱的出现,正是朴素式创新的典范,它诞生于逆境,将资源的匮乏转化为创新的机遇。

10.3.2　原则二:以小博大

弱小者在创新过程中常常面临资金、资源、人才和基础设施等方面的短缺,这种限制迫使他们更加高效地利用现有技术或重新组合现有资源(如基础设施),从而为客户提供更具成本效益的解决方案。

全球每年有 2000 万名婴儿早产或低体重出生,其中 400 万名因缺乏妥善照顾而夭折,且大部分发生在发展中国家。在印度、南非等贫困地区,由于市立医院稀缺,许多婴儿在前往医院的途中无法得到及时护理,或因父母无力支付每天约 130 美元的传统恒温箱费用而死亡。即使成功送医,也常因恒温箱操作不当导致悲剧发生。

为了拯救这些早产儿,斯坦福大学的华裔学生陈珍妮(Jane Chen)决心开发一种成本极低的婴儿保温设备,价格仅为传统恒温箱的百分之一。她与团队带着初步设计前往印度,却发现他们的模型根本无法满足实际需求。短暂的考察让 Jane Chen 深刻认识到现实的复杂性。

团队购买了市场上几乎所有婴儿保暖产品进行研究,最终成功开发出一款便携式育婴保温袋。与传统恒温箱相比,这款产品更简单、安全,且只需间歇性充电,一次充电可维持婴儿体温在 37℃长达 4 至 6 小时,其价格仅为 25 美元,是传统恒温箱的 1%。此外,这款保温袋可循环使用,符合环保理念。

面对资源限制,Jane Chen 团队以极低的成本满足了市场需求,完美诠释了"以小博大"的原则,成为朴素式创新的典范。

10.3.3　原则三:灵活思考与行动

朴素式创新者通过灵活的思考和行动,应对经济上的巨大挑战。他们不断尝试并即兴提出解决方案,快速调整策略以克服障碍,这种敏捷性是应对发展中国家市场极端不确定性的关键。

印度 70% 的糖尿病患者居住在农村地区,就医极为不便。莫汉(Mohan)博士提出:"如果能让医生远程了解患者情况,而不需要患者亲自前往医院,会怎样?"基于这一想法,他成功建立了远程移动医疗门诊。技术人员驾驶配备远程医疗设备的面包车探访患者,医生通过视频实时沟通,并在车上进行检测,检测结果可在几秒内传输至城市医院进行诊断。

此外,团队招募并培训了农村地区的高中及以下学历青年,使他们能够操作面包车上的设备,解决了正规医护人员不愿前往农村的问题。

朴素式创新者通过灵活的思考和行动,不断应对看似无法克服的挑战。他们即兴提出解决方案,并在突发事件中迅速调整策略,展现了极强的适应能力。

10.3.4　原则四:保持简单

朴素式创新强调"够用"原则,提供简单易用且满足基本需求的产品,以响应广大消费者的需求,而非过度设计的复杂产品。即使是西方大企业,也在努力将简单性融入产品、服务和组织结构中,以适应市场变化。

诺基亚曾雇佣人类学者深入印度贫民窟、加纳棚户区和巴西贫民窟,与消费者共同生活以了解其潜在需求。研究发现,传统手机对贫困地区居民来说价格昂贵、操作复杂,且无法适应灰尘多、电力不稳定的环境。基于这些发现,诺基亚开发了"诺基亚－1100 型"手机,具备基本的通话和短信功能,防尘设计且充电迅速。

此外,他们还发现,许多用户将手机屏幕当作光源使用,因此诺基亚为"1100 型"手机又增加了手电筒功能。这款简单实用的手机成为有史以来最畅销的手机之一。

在新兴市场,资源稀缺且昂贵,缺乏熟练工人安装和维护复杂产品。例如,印度 26％ 的成年人是文盲,无法阅读基本的使用手册,更不用说复杂的产品说明。因此,简单产品具有低成本、易安装维护、满足多样化需求等优势,"保持简单"成为企业在竞争中立于不败之地的重要策略。

10.3.5　原则五:服务边缘客户

近年来,边缘消费者群体在多个维度上呈现出快速增长的趋势。首先,从年龄层面来看,未来 15 至 20 年内,美国 65 岁以上人口数量将翻倍,85 岁以上人口将增长两倍。欧盟地区的变化更为显著,预计到 2030 年,欧盟劳动力将减少 14％,消费人群将减少 7％。其次,从种族角度来看,穆斯林目前占欧洲总人口的 5％,预计到 2050 年将增至 20％。最后,从收入层面来看,西方经济衰退导致更多人陷入贫困。例如,占美国消费市场 70％ 的中产阶级正在逐渐萎缩。这些变化表明,曾经被忽视的"长尾"群体(缝隙市场)正迅速转变为"胖尾"群体(主要消费群体)。

传统观念认为,65 岁以上的人已经"失去生产力"。然而,波音公司和礼来制药公司发现,尽管这些员工的头发已经花白,但他们依然具备巨大的价值。基于这一认识,YourEncore.com 应运而生。这个创新性平台连接了退休科学家和机构工程师,充分利用他们的专业知识解决复杂的技术问题,同时也为退休科学家提供了一个继续从事热爱工作的机会。

将边缘化群体纳入主流社会,并为他们提供有价值且可负担的产品,这种自下而上的创新不仅有助于推动社会的良性发展,还能创造更大的商业成功。

10.3.6 原则六:遵从内心

经营决策应回归本土消费市场和消费行为的"常识",以加快创新速度,而非简单照搬西方企业的策略。这种基于直觉的决策依赖于从现实世界中快速获取并处理大量信息。

基肖尔·比亚尼(Kishore Biyani)是印度最大的食品和家用商品零售连锁超市"大集市"的创始人。与西方企业的 CEO 不同,比亚尼从不依赖高昂的管理咨询费来制定战略。当大集市在印度开设第一家门店时,有人建议他采用传统的西式零售模式,包括整洁的通道和舒缓的背景音乐。然而,这种模式并未受到印度消费者的欢迎,他们认为过度的秩序感显得不自然。印度消费者更习惯于在嘈杂、略显混乱的街边市场购物。比亚尼意识到,大集市的门店必须与其名字相符,看起来甚至闻起来都像一个真正的集市。

"最初,我们听取了管理顾问的建议,采用了沃尔玛的模式,但很快发现这在印度行不通。我们必须按照自己的方式,跟随直觉。"比亚尼迅速调整了门店布局,使其更像印度街边市场:凌乱的走道、穿着随意的店员,甚至在蔬菜筐中特意加入一些残次品。这种设计让顾客在挑选洋葱时,会因为找到一个好洋葱而感到欣喜。比亚尼没有在所有门店提供标准化产品,而是确保每家店的产品组合都符合当地需求。他将这种以顾客为中心的方法称为"用常识做零售"。事实证明,这一策略非常成功,大集市已成为印度最大的超级市场。

在新兴市场这种高度复杂且充满不确定性的环境中,朴素式创新更依赖于直觉而非分析。创新者利用本能和同理心洞察消费者需求,超越传统智慧进行创新。他们的激情驱使他们为所服务的社区做出贡献。

尽管朴素式创新起源于发展中国家,但发达国家的企业也开始尝试这一理念。原因之一是过去三十多年中,ICT 技术的普及加剧了发达国家的贫富差距,低收入人群逐渐扩大,从"长尾"(缝隙市场)转变为"胖尾"(主要消费群体),为西方企业的朴素式创新提供了本土市场。例如,由美国企业家萨尔·可汗(Sal Khan)创立的可汗学院(Khan Academy)在 YouTube 上免费提供数学和科学课程(全球首富比尔·盖茨甚至鼓励子女在此学习)。房屋租赁平台爱彼迎(Airbnb)则鼓励人们将空余房间出租给注重节约的旅行者,以增加收入。

需要注意的是,朴素式创新并非在所有情况下都适用。它不应取代现代大型工业企业中成熟的结构化创新方法,而应作为其补充,特别是在创新者成长初期的阶段性选择中。归根结底,在全球化的技术竞技场上,主流市场的主流技术轨道仍由西方企业通过高沉没成本的结构化方式定义。

本章小结

1.面对新型朴素消费者的消费观念,朴素式创新作为一种颠覆性的商业模式,为企业提供了全新的发展视角。它帮助企业将资源限制转化为机遇,而非不利条件。通过结合发展中国家的朴素智慧与发达经济体的先进研发能力,企业能够创造出可负担、可持续且对人类群体有益的高质量产品和服务。

2.朴素式创新是一种以更少的能源、资金和时间等资源投入,创造更多商业和社会价值的能力。它强调在资源有限的情况下,实现效率最大化。

3.朴素式创新的基本特征。①市场定位:聚焦于"金字塔低端"市场,满足低收入群体的需求。②产品特性:生产兼具质量、功能且价格低廉的产品。③创新过程:对产品和开发过程进行重新设计,以优化资源利用。

4.朴素式创新的应用原则。①逆境中寻找机会:将挑战视为创新的契机。②以小博大:用有限的资源创造最大的价值。③灵活思考与行动:快速适应变化,采取灵活策略。④保持简单:简化流程和设计,避免过度复杂化。⑤服务边缘客户:关注被主流市场忽视的群体。⑥遵从内心:坚持初心,以社会责任为导向推动创新。

关键术语

朴素式创新　逆境中捕捉机遇　以小博大　灵活思考与行动　保持简单　服务边缘客户

第 11 章　绿色创新

学习目标

1.知识层次:了解绿色创新的困难所在;掌握如何建立和谋求绿色创新的正当性;理解绿色创新的应用情境。

2.能力层次:培养学生从生态中发现创新机会的意识。

3.情感层次:培养学生责任式创新的价值观。

案例导入

乾承科技——最缺哪一抹绿?

摘要:大连乾承科技开发有限公司是一家专注于节能环保技术研发、生产与营销的高科技生态创业企业。其核心产品——乾承陶瓷合金修复技术,是一项针对机械磨损自动修复的专利技术。本案例回顾了乾承科技从发现生态创业机会、树立生态理念,到创立公司、遭遇发展瓶颈并寻求突破的创业历程。案例内容适合用于讨论和分析传统创业与生态创业的特征、影响因素,以及从制度学视角探讨生态创业的正当性问题及其未来发展方向。

关键词:生态创业　绿色创新　创业的正当性

注:案例全文请参见第 5 篇相关案例中的《乾承科技——最缺哪一抹绿?》。

【案例思考题】

1.曲董为什么会选择生态创业?

2.乾承公司的技术已经获得专利,为什么还要为产品购买保险并进行绿色认证?

3.乾承公司在争取政府资本方面遇到困难,背后的原因是什么? 为什么政府资本对其至关重要?

4.如果你是曲董,面对专利技术"卖"与"不卖"的两难抉择,会如何决策?

5.乾承公司若想实现长远发展,当下最缺的是哪一抹"绿"?

11.1　绿色创新的定义

随着创新和经济活动的负外部性日益凸显,全球对环境与生态议题及其危害的关注度不断提升。以中国为例,改革开放 30 年的高速经济发展在带来繁荣的同时,也引发了环境污染、发展不平衡等社会问题。当前,国家创新驱动发展与制度转型正面临着经济发展与生态环境保护的双重目标。

本节从三个相关概念——可持续创新(sustainable innovation)、生态创新(ecological innovation)和环境创新(environmental innovation)——引入绿色创新(green innovation)对环境的重大意义。可持续性强调当代人的发展不应以牺牲后代人的利益为代价,可持续创新旨在通过创新手段实现社会可持续发展与人类需求的满足。生态创新则关注与产品、生产工艺、服务、管理手段及商业模式相关的生产、吸收和开发行为,这些行为在其整个生命周期中能够显著降低对环境的危害和污染,减少资源使用的负外部性。与此类似,奥尔特拉(Oltra)和让(Jean)最早提出环境创新的概念,认为环境创新包括新的或改进的工艺流程、创新实践活动、创新系统以及产品,这些创新最终有利于环境并对环境可持续性产生价值。

在此基础上,德里森(Driessen)和希勒布兰德(Hillebrand)进一步提出绿色创新的本质不仅在于通过创新活动降低环境压力,更在于创新活动本身对环境创造的积极意义与价值。例如,技术创新带来的能源节省、污染控制、废弃物循环利用、绿色产品设计以及企业环境管理的改进等。

学术界对绿色创新的定义尚未达成一致。近年来,绿色创新在学术界和企业实践中备受关注。其概念可追溯至 20 世纪 90 年代,福斯勒(Fussler)和詹姆斯(James)在《绿色创新:创新和可持续发展的突破体系》一书中首次提及该词。随后,肯普(Kemp)等人将绿色创新定义为"包括因避免或减少环境损害而产生的新的或改良的工艺、技术、系统和产品"。国内学者刘薇则将绿色创新概括为"绿色技术创新、绿色制度创新与绿色文化创新",并强调绿色创新还涉及相关的制度与管理创新,绿色文化是实现绿色技术创新的引导和支持,其核心是倡导以人为本的发展观、不侵害后代人生存发展权的道德观以及人与自然和谐相处的价值观。

本书定义的企业绿色创新,是指企业开展的一系列有助于减少环境负面影响的创新活动,包括开发新产品、应用新工艺以及实施新的或改进的污染控制技术和管理制度等。本书认为,尽管可持续创新、生态创新、环境创新和绿色创新在出发点和具体表述上有所不同,但其核心理念并无本质差异,在多数情况下可以相互替代。

11.2　绿色创新的基本内涵

环境是企业生存和发展的前提条件,企业必须认真对待其生存环境。企业对环境的责任主要体现在以下两方面:①通过绿色设计使产品及其制造过程对环境的负面影响最小化;②保护与治理环境并重,企业需建设循环经济,将生产过程中产生的"三废"资源化,并积极参与环境污染治理。

绿色创新的基本内涵可以从狭义和广义两个视角理解。狭义上,绿色创新的主体是企业,包括单一企业的行为和多企业的协同合作,创新内容从以生产过程和产品或服务为主的技术创新逐步扩展到包括组织架构、管理方式、商业模式及营销手段的非技术创新。广义上,绿色创新的主体不仅限于企业,还涉及整个经济体系的所有参与者,包括政府、非营利组织甚至家庭和个人,创新内容扩展至思想文化和社会经济制度领域。绿色创新具有多尺度、多主体的复杂性。

此外,绿色创新的基本内涵还可以从微观与宏观两个层面理解。微观层面的绿色创新通常指企业在较长时间内持续推出并实施旨在节能、降耗、减排、改善环境质量的绿色创新项目,并不断实现创新经济效益的过程。宏观层面的绿色创新则指人类社会关注环境-经济-社会协调发展并使之得以实现的创造性活动。有学者指出,绿色创新的本质在于创新活动对环境创造的积极意义与价值,例如通过技术创新实现节能环保、废弃物循环利用、绿色产品设计以及环境管理改善等。

绿色创新是一次全方位的变革,既包括低能耗的绿色产业,也包括传统"黑色产业"的"绿化";既包括新能源的研发和利用,也包括节能减排技术的开发与推广。绿色创新主要表现为以下几个方面:

(1)信息技术、新能源技术等绿色技术将在绿色创新中得到更广泛的应用;

(2)第二次工业革命中产生的"黑色"或"褐色"技术将在绿色工业革命中实现"绿化";

(3)在参与组织方面,各类经济组织将广泛参与绿色创新,除跨国公司、中小企业等传统经济组织外,网络企业、虚拟公司等新兴组织也将参与其中;

(4)许多非营利性社会组织也将在绿色创新中发挥重要作用。

因此,绿色创新管理并非对传统创新管理理论与方法的简单总结或延伸,而是一种思维方式的根本转变。它摒弃了基于机械观的线性管理思维,转而以生态观和复杂系统理论为理论基础和出发点。这种转变标志着企业创新过程观的重要演进,要求企业在追求产品与工艺创新以增强竞争优势的同时,必须重视创新活动对环境的影响。绿色创新的基本过程如图11-1所示。

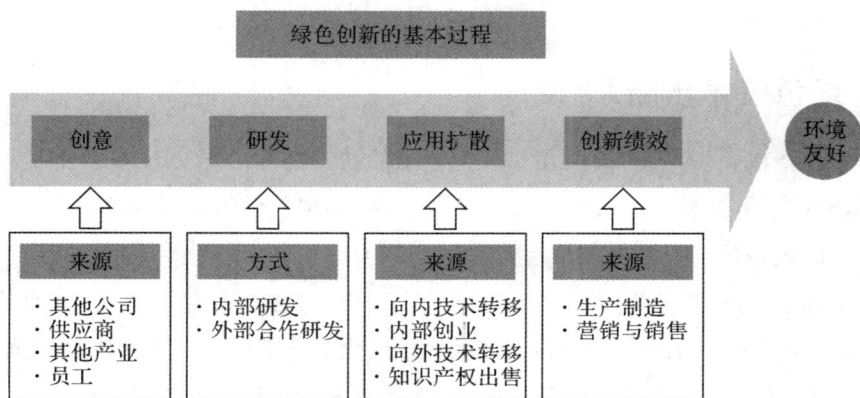

图 11-1 绿色创新的基本过程

11.3 绿色创新的应用

面对日益严峻的生态环境问题,企业实施绿色创新战略不仅是应对挑战的重要途径,更是培育新能力、适应外部环境变化并赢得未来竞争地位的关键。

11.3.1 绿色战略创新

绿色战略是企业在绿色经营理念指导下,对绿色开发、生产、营销及企业文化培育的总体规划。制定绿色战略需树立绿色品牌,争取绿色标志认证,并积极引导绿色消费。通过实施绿色战略管理,企业不仅能获得综合环境效益,还能有效减轻来自社会和政府的压力。

以戴尔为例,作为全球领先的 IT 产品及解决方案提供商,戴尔将"绿色"理念贯穿于产品生命周期的每个环节,从设计到回收均实现绿色化管理。2009 年,戴尔率先采用竹制包装;2011 年,推出以蘑菇为原料的新型包装;2016 年,设定了至 2020 年全面采用无废弃包装的目标;2017 年,更将海洋垃圾回收再利用于笔记本外包装材料。这些举措不仅帮助戴尔节省了超过 2000 万磅的包装材料,还推动了消费者的绿色消费行为。

11.3.2 绿色价值创新

绿色价值包括物质形态的绿色价值和精神形态的绿色价值理念。随着经济发展的绿色化趋势,企业的经营和市场竞争也受到影响,绿色价值创新成为企业可持续成长的新动力。

以荷兰创业公司 Fairphone 为例,该公司通过众筹于 2013 年推出首款产品,并于 2015 年发布全球首款模块化手机。Fairphone 严格审核供应链,杜绝来自血汗工厂或含有有害物质的组件,致力于生产环保耐用的生态手机。其模块化设计使用户能够自由更换和升级部件,延长手机使用寿命,减少电子废弃物。这种绿色价值创新不仅提升了产品的环保属性,还为企业赢得了市场竞争优势。

11.3.3　绿色技术创新

绿色技术是指减少污染、降低消耗和改善生态的技术体系。绿色技术创新是环保和生态知识的应用,能够显著改善环境或促进环保操作。例如,艾默生的清洁能源生产技术有效降低了电力生产中的碳排放。

提升企业绿色技术创新能力需要从多个环节入手:增强企业对市场机会(尤其是环境机会)的识别与把握能力,提升绿色技术的研发能力,优化对外部技术资源和成果的选择、消化与吸收能力。此外,企业还需完善系统创新能力,推动技术、组织、管理方式和制度环境的协同变革,实现"技术经济范式"的绿色化,确保绿色技术创新成果的顺利转化。

11.3.4　绿色产品创新

近年来,绿色冰箱、环保彩电、绿色电脑等绿色产品层出不穷,消费者对绿色产品的需求也日益增长。各大品牌纷纷推出环保创新产品,如塑料瓶制成的包、海洋垃圾制成的鞋、食物残渣制成的 T 恤等。这些产品不仅满足了消费者的环保需求,还为企业带来了显著的经济效益。

以阿迪达斯为例,2017 年其全球销售额增长 16%,其中由海洋塑料垃圾制成的运动鞋销量超过 100 万双。这些鞋子平均每双耗费 11 个塑料瓶,鞋带、鞋垫等部分也均由回收塑料加工而成。此外,阿迪达斯还推出了"无限运动"计划,利用废旧运动产品和其他行业剩余材料研发新型运动产品原材料,进一步推动了绿色产品创新。

绿色品牌不仅是消费者的体验,更是将"健康、和平"理念融入品牌经营和推广的过程。通过与环境保护和可持续发展实践相结合,绿色品牌能够为企业带来溢价增值,提升企业形象,增强与消费者的关联,并在竞争中脱颖而出。树立绿色品牌已成为企业提升竞争力、实现长期发展的重要策略。

11.3.5　绿色供应链

2017 年 9 月,德国汽车零部件巨头舍弗勒因唯一滚针供应商的环保问题被上海政府勒令停产,导致滚针供货缺口超过 1500 吨,造成 300 多万吨汽车减产,产值损失超过 3000 亿人民币。这一事件凸显了在环境问题日益严峻、社会对高污染企业零容忍的背景下,企业为确保产品顺利推向市场,必须加强对绿色供应链的管理。绿色供应链涵盖绿色采购、绿色制造、绿色销售和绿色物流 4 个主要环节。

首先,绿色采购从供应商管理和原材料利用效率两方面着手。企业应选择能够提供环保原材料的供应商,或帮助供应商提升绿色绩效;同时,在采购过程中考虑环境因素,推动资源循环利用,减少原材料消耗和废弃物产生。例如,苹果公司通过推动数百家供应商节能减排,并将产品管理延伸至上游供应链,以行业领先标准引入环保化学材料,实现固体废弃物的零填埋。

其次,绿色制造强调在生产过程中降低能源消耗,减少污水和废气排放。例如,招商局重工公司于 2015 年推出"天然气分布式能源系统项目",通过建设节能系统和使用高效清洁能源,实现厂区能源的梯级高效利用。

再次,绿色销售要求企业在满足消费者需求的同时,注重环境保护和资源节约。例如,苏宁根据不同产品的客户需求制定差异化的包装方案,合理减少包装纸箱的消耗。

最后,绿色物流旨在减少物流活动中有害物质的产生和不可回收物品的消耗。例如,菜鸟网络全面推行电子面单,替代传统的三联面单,以减少纸张浪费。

绿色供应链已成为当前的发展趋势。随着消费者对绿色产品的偏好增强以及政府环保政策的日益严格,企业不得不加大环保投入。同时,政府对环保补贴力度的加大,也将进一步推动企业在绿色供应链领域的创新,促进环境保护与经济发展的双赢。

11.3.6　绿色创新的过程管理

从创新过程的角度来看,绿色创新是企业创新理念的重要转变。以汽车生产价值链为例,传统观点下,汽车价值链主要关注"零部件供应商—企业生产制造—分销—用户使用"这一线性流程,企业通常仅关注制造过程中是否存在有毒有害物质、大气污染及环境法律问题(见图11-2)。

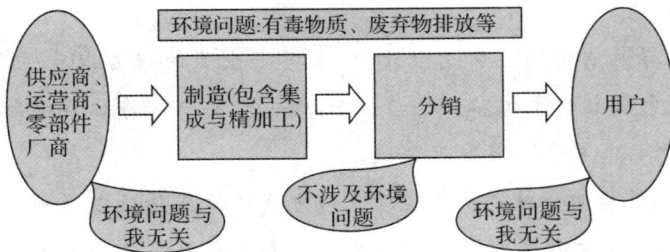

图 11-2　各流程中是否有环境问题

图片来源:ESTY,DANIEL,WINSTON A. Green to Gold:How Smart Companies Use Environmental Strategy to Innovate,Create Value,and Build Competitive Advantage[M]. John Wiley & Sons,2009:169.

然而,在绿色创新的理念下,环境责任被嵌入创新价值链的全过程,延伸至生产者及其他行为主体。从汽车零部件供应商、材料制造商、汽车制造商、分销商到最终用户,环境要素的全程监控与管理贯穿始终(见图11-3)。这种转变不仅提升了企业的环境责任意识,也推动了整个产业链向更加可持续的方向发展。

通过绿色创新,企业能够在产品设计、生产、销售和回收等各个环节实现环境友好,从而在满足市场需求的同时,为环境保护作出积极贡献。

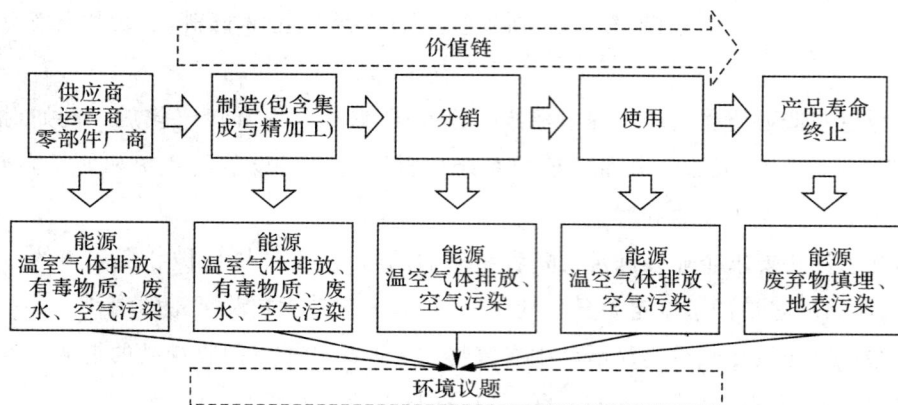

图 11-3　绿色环保条件下汽车企业的创新管理

图片来源：ESTY, DANIEL, WINSTON A. Green to gold: How smart companies use environmental strategy to innovate, create value, and build competitive advantage[M]. John Wiley & Sons, 2009:169.

本章小结

1. 企业绿色创新是指企业为减少环境负面影响而开展的一系列创新活动的总称。这些活动包括开发环保新产品、应用新工艺，以及实施新的或改进的污染控制技术和管理制度等，旨在避免或减少环境损害。

2. 从狭义上看，绿色创新的主体是企业，涵盖单一企业的行为以及多企业之间的协同合作。从广义上看，绿色创新的主体不仅限于企业，还包括整个经济体系的所有参与者，其内容进一步扩展到思想文化和社会经济制度领域。

3. 绿色创新管理并非对传统创新管理理论和方法的简单总结或延伸，而是对基于机械观的线性创新管理思维方式的根本转变。它以生态观和复杂系统理论为理论基础和出发点，强调系统性和整体性。

4. 企业绿色创新主要从以下几个方面展开应用：绿色战略创新、绿色价值创新、绿色技术创新、绿色产品创新以及绿色供应链管理。这些方面共同构成了企业绿色创新的核心内容，推动企业在可持续发展的道路上不断前进。

关键术语

绿色战略创新　绿色价值创新　绿色技术创新　绿色产品创新　绿色品牌　绿色供应链

第 12 章　整合式创新

学习目标

1. 知识层面:理解整合式创新的定义与内涵;了解整合式创新的实际应用。
2. 能力层面:培养学生整合性思维的能力。
3. 素质层面:培养学生整合式创新的全局视野与素养。

案例导入

吉利跨国并购的整合式创新之路

摘要: 本案例以吉利集团的国际化战略为背景,系统梳理了其自 2002 年起逐步并购英国锰铜、澳洲 DSI、沃尔沃、宝腾、路特斯及美国 Terrafugia 的全过程,重点聚焦吉利并购沃尔沃的准备期、谈判期及整合协同期。通过对吉利在并购后实现整合式创新、跨文化管理及协同创新的深入分析,本案例旨在揭示吉利成功并购的关键要素,为国内企业破解并购整合的"黑箱"提供借鉴。

关键词: 并购　整合式创新　跨文化管理　协同创新

注: 案例全文请参见第 5 篇相关案例中的《吉利跨国并购的整合式创新之路》。

【案例思考题】

1. 简述吉利发展战略的阶段性特征。收购沃尔沃汽车的背景与战略意义是什么? 在并购之前,吉利与沃尔沃汽车各自的优劣势有哪些?

2. 在并购沃尔沃汽车前,吉利在哪些方面进行了准备? 其基础是什么? 李书福在并购初期采取了哪些措施使沃尔沃汽车复苏? 如何引导吉利与沃尔沃进行互动? 期间出现了哪些矛盾与冲突?

3. 进入快速整合初期,双方在哪些方面做好了准备? 快速整合阶段,双方如何实现协同创新? 整合的关键环节与措施是什么?

4. 吉利成功并购和整合沃尔沃汽车,对我国汽车制造业有哪些借鉴意义? 吉利的数次并购如何促进其全球业务整合及产业升级? 其关键的成功经验是什么?

12.1　整合式创新的定义与核心要素

整合式创新（holistic innovation，HI）是一种以战略视野为驱动，融合全面创新、开放式创新与协同创新的综合创新模式。基于整合式创新的管理范式被称为整合式创新管理（holistic innovation management，HIM）。这一理论顺应了人类文明进化、全球和平与可持续发展的时代背景，旨在满足企业技术创新战略管理的需求，支撑科技强国战略的实施，同时助力我国企业构建全球创新领导力。

整合式创新包含四个核心要素——"战略""全面""开放""协同"，这四个要素相互支撑、有机统一，共同构成了整合式创新的整体范式。

1.战略：战略视野驱动

"战略"强调企业需具备战略视野观（strategy view）。企业战略不仅仅是理念、宗旨、使命、目标、指标和进度的简单组合，而是要求企业基于全球经济社会和科技发展的大趋势，秉持"战略引领看未来"的理念，将技术创新内嵌于企业发展的总体目标和管理全过程中。通过跨文化的战略思维，企业能够明确发展方向，确保技术创新与战略目标的高度一致。

2.全面：全面创新管理

"全面"指的是全面创新管理（total innovation management，TIM）。其核心是以价值创造为目标，以培育和增强核心能力、提升竞争力为中心，以战略为导向，通过技术、组织、市场、管理、文化、制度等各创新要素的协同作用，实现人人创新、事事创新、时时创新、处处创新。全面创新强调创新管理的系统性和整体性，确保创新活动贯穿企业的各个环节（见图12-1）。

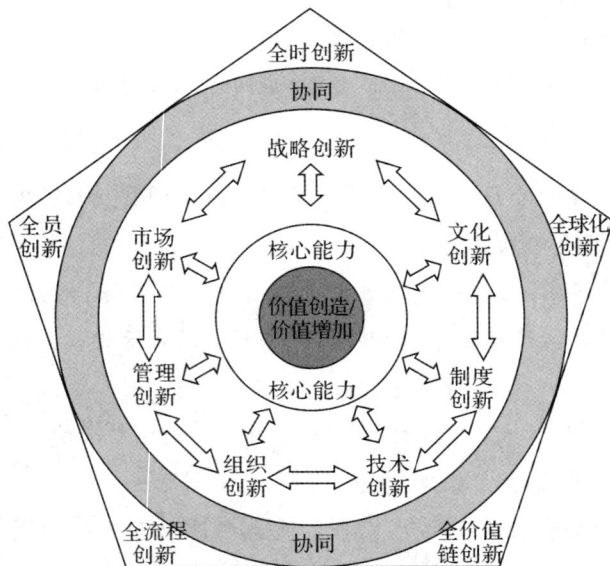

图 12-1　企业全面创新管理的五角形模型框架

3. 开放：开放式创新

"开放"即开放式创新(open innovation, OI)，这一概念由哈佛学者亨利·切斯布洛(Henry Chesbrough)在其 2003 年专著《开放式创新：从技术中获利的新策略》中首次提出。开放式创新强调企业有目的地利用知识的流入和流出，加速内部创新并通过内外渠道实现市场化。企业通过内外部知识的交互，突破封闭式创新的局限，实现"内向开放"(从外部获取知识)与"外向开放"(向外部输出知识)的有机融合。在经济全球化的背景下，企业边界逐渐模糊，开放式创新使得研究成果能够跨越企业边界扩散，内外技术资源得以高效整合与利用(见图 12-2)。

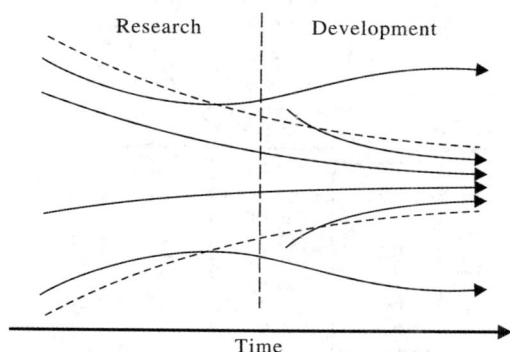

图 12-2　开放式创新

4. 协同：协同创新

"协同"即协同创新(collaborative innovation, CI)，这是一种新型科技创新范式。其核心在于企业、政府、知识生产机构(如大学、研究机构)、中介机构和用户等多元主体为实现重大科技创新而开展的大跨度整合创新模式。协同创新建立在各方需求匹配和能力互补的基础上，通过国家意志的引导和机制安排，促进各方优势资源的整合与互补，加速技术推广与产业化进程，推动产业技术创新和科技成果转化。

整合式创新的四大要素相辅相成，共同构成了一个完整的创新生态系统，为企业在全球竞争中实现持续创新和领先地位提供了理论指导和实践路径。

12.2 整合式创新的核心内涵

整合式创新是一种以战略视野为驱动的新型创新范式,其核心内涵可从以下三个维度进行阐述(见图12-3)。

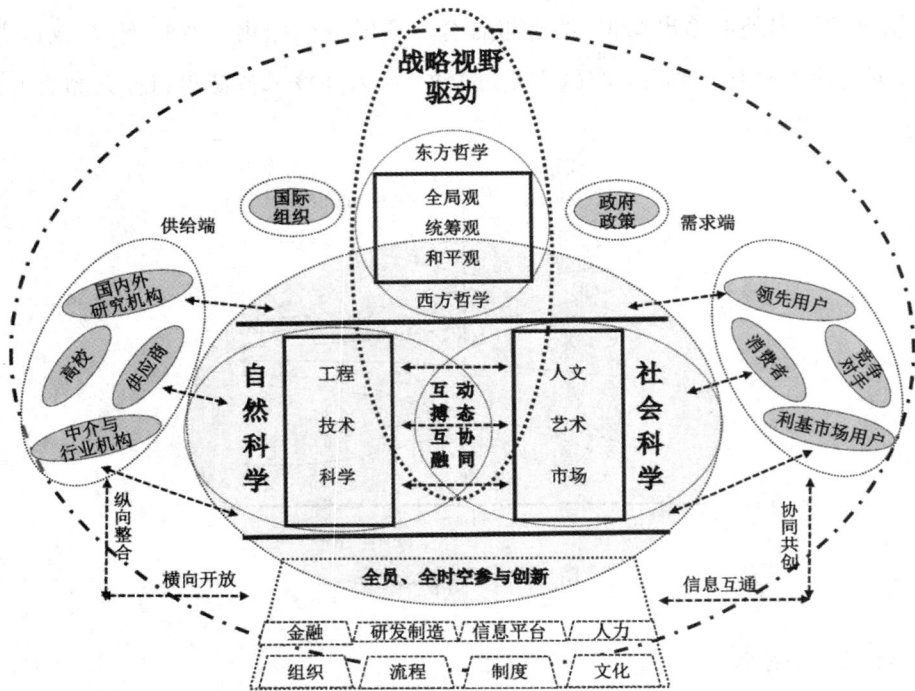

图12-3 整合式创新框架:战略视野驱动下的新兴创新范式

1. 战略驱动的创新综合体

整合式创新是全面创新、开放创新与协同创新的有机统一体。它以创新战略为导向,强调开放创新与全面协调的高效整合,注重纵向整合与动态发展。在实践层面,整合式创新涵盖以下四大关键要素:①战略引领,着眼未来发展方向;②组织设计,注重知识体系建设;③资源配置,追求优质高效配置;④文化营造,建立宽严相济的基础。通过将战略、组织、资源与文化进行有机整合,企业能够构建稳定、灵活且可持续的核心竞争力体系。

2. 跨学科思维的创新融合

整合式创新在战略引领的全局视野下,实现了自然科学聚合思维与社会科学发散思维的有机统一。这一创新范式既体现了东方文化的价值理念,又融合了中国特色的创新实践经验,有效契合了中国创新发展的战略需求。

3. 系统性的创新思维范式

整合式创新是一种整体性、系统性的创新思维范式。它突破了传统研发管理、制造管理、营销管理和战略管理相互割裂的原子论思维，通过战略引领和系统设计，实现了企业管理各要素的有机整合。这种创新范式强调整体观和系统观，以重大创新工程为基础，为应对复杂多变的创新环境提供了新的方法论指导。

12.3　整合式创新的应用

12.3.1　中广核：创新发展的探索之路

中国核电产业从无到有，从技术输入国发展为技术输出国，其成功的关键在于充分发挥了中国传统文化和哲学智慧中的整体观、系统观和统筹思想。通过将国家经济发展战略需求、民族产业培育与全球先进技术相结合，中国核电产业实现了高起点、高水准的建设。

中广核的创新探索之路体现了新型举国体制的特色——面向世界前沿、面向国家经济社会发展主战场以及国家重大战略需求，将国家责任、产业发展趋势与企业使命愿景统一于社会主义市场经济条件下的企业创新发展全过程。中广核通过持续创新，铸就了"国家名片"，成为整合式创新理论和思想的最佳管理实践。其创新模式可概括为"使命与战略引领，科技创新筑基，管理创新赋能"三位一体，实现了动态提升和整体突破，并朝着世界一流目标不断迈进（见图 12-4）。

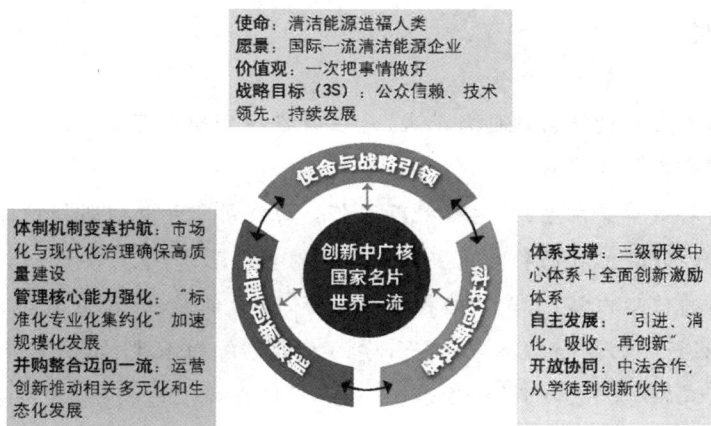

图 12-4　中广核整合式创新模式

12.3.2　中集集团:战略驱动下的整合式创新架构

中国国际海运集装箱(集团)股份有限公司(以下简称"中集集团")是一家为全球市场服务的多元化跨国产业集团。为应对不断变化的外部环境,中集集团于 2010 年发布了"中集集团升级纲要(2010 版)",全面启动战略驱动下的创新升级。其创新架构通过横向整合各层面的子模块以及外部信息和合作资源,纵向集成金融、人力资源、文化和信息平台等支持系统,形成了完整的整合式创新体系(见图 12-5)。

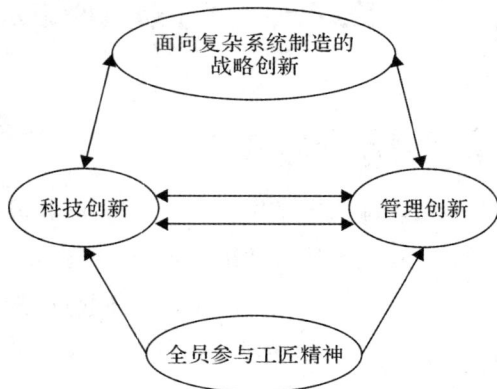

图 12-5　中集集团:战略驱动下的整合式创新架构

在整合式创新战略的指导下,中集集团优化了对遍布全球的 300 多家成员企业和 100 多个国家的客户与销售网络的管理服务,全面提升了全球综合竞争力,巩固了其在物流装备和能源装备供应领域的世界领先地位。

本章小结

1.整合式创新作为一种新兴的创新范式,是在战略视野驱动下,融合全面创新、开放式创新与协同创新的综合性创新模式。

2.整合式创新的核心要素包括"战略视野观""全面创新""开放创新"和"协同创新"。这四个要素相互支撑、有机统一,共同构成了整合式创新的整体范式,缺一不可。

3.整合式创新的核心内涵:它是战略视野驱动下,全面创新、开放创新和协同创新的有机结合;它体现了自然科学的聚合思维与社会科学的发散思维的深度融合;它是一种总体性、系统性的创新思维范式,强调"大创新"的理念。

关键术语

整合式创新　整合式创新管理　战略视野观　全面创新　开放创新　协同创新

第4篇

管理创新

第 13 章 机会的辨识

学习目标

1.知识层面:了解创业机会的内涵;理解创业机会的类型及来源;掌握创业机会识别的具体方法。

2.能力层面:培养学生识别机会、整合资源的能力。

3.素质层面:培养学生利用与开发资源的创新素养。

案例导入

广西昆仑公司:创业机会的辨识与开发

摘要:创业的核心在于识别机会并利用这些机会创造价值。与许多仅凭直觉便匆忙开启创业之旅的创业者不同,本案例的主人公 Sandy 从医美行业跨界进入口岸物流领域,投入大量资金后才发现举步维艰、困难重重。在这种情况下,她如何撬动周边创业资源,如何化不利为有利,从而实现逆袭?本案例以 Sandy 的创业经历为主线,详细阐述了她在辨识机会、杠杆资源、打造团队以及发挥企业家精神四个方面的实践与思考。该案例反映了中国西部边境地区及其他资源相对匮乏的区域,如何借助国家政策倾斜带来的创业与发展机会,并将政策资源转化为经济红利,值得每一家企业深入探讨。

关键词:创业机会 政策资源 企业家精神 西部边境

注:案例全文请参见第 5 篇相关案例中的《广西昆仑公司:创业机会的辨识与开发》。

【案例思考题】

1.什么是创业机会? 创业机会识别的影响因素有哪些? 结合案例分析,为什么原本没有投资意向的 Sandy 最终选择投资口岸物流生意?

2.在创业过程中,Sandy 主要利用和开发了哪些资源? 这些资源如何帮助她在创业初期站稳脚跟?

3.投资口岸物流生意后,Sandy 遇到了哪些困难? 她如何克服这些困难? 促使她克服困难的内在动力是什么?

4.为避免被模仿,您认为 Sandy 建立的护城河是什么? 她的核心竞争力体现在哪些方面?

5.面对边民互市贸易可能被取消的隐忧,如果您是 Sandy,会如何选择? 是选择在垂直产业链上纵深发展,还是继续水平扩张经营新的口岸,抑或跳出口岸经营布局另一新产业进行多角化经营? 请阐述您的理由。

13.1　创业机会的内涵

创业机会是创业活动的核心概念,其内涵源于"机会"这一基础概念。机会通常指做某事的有利条件和情境,是创业不可或缺的前提。学者们从不同视角对创业机会进行了深入阐释:约瑟夫·熊彼特(Joseph Schumpeter)认为创业机会是通过创造性整合资源来满足市场需求、创造价值的一种可能性;杰弗里·蒂蒙斯(Jeffry Timmons)强调创业机会具有吸引力、持久性和适时性等特征,能够为购买者或使用者创造或增加使用价值;斯科特·谢恩(Scott Shane)和桑卡·文卡塔拉曼(Sankaran Venkataraman)则指出创业机会是发现新的手段与目标关系,能够催生新的商品、服务、原材料乃至组织方法,实现销售价格显著高于生产成本的价值创造过程。这些定义共同揭示了创业机会在创业活动中的核心地位,真正的创业过程始于创业机会的发现。

关于创业机会的形成,学界存在两种主要观点:机会发现观和机会创造观。机会发现观强调机会的客观存在性,认为机会来源于现有信息,关键在于如何在非均衡市场环境中识别被忽视的商业信息;机会创造观则突出创业者的主观能动性,认为机会源于变化,创业者通过运用区别于现有行业或市场的知识,创造出市场所需的创新产品或服务。这两种观点分别从客观和主观维度阐释了创业机会的形成机制。

需要明确的是,创业机会与商业机会并非并列关系,而是包含关系。创业机会属于商业机会的范畴,但具有更高的价值创造潜力。两者的本质区别在于:商业机会通常代表价值创造流程中的局部或渐进式变化,而创业机会则往往带来全局性甚至颠覆性的变革。具体而言,把握创业机会的创业活动具有更高风险,但能够为企业带来超额经济利润,是孕育新商业机会的源泉;相比之下,一般商业机会虽然也能创造社会财富,但主要作用是改善现有利润水平。在实践中,多数创业者是通过把握一般商业机会实现成功创业的。

在企业创新管理领域,机会识别具有重要地位。这一过程不仅要求创业者在复杂动态的市场环境中精准定位潜在价值,更需要具备前瞻性洞察力,将识别到的机会有效培育并转化为推动企业发展的实际动力。因此,深入研究机会识别的策略与路径,已成为创业研究领域的重要课题。有效的机会识别能力是创业者成功的关键,也是企业持续创新的基础。

13.2　创业机会的类型及来源

13.2.1　创业机会的类型

创业机会源于社会经济系统中供应组合关系的变化,这些变化因来源不同而具有不同的属性,从而形成了多样化的创业机会分类。谢恩和文卡塔拉曼将社会经济系统中的环境变化引发的创业机会分为三大类:技术机会、市场机会和政策机会。

1.技术机会

技术机会是指由技术变革带来的创业机会,通常源于科技进步或技术突破。这类机会表现为通过技术创新开发全新产品或服务,或对现有技术和产品进行升级。纵观全球产业发展史,几乎所有新兴产业的崛起都与技术创新密切相关。技术创新不仅推动了产业的迭代升级,还为创业者提供了广阔的探索空间。

以计算机技术的兴起为例,它不仅引领了信息技术革命,还催生了软件开发、硬件维护、数字内容创作、信息服务及电子商务等一系列新兴业态,为创业者提供了丰富的商业机会。此外,任何产品都遵循从引入、成长、成熟到衰退的生命周期规律。在这一过程中,创业者需要敏锐捕捉市场饱和与产品老化的信号,依托技术创新挖掘新的增长点,实现企业的可持续发展。因此,创新管理者必须密切关注技术趋势,洞察市场先机,以持续创造并把握创新机会。

2.市场机会

市场机会是指由市场变化引发的创业机会,包括新需求的产生、先进国家或地区产业转移带来的机会,以及中外差距中隐含的商机等。创新与创业的核心在于创造并传递独特的顾客价值,这要求创业者具备敏锐的市场洞察力,深入分析顾客需求,尤其是未被充分满足的个性化需求,从而精准定位潜在商机。

值得注意的是,尽管高科技领域常被视为创新创业的热门领域,但市场机会并不局限于此。传统行业如餐饮、零售等同样蕴藏着丰富的创新潜力。例如,社交电商和无人零售等模式就是对传统零售行业的颠覆与重塑。因此,创业者在识别创新机会时,应保持开放的心态,跨越行业界限,深入探索市场的每一个角落。无论是高科技领域的前沿阵地,还是传统行业的细微变化,都可能成为创新成果的摇篮。

3.政策机会

政策机会是指由政府政策变化带来的创业机会,通常源于国家法律或政府政策的调整。政府政策对市场具有深远影响,新政策的出台往往会催生新的商机。如果创业者能够善于研究和利用政策,便能在市场中占据先机。

例如,近年来新能源汽车基础设施建设政策的出台,为充电桩制造商、充电站运营商以及相关服务提供商带来了大量机会。此外,政策变化所提供的商机不仅体现在政策条文的直接规定中,还可以通过产业链的延伸进一步挖掘。随着社会分工的精细化和专业化,创业者可以从产业链的上下游延伸中寻找更多潜在机会。

创业机会的类型多样,主要分为技术机会、市场机会和政策机会。技术机会源于科技进步,市场机会来自需求变化,而政策机会则与政府政策调整密切相关。创业者需要具备敏锐的洞察力和开放的思维,善于从技术趋势、市场需求和政策变化中捕捉商机,从而在竞争激烈的市场中脱颖而出。

13.2.2　创业机会的来源

创业过程涉及资源获取、组织方式确定及战略制定等一系列行动。然而,创业者采取的具体行动和对资源的配置,主要取决于创业机会的来源和特征。创业机会的出现,往往源于市场均衡状态的打破。这种打破可能来自供给侧的变革,如新技术的诞生或生产流程的创新,这些变革能显著影响市场成本和效益,从而催生新市场并实现价值的重新分配。同时,需求侧的变化,如新需求的产生或需求模式的转变,也为创业者提供了探索新商机的广阔空间。因此,成功的创业者通常具备敏锐的市场洞察力,能够捕捉到这些市场信号,无论是供给侧的技术革新还是需求侧的变化趋势,都能成为他们识别并把握创业机会的关键。

变化是创业机会出现的必要条件,没有变化,就没有创业机会。在现实情境中,市场环境的变化必然会引起市场需求和结构的变动,进而影响产业结构、消费模式和社会观念等。总体而言,创业机会主要来源于以下几个方面。

1. 市场需求变化

市场环境的持续波动导致需求的多元化和动态化,这为创新创业提供了肥沃的土壤。创业者需要具备敏锐的洞察力,通过细分市场,精准定位那些未被充分满足或未被竞争对手触及的“利基市场”。成功的创业者能够精准捕捉这些市场缝隙,利用这些空白地带构建具有独特竞争优势的企业,实现企业的稳健增长和盈利。例如,在智能手机行业,随着消费者对手机功能需求的多样化,如拍照、游戏、办公等,市场细分出多个利基市场。小米公司通过深入分析用户反馈和市场数据,识别到性价比极高的中端智能手机市场的巨大潜力,成功推出了多款热销产品,迅速占领了这一利基市场,实现了企业的快速发展。

2. 知识技术变化

知识技术的变化是现代社会中创业机会的重要来源之一。新兴技术和知识的不断涌现,不仅为创业者提供了创造全新产品或服务的可能,还激发了消费者对未知领域的探索欲望,促使他们追求更高效、更便捷的生活方式。这些技术革新重塑了企业间的竞争格局,极大地拓宽了创业的门路,为创办具有颠覆性潜力的企业提供了广阔舞台。例如,在金融领域,去中心化的加密货币和智能合约技术让创业者有机会挑战传统金融体系,构建更加透明、安全的交易平台。此外,人工智能技术的发展也为服务业带来了前所未有的变革。通过机器学习算法和大数据分析,企业能够更精准地预测消费者需求,提供个性化服务。例如,智能家居企业利用 AI技术,让家居设备能够学习用户的生活习惯,自动调整家居环境,极大地提升了用户的生活品质。

3.政策法规变化

政治和制度的变革,即革除过去的禁区和障碍,将价值从经济因素的一部分转移到另一部分,创造出更大的新价值。这些变革不仅清除了原有的束缚与障碍,还促进了价值在经济系统中的重新分配与创造。政策法规的调整,鼓励创业者以全新的视角审视资源利用方式,探索更加高效、公平的资源配置模式。在这样的背景下,创业者能够借助政策红利,采用创新的策略与手段,推动社会财富的流动与增值。例如,政府出台一系列支持创新创业的政策措施,如税收优惠、资金补贴、创业孵化器等,为创业者提供了良好的创业环境。在国内,"大众创业、万众创新"的号召激发了全社会的创业热情,各级政府推出了多项扶持政策,包括设立创业投资基金、降低注册门槛、简化审批流程等,极大地降低了创业成本和时间成本。

13.3　创业机会的识别

13.3.1　创业机会识别的影响因素

创业机会的识别是创业过程的起点,也是创业过程中至关重要的阶段。在信息对称的情况下,创业机会对所有人都是平等的,但不同创业者识别创业机会的能力却存在显著差异。伯奇(Burch)指出,影响创业机会识别的因素主要包括"创业者个体"和"创业环境"两个方面,并认为创业机会识别是个体与环境的互动过程。个体因素主要包括先验知识、社会网络、认知性和创造性四个方面,而环境因素则涉及机会类型。

1.先验知识

先验知识是指创业者关于特定主题的过去经验,包括工作经验、教育背景或其他生活经历。这些经验决定了某些人能够发现别人无法察觉的机会。阿迪奇维利(Ardichvil)进一步将先验知识细化为个人兴趣领域与行业经验领域两大板块。在行业领域内,对市场的深刻理解、服务模式的独到见解以及对顾客需求的精准把握,构成了创业者识别创新机会的重要基础。特别值得注意的是"先行者优势"的概念,它强调了创业者在某一产业中先行一步的重要性。当创业者进入未知的商业领域时,他们不仅开始了自己的创业旅程,也踏上了探索与发现创新机会的征途。在这一过程中,先行者能够比后来者更早地洞察到产业内部的机遇与挑战,从而占据有利位置。通过实践中的摸索与试错,他们不断拓宽视野,深化对行业的理解,进而更加敏锐地捕捉到那些稍纵即逝的创新机会。因此,"先行者优势"不仅是对创业者勇气与决心的肯定,更是对其在行业中积累宝贵经验与知识的认可。

2. 社会网络

社会网络视角聚焦于创业者或企业的社会关系网络特性,包括关系的强弱、正式与非正式性、网络规模及强度,如何影响机会识别的过程。个人社会网络的扩展性与深入度是机会发现的关键。构建广泛且紧密的社会与专家联系网络,能显著提升获取新颖机会与创意的概率。网络中的关系可基于紧密程度分为强关系与弱关系。强关系建立在深度互动之上,常见于亲属、密友及配偶之间,倾向于巩固既有观念。相反,弱关系则体现在同事、同学及泛泛之交中,互动不频繁但更具多样性,常成为新思想的温床。研究表明,弱关系更可能成为新商业创意的源泉,因其连接着不同背景与视角的个体,促进了跨界思维的碰撞。对于跨行业交流的两个个体,前者分享的解决方案对后者而言可能是前所未有的洞见,可能直接促进了问题的创新解决。这种情况揭示了弱关系在激发创新创意中的独特价值,它让创业者有机会接触到行业外的新观念,从而拓宽视野,发现未被发掘的市场机会。

3. 认知性

创新机会识别既是创业者的一种内在认知过程,也可能源自其独特的"直觉"或"第六感",使创业者能敏锐捕捉他人忽视的机会。多数创业者自视为更警觉的观察者,这种警觉性实则是一种通过学习与经验积累获得的技能。特定领域的知识深度直接影响创业者对该领域内机会的敏感度。创业警觉性是当创业机会存在时企业家能识别机会的一种独特的敏感度,受社会网络、先验知识和个性特质三重因素驱动。它不仅是机会识别的前提准备,更与之呈正相关关系。广泛的社会网络、深厚的行业知识以及乐观、创造性的个性特征,共同提升了创业者的警觉性水平。尤为重要的是,社会网络的运用与跨领域兴趣的融合,能显著提升机会识别的潜力。市场洞察、服务策略及顾客理解等方面的先验知识,均是成功识别机会的关键要素。此外,创业者的自我效能感、乐观态度及创新思维,进一步增强了其警觉性。

4. 创造性

创造性是指产生新颖且富有创意的思维过程。机会识别本质上是一个反复进行的创造性思维过程。对个体而言,创造过程可分为五个阶段:

第一,准备阶段。此阶段涉及创业者带入机会识别活动的背景、经验和知识积累。正如运动员需要训练才能卓越,创业者也需要积累经验以敏锐捕捉机会。研究表明,大多数创业企业的创意源于个人过往的工作经历。

第二,孵化阶段。此阶段是对创意或问题进行深度思考的时期,既可以是有意识的集中思考,也可以是无意识的日常活动中的灵光一现。正如"创意徘徊在意识的边缘",此阶段强调思考的广泛性和持续性。

第三,洞察阶段。当创意或解决方案突然涌现时,即进入洞察阶段。在商业领域,这标志着创业者对机会的明确识别。这种体验可能推动创造进程,也可能促使个体返回准备阶段以深化认知。例如,创业者可能意识到机会的潜力,但认为在追求机会之前需要更多的知识和考虑。

第四,评价阶段。此阶段要求对创意进行全面审视,分析其可行性。许多创业者错误地跳过这个阶段,他们在确定创意可行之前就去设法实现它。评价是创造过程中特别具有挑战性的阶段,因为它要求创业者对创意的可行性采取一种公正的看法。

第五,精炼阶段。最后,创意需经过精炼,转化为具体的新产品、服务或商业模式等。这是将创意转化为实际价值的关键步骤,也是创业旅程中的重要里程碑。

总体而言,创业活动本质上可视为机会与个体间的动态联结。在这一复杂而精妙的过程中,不仅个体的敏锐洞察力、丰富经验和独特能力对机会识别起着至关重要的作用,机会的自身特性,尤其是其类型,同样深刻地影响着识别的难易与成效。史密斯(Smith)等学者根据机会的可编码程度,将其划分为编码型机会与内隐性机会两大类。相应地,机会识别方式也区分为两类:一类是基于信息经济学的系统搜寻法,适用于编码型机会;另一类则是源自奥地利经济学的发现过程,更适用于内隐性机会的挖掘。

以智能手机的普及为例,这是一个典型的编码型机会。随着移动通信技术的飞速发展,智能手机作为一种集通讯、娱乐、工作于一体的便携式设备,其市场需求和增长潜力逐渐显现。众多科技企业,如苹果、三星、华为等,通过系统搜寻市场趋势、技术动态和消费者需求,迅速识别并抓住了这一编码型机会。它们投入大量资源进行产品研发、市场推广和品牌建设,最终成功引领了智能手机行业的兴起与繁荣。这一案例充分展示了系统搜寻在识别编码型机会中的有效性。

相比之下,爱彼迎(Airbnb)的崛起则是一个内隐性机会识别的典范。在共享经济尚未兴起之前,人们很难预见到将闲置房间出租给陌生人的商业模式会如此成功。然而,Airbnb的创始人通过敏锐的观察和深入的思考,发现了这一内隐性机会。他们意识到,随着旅游业的蓬勃发展,人们对于住宿方式的需求日益多样化,而传统的酒店业难以满足所有旅行者的需求。于是,他们利用互联网平台,将房东与房客连接起来,创造了一种全新的住宿体验。这一内隐性机会的识别与利用,不仅改变了人们的旅行方式,也开创了共享经济的新纪元。在这个过程中,发现过程而非系统搜寻成了关键。

通过对以上因素的深入理解,创业者可以更好地识别和把握潜在的创业机会,从而在竞争激烈的市场中占据有利位置。

13.3.2　创业机会的识别方法

识别创业机会是创业过程中的关键环节,它要求创业者具备敏锐的市场洞察力、创新思维和行业知识。以下是几种有效的创业机会识别方法。

1.趋势洞察

识别创业机会的首要途径是观察和分析市场趋势。创业者需要关注长期趋势而非短暂风尚,因为长期趋势更能支撑企业的持续发展。例如,智能手机的成功就是社会流动性增强、技术微型化进步及经济便利性提升等多重趋势共同作用的结果。在趋势分析中,应重点关注经济因素、社会因素、技术进步、政治活动与管制变革等。

(1)经济驱动力下的市场机会。经济发展趋势,如经济总体状况、民众可支配收入的增减、消费模式的演变等,都是创新机会的沃土。

(2)社会变迁中的社会机会。社会与文化趋势的演进,人口结构的变化,公众观念与偏好的迁移,均为商业创新开辟了新路径。

(3)技术革新带来的技术机会。技术领域的每一次飞跃,无论是新技术的诞生与商业化,还是现有技术的跨界应用与升级,都为市场注入了新的活力与可能性。

(4)政策与体制变革下的政策机会。政治风向的转变与体制机制的革新,尤其是国家层面对新兴产业的扶持政策,以及对企业社会责任的强制性要求,如环保标准的提升,不仅为企业指明了发展方向,也催生了新的商业契机。

2.解决问题

识别创新机会的第二种核心策略是深刻洞察现存问题并探索其解决方案。问题的识别不仅源自对宏观趋势的敏锐观察,还常常通过直觉的闪现、意外的发现乃至幸运的眷顾等更为直接的方式显现。市场营销领域的权威菲利普·科特勒(Philip Kotler)曾指出:"寻找问题,就是寻找商业创新的起点。"他列举了一系列日常生活中的烦恼,如失眠困扰、家务杂乱、休闲成本高昂、家族历史追溯难题及园艺维护的辛苦等,这些看似琐碎的抱怨,实则蕴藏着无限的商机。共同事业组织的先驱约翰·加德纳(John Gardner)更是以哲人的视角提出:"每个问题,都是伪装起来的机遇。"这一理念在实践中得到了广泛验证。众多成功企业的诞生,正是始于对某一具体问题的深切体会与解决渴望。技术进步,这一推动社会进步的重要力量,有时也会为特定群体带来不便与挑战,而正是这些挑战,激发了企业家们创造新产品、新服务的灵感。

表 13-1 是一些因为解决问题而创建公司的案例。

表 13 - 1　为解决问题而创建的公司

创业者	年份	问题	解决方案	公司
伊隆·马斯克	2003	传统燃油车对环境的严重污染以及全球对可持续能源的需求日益增强	专注于电动汽车的研发与生产,通过技术创新解决了燃油车污染问题	特斯拉(Tesla)
王兴	2013	随着生活节奏的加快,消费者对方便快捷的外卖服务需求激增	通过构建高效的配送系统和丰富的商家资源,满足了消费者的外卖需求	美团
戴威	2014	城市交通拥堵、短途出行不便以及环保意识的提升	推出共享单车服务,通过智能锁和移动支付技术解决了短途出行问题,同时倡导绿色出行	ofo 共享单车

3.寻找市场缺口

创新机遇的第三种源泉植根于市场空白之中。这些产品与服务领域的未满足需求,预示着潜在且诱人的盈利空间。一种有效识别市场空白的策略,是敏锐捕捉消费者因难以寻获所需而产生的挫败情绪,以及这种情绪在更广泛群体中的共鸣。此外,通过再定位现有产品或服务至全新目标市场,从而开创一个全新类别,是催生新商业机遇的另一条途径。其核心理念在于创造性地制造并填补市场空白。值得注意的是,每位创业者可能对各类创业机会抱持不同偏好,即便面对同一机遇,不同个体间的评估视角与价值判断亦可能大相径庭。

表 13 - 2 是一些因为填补市场缺口而创建公司的案例。

表 13 - 2　为填补市场缺口而创建的公司

年份	公司	市场缺口	商业机会
2010	美团	传统餐饮行业线上化与即时配送服务的市场缺口,弥补传统商超效率不足及电商平台配送速度慢的短板	依托闪电仓模式和强大骑手网络,拓展全品类商品即时配送;通过 AI 优化运营、协同各业务板块,提升用户黏性与商家服务效率
2012	字节跳动	移动互联网时代用户对个性化、高质量内容的需求,以及传统信息分发方式的局限性	开发基于人工智能的个性化内容推荐引擎,推出今日头条、抖音等爆款产品,满足用户对多样化、高质量内容的需求,并推动移动互联网内容生态的变革
2015	拼多多	中国消费者对高性价比商品的需求,以及传统电商平台对下沉市场覆盖不足的问题	通过创新的社交电商模式,利用社交网络和团购优势,提供低价、优质的商品,满足消费者对性价比的追求,并成功开拓下沉市场

通过以上方法,创业者可以更有效地识别和把握创业机会,为企业的成功奠定坚实的基础。

本章小结

1.创业机会的概念源于机会这一更广泛的范畴。创业机会是指通过创造性地整合资源,满足市场需求并实现价值创造的一种潜在可能性。关于创业机会的形成,学术界主要存在两种观点:机会发现观与机会创造观。

2.创业机会可划分为三大类别:技术机会、市场机会与政策机会。这些机会类型为创业者提供了不同的切入点和创新方向。

3.变化是创业机会产生的必要前提。创业机会主要来源于以下三方面的变化:市场需求的变化、知识与技术的革新以及政策法规的调整。

4.创业机会识别是一个个体与环境互动的动态过程。这一过程同时受到"创业者个体"和"创业环境"两方面因素的影响。个体因素主要包括先验知识、社会网络、认知能力以及创造性;环境因素则涉及政治、经济、文化、科技等。

5.识别创业机会的方法主要有三种:趋势洞察、问题解决以及市场缺口寻找。这些方法为创业者提供了系统化的思路,帮助其更好地捕捉潜在机会。

关键术语

创业机会　创业机会的来源　创业机会的识别方法

第14章　文化的形塑

学习目标

1. 知识层面:掌握企业文化相关的理论知识,理解文化培育所需的体系。
2. 能力层面:培养学生价值引领与批判性思维能力和创新思维。
3. 素质层面:培养学生社会责任感与家国情怀。

案例导入

以愿景点燃组织跃迁:昭通高速公司的战略动员实践

摘要:企业战略愿景是企业对未来发展目标的宏伟蓝图,是企业期望达到的理想状态。本案例以昭通高速为研究对象,详细描述了其从零起步,历经资金短缺、人才匮乏、外界质疑等多重挑战,最终突破瓶颈,成功实现"县县通高速"的阶段性目标。这一成就不仅显著改善了区域交通条件,解决了长期困扰当地的出行难题,还带动了沿线经济发展,助力乡村振兴。本案例的核心在于探讨"在资源有限、环境复杂的情况下,如何通过战略愿景和愿景领导实现企业目标",这一问题是许多企业面临的共性挑战。通过学习本案例,学生将深刻认识到战略愿景不仅是企业发展的方向标,更是激励员工、凝聚团队、实现战略目标的重要工具。

关键词:战略愿景　愿景领导　交通强国　乡村振兴

注:案例全文请参见第5篇相关案例中的《以愿景点燃组织跃迁:昭通高速公司的战略动员实践》。

【案例思考题】

1. 昭通高速的战略愿景是什么? 为什么选择这一愿景?

2. 昭通高速在实践中如何将战略愿景转化为具体行动?

3. 昭通高速在成立和发展过程中遇到了哪些困难? 这些困难是如何被克服的?

4. 昭通高速的发展契合了哪些国家战略? 取得了哪些具体成果?

5. 面对当前的内外部压力,如果你是集团董事长李文龙,你会采取哪些策略来突破困境?

14.1　企业文化的概念

14.1.1　企业文化的定义

"企业文化"一词源自英文"corporate cultures",其中"corporate"意指团体的、法人的或共同的,因此企业文化也被称为公司文化、组织文化或管理文化。20 世纪 80 年代,当"corporate"在西方管理学界广泛使用时,中国正处于"部—局—公司—厂"的直线管理格局中。例如,国家设有机械工业部,省级设机械厅,市级设机械工业公司,下属各类机械工厂。当时,大多数公司兼具行政与经营职能,为避免误解·这一新术语被译为"企业文化"。实际上,企业文化是整体文化系统下的一个分支,是运用文化学理论和方法研究经济与文化融合现象时产生的一种亚文化学科。

企业文化是组织中的隐性人际规则,持续且广泛地塑造着组织成员的态度和行为。它通过文化规范界定什么是被鼓励的、不被鼓励的、被接受的和被拒斥的。当企业文化与个人的价值观、动机和需求相结合时,能够释放巨大能量,推动团队追求共同目标,并帮助组织构建强劲的增长能力。面对变化中的机遇和挑战,企业文化能够灵活、自发地演变。与通常由最高管理层制定的战略相比,企业文化更具流动性,能够将高层的意图与一线员工的知识和经验有机结合。

学术界关于企业文化的文献数量庞大,涵盖了组织文化的定义、评估模型和方法。尽管在建立和改变企业文化的手段和方法上存在细节差异,但综合埃德加·夏恩(Edgar Schein)、沙洛姆·施瓦茨(Shalom Schwartz)、格尔特·霍夫施泰德(Geert Hofstede)等主流学者的研究成果,企业文化通常被认为具有以下四个主要属性。

1. 共有性

企业文化是一种群体现象,不会仅存在于个体身上,也不是个体特征的平均。它根植于共同的行为、价值观和观念,通常体现在群体的规范和要求中,即未言明的规则。

2. 广泛性

企业文化渗透到组织的各个层面,影响深远,有时甚至被视为组织本身。它既显现在集体行为、物理环境、团队习惯、标志物、历史和传统中,也隐藏在思维方式、行为动机、未言明的观念以及"行为逻辑"(action logics,主体如何解释和回应周围世界的心智类型)中。正如一句管理名言所说:"文化能把战略当早餐吃。"

3. 持久性

企业文化能够长期引导群体成员的思想和行为,并在组织集体生活和学习的重要事件中逐渐成形。其持久性可以通过本杰明·施耐德（Benjamin Schneider）提出的"吸引-选择-淘汰"（attraction-selection-attrition）模型部分解释：人们被与自身特质相近的组织吸引；组织选择能够"融入"的个体；无法融入的人逐渐离开。由此，企业文化成为一种不断自我强化的人际模式，越来越难以被改变。

4. 隐含性

企业文化的一个重要但常被忽视的特点是，尽管它非常微妙，组织成员却能通过直觉感知并据此调整行为。它仿佛是一种无声的语言。沙洛姆·施瓦茨和 E. O. 威尔逊（E. O. Wilson）的研究表明，感知文化并做出反应的能力是普世的，因此在企业文化的诸多模型、定义和研究成果中，特定主题会反复出现。这也是过去数十年研究中的重要发现。

通过以上分析可以看出，企业文化不仅是组织运作的核心驱动力，也是其适应变化和实现长期发展的关键因素。

14.1.2　企业文化的解构与层次分析

企业文化作为企业发展的核心驱动力，是一个由多要素构成的有机统一体。要真正理解企业文化的本质，需要对其构成要素进行系统分析，明确各要素在企业文化体系中的角色与地位。这种解构不仅有助于我们厘清企业文化的内在逻辑，更能为企业在实践中去伪存真、优化文化体系提供理论依据。

荷兰著名学者 G. 霍夫斯塔德在其著作《跨越合作的障碍——多元文化与管理》中提出，文化结构具有普遍性，通常由物质生活文化、制度管理文化、行为习俗文化和精神意识文化四个层级构成。基于这一理论框架，我们可以将企业文化解构为以下四个层次。

1. 形象层（物质层）

形象层是企业文化最外显的表现形式，也是公众接触企业的第一窗口。这一层次包括企业标识系统（如名称、商标）、产品与服务、办公环境、员工形象、宣传材料等可视化的文化载体。作为企业文化的最表层，形象层具有易感知、易传播的特点，但同时也最容易受到外部环境的影响而发生改变。因此，形象层虽然能够反映企业文化，却未必能完全代表企业文化的本质。

2. 制度层（制度文化层）

制度层是企业文化的中坚支撑，通过成文的规章制度和不成文的组织惯例来规范和引导企业成员的行为。这一层次体现在企业的组织结构、管理制度、工作流程、奖惩机制等方面。有效的制度文化能够确保企业运作的规范性，为员工行为提供明确的指引，同时也是企业价值观得以落实的重要保障。

3. 行为层（行为文化层）

行为层是企业文化的动态体现，反映在员工的日常行为、工作态度和人际互动中。这一层次包括客户服务方式、团队协作模式、沟通交流风格等具体行为表现。行为文化是企业价值观的外化,它既受到制度文化的约束,又反过来影响制度的执行效果。优秀的行为文化往往表现为积极的工作氛围、高效的团队协作和优质的客户服务。

4. 价值观层(精神文化层)

价值观层是企业文化的核心与灵魂,决定着企业文化的本质特征。这一层次包括企业的使命愿景、经营理念、价值取向等深层次的文化要素。价值观是企业长期发展过程中形成的稳定信念,它指导着企业的战略决策、制度设计和行为规范,是企业文化体系中最持久、最具影响力的部分。正如哲学所强调的"意识决定存在",企业的价值观决定了其制度设计、行为模式和外在形象。

通过这种层次化的解构分析,我们可以清晰地看到:企业文化是一个由表及里、由浅入深的有机整体。形象层是文化的表象,制度层是文化的保障,行为层是文化的体现,而价值观层则是文化的核心。理解这种层次关系,不仅有助于我们准确把握企业文化的本质,更能为企业的文化建设提供科学的指导框架。

14.1.3　企业文化的功能

企业文化在企业管理中扮演着至关重要的角色,它不仅全面优化了企业管理,还合理配置了生产力要素,增强了企业的竞争优势,促进了企业的持续稳定发展,并创造了理想的经济效益和社会效益。具体而言,企业文化具有以下功能。

1. 目标导向功能

企业文化作为价值取向的体现,规定了企业发展的战略方向,并指导企业在选择经营领域和目标时的决策。通过企业所信奉的价值观和经营宗旨,企业文化明确了企业的行为准则和发展路径。这类似于个人的人生观决定其人生目标和行为方式。

企业的价值观、精神、群体意识和行为规范如同无声的命令,发挥着无形的导向作用。企业文化不仅是企业精神的指南,还在变动的环境中为企业提供固定的原则,如戒律、口号、格言等,产生类似宗教和信仰的精神力量,使员工获得归属感和力量。同时,企业文化还是企业具体工作的指南,提供企业发展目标、产品定位、市场和社会需求的满足方式、员工与客户的关系处理方式以及对待竞争对手的基本原则。

目标导向功能通过企业自上而下的灌输与自下而上的培养实现,包括基本技术技能的培训和价值理念的灌输。后者尤为重要,因为它可以培养员工人格、建立共识、确立奋斗目标。企业文化通过潜移默化的方式,使员工自觉自愿地将企业目标作为自己的追求目标,从而反映企业整体的共同追求、共同价值观和共同利益。这种文化能够对企业整体和员工的价值取向和行为取向起到导向作用。一旦企业文化形成,它就会建立起系统的价值和规范标准,对企业成员的思想和行为发挥导向作用。

2.控制约束功能

企业的控制行为可分为外部控制和内部自我控制。外部控制通过行政、法律和规章制度进行,具有强制性。内部自我控制则调动员工的积极性,管理大师德鲁克指出:"我们需要的是用自己发自内心的动力来代替外加的恐惧心的刺激。"

尽管企业需要强制性的外在控制,但其作用有限。有效的"硬"约束需要大量资源投入和监督力量,而员工可能因不被信任而削弱其效果。科学管理虽重要,但远远不够,因为完善的企业制度也会有漏洞,且员工的个人目标和企业目标不完全一致,个人价值观与企业整体价值观也存在差距,这些差距影响组织目标的实现。

如果将企业规章制度、管理规则与非正式的行为准则结合,就能形成无形的群体压力,使员工的不规范行为得到控制,保持相同的价值取向。因此,在强化企业制度安排的同时,更要强调以精神、价值、传统等因素形成文化上的约束力量,对职工行为起到约束作用,这种"软"约束构成了企业文化的控制约束功能。企业文化将企业目标、价值观和行为方式内化为员工的目标、价值观和行为方式,使外在约束变为自我约束,实现管理的最高境界——无为而治。

优秀的企业文化对职工的行为具有无形的约束力。企业文化是一种非正式规则的心理契约体系,通过潜移默化的方式在员工中形成群体道德规范和行为准则,对企业和员工的思想、行为起到约束作用。一旦出现违背企业文化的现象,就会受到群体舆论和感情压力的抑制。企业文化可以将个人目标与企业目标融为一体,使员工产生自觉的行为约束,达到自控目的。

企业文化的"软约束"可以减弱规章制度等"硬约束"对员工心理的冲撞,减少内耗、降低内部交易成本,实现企业内部的和谐与默契。企业文化如同一种"不需要管理的管理",将尊重个人的无形外部控制与以群体目标为己任的内在控制有机融合,实现外部约束和自我约束的统一,从而节约管理成本,提高管理效益。

塑造企业文化的"软约束"通过企业文化的塑造,在组织群体中培养与制度"硬"约束相协调的环境氛围,包括群体意识、社会舆论、共同习俗和风尚等精神文化内容,形成强大的群体心理压力和动力,使企业成员产生心理共鸣和行为自控。这种无形的"软"约束具有更持久、更强大的效果。

3.协调凝聚功能

优秀的企业文化具备协调企业与社会的功能,促使企业自觉履行社会责任;它能够帮助企业快速响应公众情绪和市场需求的变迁;营造的学习氛围确保企业与时俱进,适应新法规的实施;其倡导的多赢理念有助于缓解企业间的竞争压力;同时,企业文化的沟通协调机制能够促使内部成员为了共同目标而团结一致,摒弃分歧。

文化是变革与影响的力量,文化力为企业带来决策力和凝聚力的双重提升。文化的凝聚功能在于,它能够使社会群体中的成员在同一文化模式下形成相似的思维、价值观和行为习惯,从而产生强大的认同感。在社会系统中,凝聚个体的主要是心理因素,如认知、信念、动机和期望,而非生理力量。企业文化以价值观为核心,正是这种心理力量的源泉。

企业文化通过影响员工的习惯、认知、信念、动机和期望等心理层面,促进内部思想的沟通与协调,使员工对企业目标、准则和观念产生认同感,进而在许多问题上达成共识。这种共识通过沟通和协调形成企业的凝聚力。同时,企业文化在凝聚的基础上进一步发挥协调作用,增强管理层之间、员工之间以及管理层与员工之间的信任,促进交流与合作,减少摩擦与冲突,激发员工参与企业事务的积极性,为企业发展贡献力量。企业对员工的认可与激励会进一步增强员工的主人翁意识,提升归属感,形成强大的凝聚力和向心力。

企业的凝聚力体现在企业与员工之间的相互吸引力,即企业对员工的关怀与员工对企业的忠诚。这种双向吸引力构成了企业与员工命运共同体的合力,推动企业持续发展。企业文化管理模式通过情感纽带、价值共识和目标认同强化凝聚力,注重情感投资,将个人目标与企业目标相融合,促使员工自觉融入集体,形成共享价值观。员工感受到企业目标的实现与个人利益的满足息息相关,从而主动参与企业目标的实现过程,增强企业内部的团结与战斗力。

积极向上的企业文化如同"黏合剂",在领导与员工之间、员工与员工之间发挥沟通、协调和凝聚的作用,形成强大的整体效应。缺乏凝聚力的企业难以形成有机整体,战斗力也会大打折扣。企业文化将员工的个人追求与企业的长远发展紧密结合,将分散的个体力量凝聚为整体力量。尤其是在企业面临困境时,企业文化的凝聚作用更为显著,能够振奋企业精神,助力企业渡过难关。

4. 激励振兴功能

文化是一种无限的动力源泉。企业文化不仅对员工具有"无形的精神约束力",还具备"无形的精神驱动力"。

除了通过奖金、分红等经济手段激励员工,企业还需运用精神激励方式,培养员工的"共存亡"意识、集体观念以及忠诚、奋斗和创新精神。企业文化的核心在于形成共同的价值观念。优秀的企业文化以人为中心,营造一种人人受重视、受尊重的氛围。这种氛围能够激发员工的内在动力,形成激励机制,使员工自觉为企业奋斗,甚至愿意为之献身。企业对员工贡献的认可进一步激励员工不断进取,实现自我价值与企业发展的双赢,形成良性循环。同时,优秀的企业文化能够减少员工在面对不确定性或困难时的焦虑感。在成熟的企业文化氛围中,员工心情平稳愉快,竞争与压力只会激发向上的动力,而非负面情绪。

企业文化管理模式与传统管理模式不同,它不仅重视个体激励,还兼顾群体激励,为提升员工的积极性、主动性和创造性提供了新的手段。企业价值观不仅明确了企业的发展目标,还让员工感受到自身需求的多样性,包括物质利益、社会需求和自我价值的实现。这种与企业目标、信仰相融合的需求心理能够激发员工忘我工作,主动追求卓越。心理学家费罗姆指出,一个人对目标价值的认知越高,目标的激励作用就越强,这正是企业文化群体激励的意义所在。

企业文化的激励振兴功能有助于形成良好的激励环境与机制。这种机制将行政命令转化为组织过程,将员工的被动行为转化为自觉行动,将外部压力转化为内在动力。同时,企业文化通过"软"约束调节员工的合理需求,形成积极向上的思想观念和行为准则,培养员工的使命感和驱动力,帮助员工找到工作的意义,建立社会动机,从而调动积极性。正因如此,企业文化能够在员工心理中持久发挥作用,避免传统激励方法带来的短期化和非集体主义的弊端,使企业行为更加合理。

优秀的企业文化是企业成长的动力源泉,能够激发企业的活力,调动员工的工作热情,使他们的积极性和潜能得到最大限度的发挥。企业文化的激励振兴功能源于其精神力量,优秀的企业文化能够提供源源不断的精神动力,这正是许多有远见的企业家致力于企业文化建设的原因。

5.辐射传播功能

企业文化的辐射传播功能是其生命力的体现,这一现象在人类历史长河中屡见不鲜。无论是6世纪印度佛教文化传入中国,还是8世纪中国儒家文化东渡日本,抑或是当代西方文化的全球扩散,都彰显了文化的辐射力。企业文化不仅展示了企业的管理哲学和人才策略,还在以人力资源为核心的竞争中,吸引高素质人才,提升竞争力。优秀的企业文化能够赢得消费者的信任,从而扩大市场份额。作为一个系统,企业文化不仅内部运作,还与外部环境互动,对社会产生深远影响。

企业文化的传播通过企业与社会的互动实现,可以是有意识的推广,也可能是无意识的渗透。传播途径主要包括:一是通过生产基地、办公环境和产品服务间接传达企业精神和价值观,其中产品作为载体尤为有效;二是通过员工的社会交往直接展示企业文化;三是利用媒体和公共关系活动宣传企业文化。优秀企业通过这些方式与外界沟通,树立良好形象。松下幸之助的经营哲学、GE的成功秘诀、海尔的星级服务等都是企业文化辐射传播的典范。

在当今社会,企业文化对社会文化产生重要影响,通过各种渠道注入新活力,促进社会发展,并为传统文化的改造提供方法和途径。

6.教育美化功能

根据人力资源管理理论,人的社会化是分阶段进行的,每个阶段的社会化主体不同。企业文化对员工的教化过程,是员工个人文化与企业文化达成一致的过程,以避免文化冲突导致的内部分裂。

优秀的企业文化能够美化企业内部环境,甚至美化员工的心灵。通过建立良好的人际关系,员工感受到归属感和精神满足。企业文化还能美化企业的自然环境。例如,第二汽车制造厂车轮分厂通过重新粉刷车间,使用悦目的色彩,不仅美化了生产环境,也提升了员工的心理舒适度。

企业文化的功能以文化的形式潜移默化地发挥作用,虽然不如行政手段直接和强制,但具有持久性和坚韧性。各种功能相互影响,综合作用,使企业文化成为企业管理的最高境界。优秀的企业文化能够使企业起死回生,走向辉煌,如通用、微软、IBM 等企业,它们不仅为社会贡献了物质财富,也创造了精神财富。通过其功能,企业文化聚合成强大的"企业文化能",对企业和社会产生重大影响,如减少失业、保持社会稳定、创造价值和机会等。

14.2　创新文化的演化

创新文化是管理学、文化学与生物学交叉融合的产物,其理论基础可追溯至熊彼特的创新理论。自 20 世纪 50 年代末以来,创新文化的研究呈现出数量增长与领域扩展的双重趋势。文献中关于企业创新文化的定义主要分为两类:一是聚焦于内在精神层面的单维度定义,二是涵盖企业内在精神与外在表现的多维度定义。总体而言,创新文化是在特定社会历史条件下形成的,其内涵包括创新价值观、创新准则、创新制度与规范以及创新物质文化环境等。

14.2.1　创新文化的基本要素

创新文化是一种有利于创新的文化环境,其构成要素包括物质环境、制度环境以及快速响应变化的竞争环境。创新文化的基本要素可归纳为价值理念、思维模式、行为规范和制度体系四个方面。其中,企业创新文化是最常见的类型,这源于企业在技术创新中的主体地位及其作为知识价值链末端载体的角色。企业的创新行为在知识转化与应用中表现显著,易于形成稳定的价值文化。解决"守旧等死,创新找死"的困境,培育企业创新文化,在不确定性中寻求确定性成果,是企业创新文化工作的核心与重点。创新文化的具体表现包括创新价值观、创新制度、创新行为规范和创新输出。

(1)创新价值观。作为企业创新文化的核心,创新价值观是企业和个人决策的原始动机,决定了后续行为及企业未来的发展方向。尽管创新价值观不可见且与成果的关系看似间接,但其重要性不容忽视。创新价值观必须激发员工的强烈认同感。

(2)创新制度。创新制度是组织和个人决策的制度约束。企业的创新制度需与创新价值观相契合,以实现最佳效果。值得注意的是,创新制度应覆盖全体员工,从领导层到基层员工。

(3)创新行为规范。通过制定具体规范,创新行为规范为企业经营作风、人际互动和工作作风提供引导,是创新文化的具象化体现。

(4)创新输出。创新输出包括经营成果、产品、服务和品牌形象等,是企业创新文化的实体输出层。创新文化建设的最终效果将在此层面得以体现。因此,创新文化已成为企业核心竞争力的关键要素之一。

14.2.2　创新文化的作用

1.核心竞争力的源泉

在知识经济时代,创新的重要性被空前强化,并升华为一种社会主题。企业文化的独特性日益体现为差异化战略和核心竞争力。创新成为企业的生命源泉,在剧烈变动的环境中,成功者往往是那些突破传统规则、敢于创新并承担风险的人。对知识经济而言,"明天意味着重大事件",因此企业必须自上而下充满创新精神,通过自身创新的确定性应对未来的不确定性。无论是制造业还是服务业,唯有通过创新才能脱颖而出。创新的核心在于"新"而非"创",只有具备独特的亮点,才能吸引客户并实现合作。2007 年的数据显示,注册企业达 12 万家,但存活企业仅 2 万家。存活企业无一例外地在生产、管理、宣传等方面进行了创新,从而在激烈的市场竞争中占据一席之地。因此,创新文化已成为企业生死存亡的关键竞争力。

2.支撑企业转型

在每年 12 万家新企业注册的残酷市场竞争中,并非所有企业都能持续发展。一些老牌企业因动力不足而陷入困境。对这些企业而言,陈旧的管理模式和经营理念已无法适应现实竞争,必须树立创新观念,发掘自身优势,打破传统束缚,充分发挥文化力对企业的支撑作用,才能扭转不利局面。

3.激发企业活力

创新文化的客观要求可概括为"崇尚创新、宽容失败、支持冒险、鼓励冒尖"。创新文化建设的过程实质上是激活企业活力的过程。创新文化要求员工在工作中创新,管理层在管理中创新,并以宽容和支持的态度鼓励创新。创新使企业的每个构成元素都活跃起来,以新的形式重新组合,形成新的体制,使企业在竞争中更加积极主动。

创新文化建设不应局限于某一时间段,而应作为一种长期作用于企业的文化。创新文化建设不能前期鼓励创新而后期扼杀创新,也不能在生产领域鼓励创新而在生活领域阻止创新。创新文化建设的核心在于营造有利于创新的文化氛围,全面鼓励创新,包括在创新领域上的突破与探索。

14.2.3　创新文化的演化机理

1.机理框架

基于理论溯源,本书提出了一个机理框架(见图 14-1),以揭示创新文化的演化机理。该框架分为两大部分:图左部分聚焦于创新文化的形成与动力,图右部分展示创新文化的演化路径及规律。框架图的最下方加入了情境要素的影响,包括行业、市场、政策制度、文化差异(中外情境)等。

演化路径及规律："生产力—生产关系"的矛盾运动推进创新文化演化

演化动力
・外部功力
・内在动力

形成
・社会层面
・组织层面
・个体层面

典型案例
・雨权法则
・人单合一

社会—组织—个体
・人类学视角
・管理学视角
・组织行为学视角

实践/认知—理论—文化
・实践活动—认知的革新价值
・线性—体系—生态系统
・文化密码—DNA演化

物质—行为—制度—价值观
・创新战略及措施—突破性创新
・行动收向—创新行为
・行为观范—创新约束
・创新理念—概念技能

・价值连—创新链—创新
价值链—生态链—文化链

・价值网络—创新网络—
创新生态系统—文化体系

情境要素：行业、市场、政策制度、文化差异(中外情境)……

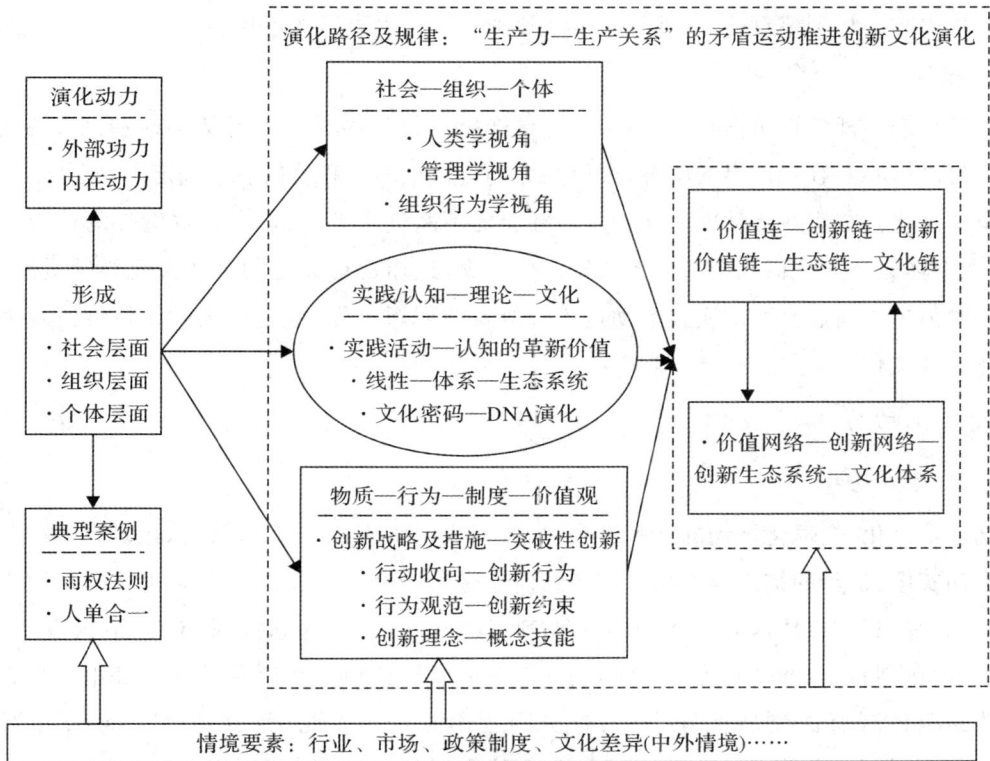

图 14 - 1　创新文化的演化机理框架

2.演化机理

1)宏观——社会层面

根据王学秀的观点,管理视角下的文化研究应从社会科学研究的一般规律出发,探寻文化的分析性概念。文化最初从人类学中分离出来时,形成了以解释经验、引导行为并反映行为的价值观和信仰。随着生产力水平的提高,人们对已有文化的认知逐步加深,加之管理创新环境的变化与创新发展模式的更替,早期的社会学家和人类学家开始系统地研究与创新、发展或技术有关的文化问题。最具代表性的是巴尼特(Barnett),他通过研究技术创新对文化变迁的影响,首次将创新与文化联系起来,并强调两者在社会层面的关联。这标志着创新文化在宏观层面上的研究正式展开。

2)中观——组织层面

组织文化是一组成员共同享有的基本假设。根据 Zhao 和 Pan 的研究,在管理过程中寻找超越文化冲突的组织目标,以维系不同文化背景员工的共同行为准则,能最大限度地控制和利用组织的潜力与价值。21 世纪创新速度的进一步加快,竞合并存成为组织发展的新常态。基于强烈的竞合关系,组织文化已不再完全适应组织的发展,进而需要寻求一种创新的组织文化。通过组织文化创新,形成一种新兴的文化形态——组织创新文化。

3)微观——个体层面

基于社会心理学视角,当生产力水平与认知能力低下时,人们在认识与改造世界的同时需寄托于自己内心对客观世界的解释,久而久之约定俗成的自我价值观被确定下来,并形成了早期的个体文化。在实践活动的不断探索与社会的不断进步下,人们对客观世界的认识逐渐加深,导致个体原有的价值观会与新的认知产生冲突,进而使得原有的个体文化必须进行革新,保持与时俱进。通过自我的实践活动迭代价值观的创新过程,最终形成以创新价值观为核心的个体创新文化。

3. 演化动力

1)外部动力

基于信息化、全球化推动的技术进步,学者们从创新的必要性、有效性、区域性、获利性、创新的成功实施、创新的扩散等方面对创新的内涵做出诠释。创新内涵在演化基础上被不断拓展,不仅有组织创新、技术创新、管理创新与科学创新,更有制度创新、政策创新、文化创新、教育创新、产业创新、金融创新等。同时,创新浪潮的席卷迫使主体变革并在夹缝中求生存。实践主体需考虑现有的创新流程,开发解决问题的方法。因此,克罗森(Crossan)和阿皮丁(Apydin)通过集成与发展创新的概念,推动科技创新的发展,进而拉动了创新文化的不断演化。

2)内在动力

基于系统论与演化论视角,创新文化的演化体现着内部动力与周围环境的开放融合过程。具体表现在系统动力的如下方面:第一,DNA 的张力系统。文化 DNA 作为创新文化的内在驱动力,使得系统各部分间处于相互抗衡、竞合与逐步协调的过程中,最终以文化的演变而形成求同存异的共同体。第二,文化的稳定系统。通过信息与资源的交流,使个体、市场、国家、社会与自然整合,进而在子系统间的动态演化中达到稳定。第三,文化的协调系统。文化系统能借助于组织、组织种群间的演化关系与社会环境达成生态系统的协调。

3)典型案例

维克托(Victor)和格雷戈里(Gregory)研究了硅谷生态圈的创新雨林法则,指出创新文化可以帮助组织有效地创造、培育和激活创新过程,并有利于实现低成本和内部可持续性。根据芬克尔(Finkle)的研究,以组织为核心构建的创新文化能促进创业精神和创新能力。在学习了国外典型案例后,我国也涌现出了具有一定特色的创新文化案例。如王凤彬等对海尔"人单合一"进行了案例分析,发现情境、观念、模式、制度和人性一同建构于闭合螺旋式动态演化系统,并认为生与克关系的交织促进了创新文化的演进。显然,不同国情、产业和政策差异造就了创新文化演变模式的不同,基于不同的案例研究,提炼共性能促进创新文化的长足发展。

14.3　企业文化的塑造

14.3.1　文化的形塑

企业文化是一个多层次、多维度的复杂系统。要有效推进企业文化建设,必须遵循科学的程序和方法,确保文化塑造与企业战略发展相契合。

1. 企业文化共识的达成

企业文化建设的第一步是达成全员共识。对于中国企业而言,高层管理者的重视和支持是文化建设的核心驱动力。只有在高层领导的推动下,企业文化才能与战略目标紧密结合,形成清晰的愿景和方向。企业需要明确未来的发展蓝图,包括规模、定位、品牌形象等,并以此为基础,筛选和优化文化要素。

共识形成过程中,企业需对现有文化进行深入剖析,识别优秀传统和亟待改进的弊端。只有树立正确的价值观,传承优秀文化基因,同时坚定改革决心,才能为文化建设奠定坚实基础。此外,全体员工对企业未来的共同期待是克服阻力、推动文化变革的关键动力。因此,共识达成阶段的核心任务是确保企业上下对文化建设的目标和意义形成一致认知。在此基础上,企业可以选择借助外部咨询机构或内部资源,启动文化建设的具体实施。

共识达成的基本流程如下。

(1)高层沟通。企业主要领导与高层管理者进行深入讨论,分析企业优势、外部环境变化、发展瓶颈及潜在危机,明确改进方向,激发高层团队的变革意愿。

(2)中层与员工访谈。高层领导与中层管理人员、核心员工及意见领袖进行广泛沟通,了解他们对文化建设的看法,收集对企业经营理念的建议,并进行全员动员。

(3)战略部署。通过办公会议统一思想,明确企业文化建设的战略方向和组织架构。

(4)全员动员。召开中层干部和骨干员工会议,通过讲座、媒体宣传、参观学习等方式,普及企业文化知识,增强全员对文化建设重要性的认识。

这一阶段的关键在于高层领导的亲自推动,重点在中高层和骨干员工中形成共识,为后续的全面动员奠定基础。

2. 成立企业文化建设项目推进小组

在文化建设准备阶段,成立专门的项目推进小组是必不可少的。即使有外部咨询机构参与,内部组织机构的建立仍是项目成功的关键。

(1)成员构成。小组应以中高层骨干为核心,涵盖综合部门、业务部门负责人及熟悉企业运营的专业人员。常见成员包括办公室主任、人力资源经理、项目经理、工会或团委负责人、财务负责人等。小组成员需具备文化管理的创意潜力和执行力。

（2）领导结构。企业主要负责人担任组长，负责整体领导工作；副组长由沟通能力强、执行力突出的后备干部担任，负责具体协调和组织工作。

（3）小组规模。建议控制在五至九人，以确保高效运作。

项目小组需进一步与企业上下沟通文化建设的理念和计划，强化文化变革的意识，营造全员参与的浓厚氛围。

3.制定企业文化建设计划

项目小组成立后，首要任务是制定详细的工作计划。一个完整的计划应包括以下内容。

（1）明确目标。清晰界定企业文化建设的主要目标、项目背景、当前影响企业发展的显性和隐性问题、工作范围和职责，以及小组规章制度。这一步骤为项目奠定基础，确保全体成员对目标和范围有统一理解。

（2）专案计划书。制定具体的操作模块，明确待设计的工作项目、可用资源、预期效益、责任分工、进度安排及财务预算。这有助于确保项目实施的有序性和有效性。

（3）专案管理。建立指标与落实系统，定期汇报项目进展，记录遇到的问题及解决方案，确保项目按计划推进。通过有效的档案管理，实现全程监督和记录。

（4）变革管理。制订利害关系人管理计划、沟通计划、评估计划和调停计划。这部分内容需在调研后逐步完善，以确保各方利益得到协调，减少阻力，提高项目成功率。

综上所述，制定科学的工作计划是企业文化建设项目成功的关键。通过明确目标、细化方案、强化管理和协调变革，可以确保文化建设顺利推进，最终实现预期目标。

4.调研影响企业文化建设的关键因素

为了深入理解企业文化建设中面临的内外部挑战，必须对相关重要因素进行详尽调研，以获取第一手资料，确保对企业文化现状与未来发展方向有清晰的认识。调研方法主要如下。

（1）一对一深度访谈。针对企业高层管理者，探讨其对企业文化的定位、经营环境、中长期目标、管理理念、未来愿景以及当前显性与隐性问题的见解。

（2）系列座谈会。组织中层干部、基层骨干、专业技术人员及员工意见领袖参与，收集他们对企业未来的期望、问题根源的分析以及目标实现可能性的评估。

（3）问卷调查。通过问卷了解基层员工对工作环境、激励措施、企业前景及个人困惑的看法。例如，员工是否感受到尊重？部门评价标准是否明确？员工获取公司信息的主要渠道是什么？对企业内部活动（如培训与文化生活）的参与度及建议等。

企业内部调研应涵盖企业文化的多个维度，包括现状、期望状态及文化建设的四个层次，涉及人际环境、内部沟通、职业自豪感、个人发展空间及企业战略等。此外，还需关注领导力、行业竞争、传统文化、非正式组织背景、信息技术人员素质及企业生命周期等关键因素。外部调研则聚焦客户、公众、竞争对手及合作伙伴,通过访谈等形式了解企业形象、知名度、美誉度及忠诚度。

5.制定企业文化的战略规划

企业文化战略应在调查研究的基础上,对企业的共同愿景进行筹划和描述,明确企业的经营领域和成长方向,评估竞争优势在实现企业目标中的作用,并确保企业文化战略实施的成功。对企业文化进行战略性规划,才能真正影响经营层面,避免表面化和形式化,从而提升企业的经营绩效和竞争力。具体流程如下。

1)明确企业愿景

企业愿景是企业要达到的目标及其图景,是企业发展的蓝图,能够激励企业成员成为"命运共同体",推动企业不断向前。如果没有共同愿景,管理者容易迷失方向,各部门协作效率低,员工失去热情和变革欲望。优秀企业都有清晰的愿景,如苹果公司的"让每人拥有一台计算机"、腾讯公司的"成为最受尊敬的互联网企业"、索尼公司的"改变日本产品在世界上的劣质形象"。

描述企业愿景需思考企业在经营领域的成长方向、竞争优势及成功保障。企业愿景应包含三个要素:第一,有意义的目的:企业追求利润的根本理由。第二,未来的美景:企业未来的样貌,应具体、可见、通过努力可实现。第三,清晰的价值观:实现目标和美景的工作方式,是企业发展的核心。鼓舞人心的愿景帮助员工理解事业、描绘未来美景、明确日常工作的价值观。

2)明确企业文化建设的目标

企业文化建设目标应与企业的总体经营战略相一致,并为其提供支持。企业领导人需深入思考企业的整体战略,明确企业文化建设的核心目的。不同企业的文化建设目标可能包括:塑造高品位企业形象;改善不良风气;打造凝聚力强的员工队伍;适应环境变化,支持未来发展;实现宏伟目标,如成为行业领袖或世界 500 强。

3)选择或者制定企业文化战略

目标明确后,企业需选择或制定适合自身情况的文化战略。对于集团企业,文化战略可分为集团层面与业务单位层面。

(1)集团企业文化战略。集团企业文化战略旨在建立共性文化,促进不同业务单位间的协同效应。

根据姜军鹏等人的研究,有三种基本类型的集团企业文化战略(见表 14-1)。

表 14 - 1　集团企业文化战略的类型及其特征

特征	类型		
	创新型文化战略	流程型文化战略	顾客型文化战略
A. 基本价值观	(1)革新的导向 (2)长期策略的导向	(1)倾向重视实绩 (2)倾向重视手段的采用	(1)重视顾客 (2)关系导向
B. 基本行为方式	(1)狂热收集情报 (2)技术导向 (3)重视绝对完美主义 (4)上下左右的沟通工作良好 (5)主动提出改善构想并自动地付诸实行 (6)不怕冒险,具高度挑战的精神 (7)认为上下应采取对等的态度 (8)团队精神极佳,但也相互竞争 (9)更多需要奖励 (10)能力考评	(1)充分收集情报,注意内外部均衡 (2)效率导向 (3)传统性的合适原则 (4)重视正式沟通渠道 (5)有组织地系统性改善 (6)对风险比较谨慎 (7)认为下属理应心甘情愿地接受命令 (8)相互间竞争激烈并有派阀的产生 (9)更多需要惩罚 (10)综合考评	(1)倾向外部的信息情报收集 (2)个性化导向 (3)顾客满意主义 (4)拆除组织边界 (5)强调是否有顾客化意义 (6)更强调改进型创新 (7)接近顾客的人员更有话语权 (8)有时竞争也很剧烈 (9)要求赏罚分明 (10)业绩考评

这三种基本类型的企业文化战略并无高下之分,但是在特定的行业背景和员工素质的情况下,可能某种类型的企业文化战略比其他的战略类型具有更强的适应性,这正是企业需要权衡和考虑的。企业文化战略一旦选定,将形成"文化基因",会广泛影响企业的思维方式和行为方式。

(2)业务单位企业文化战略。每一个业务单位都有自己独特的业务模式,可根据自身业务模式的独特性,选择适合的文化战略。有三种基本的业务单位企业文化战略可供业务单位选择(见表 14 - 2)。

表 14 - 2　3 种基本的业务单位企业文化战略

项目	类型		
	因袭文化战略	亚文化战略	独创文化战略
含义	母公司具有系统企业文化时,子公司遵循统一的企业文化	建立求大同存小异的亚态文化	独创自己的企业文化模式,且可能与母公司企业文化相异
适应范围	母公司实力强、知名度大的情况	一般在折中原则下采用	与母公司行业差异大,或子公司自身实力强的情况

项目	类型		
	因袭文化战略	亚文化战略	独创文化战略
优点	(1)利用母公司企业文化优势 (2)易形成统一的企业文化,运作成本较低	(1)兼顾母子公司的文化利益关系 (2)创建亚文化风险较小,运作成本低	(1)根据子公司持质塑造企业文化 (2)可发挥子公司的个性、创造性
缺点	(1)母公司文化无论好坏都得继承统一 (2)难以发挥子公司的个性、创造性	下级企业的合理积极性未被充分发挥	(1)独创文化形成时间长、成本大 (2)可能没有新意或失败(存在风险)

无论是集团还是业务单位文化战略,其选择与制定都需谨慎,因其将对企业的思维方式与行为方式产生深远影响。

14.3.2　文化的培育

1. 以创新精神文化培育时代新人

创新精神文化是创新文化的核心,它以创新价值观为核心,涵盖改革创新的时代精神、勇于探索的科学精神以及敢为人先的创新精神。这些丰富的创新精神文化是培育与塑造时代新人的重要基础。

1)以改革创新的时代精神培育时代新人

改革创新是时代精神的核心,也是培育时代新人的基础。在新时代,技术创新、制度创新、文化创新等深刻影响着人们的日常生活与社会实践,改革创新已成为时代的主题,时刻影响着国家的未来和民族的希望。只有聚焦时代精神,发挥改革的突破和先导作用,才能培养出善于积势蓄势谋势、识变求变应变的时代新人,推动改革更好地服务经济社会发展大局。

(1)以包容开放思想培育时代新人。清朝的"闭关锁国"阻碍了西方先进思想和文化的传入,盲目自大的"天朝帝国"思想导致近代封建王朝陷入"落后就要挨打"的困境。只有以包容开放、海纳百川的胸怀吸收各国先进的创新理念,才能更好地发挥创新文化的精神底蕴,培育出具有全球视野的时代新人。

(2)以强大中国精神培育时代新人。通过中国精神的熏陶,时代新人应敢于啃硬骨头、闯难关、涉险滩,将满足人民对美好生活的向往作为改革创新的出发点和落脚点,把惠民、利民、富民、改善民生作为改革创新的重要方向。发扬伟大创造精神、伟大奋斗精神、伟大团结精神，振奋全民族的精气神，培育出有理想、有本领、有担当的时代新人。

2）以勇于探索的科学精神培育时代新人

勇于探索的科学精神是创新精神文化的核心，培育时代新人必须以科学精神为内在驱动力。

（1）以思想追求培育时代新人。科学精神是人的内在潜质，与思想密不可分。正确的思想不仅推动科学精神的培养，也有利于创新精神文化的传承。要引导时代新人树立正确的思想观念，培养崇高理想，争当具有大胆创新、勇于探索、不畏险难、百折不挠精神的时代新人。

（2）以批判创新培育时代新人。勇于探索与批判创新相辅相成，批判创新推动科学精神的形成。任何科学理论都是在不断批判中发展的，要培养时代新人的批判思维与创新能力，鼓励他们在批判中吸取精华，推陈出新。

（3）以试错体验培育时代新人。试错是发现、面对和纠正错误的过程。激励时代新人勇于探索、敢于试错，有助于培养他们的挫折意识和不屈精神，增强面对挑战的韧性。

3）以敢为人先的创新精神培育时代新人

敢为人先的创新精神是创新精神文化的根本，培育时代新人需从以下几个方面着手。

（1）以首创精神培育时代新人。要敢于走前人未走过的路，努力实现关键核心技术的自主可控，牢牢掌握创新主动权和发展主动权。培养时代新人的首创精神，使其在创新中占据主动地位。

（2）以自我奋起培育时代新人。敢为人先的精神源于自我奋起。自力更生是中华民族自立于世界民族之林的奋斗基点，自主创新是攀登世界科技高峰的必由之路。只有不断激发时代新人的自我奋起精神，才能推动他们在自主创新中发扬敢为人先的精神。

通过改革创新、科学探索和敢为人先的精神，创新精神文化将为培育时代新人提供坚实的文化基础，助力他们在新时代中担当重任，推动社会进步与国家发展。

2. 以创新制度文化培育时代新人

创新制度文化是培育时代新人的重要保障。通过将创新文化融入制度体系，构建一种以创新为核心的制度文化，可以为时代新人的成长提供坚实的制度支持。创新制度文化培育时代新人主要包括 3 个方面：创新导向制度、创新激励制度和创新评价制度。

1）坚持创新导向制度培育时代新人

创新导向制度是创新制度文化培育时代新人的核心内容。它涵盖创新制度导向和创新价值导向两个方面，二者相辅相成，缺一不可。创新制度导向是创新价值导向的基础，而创新价值导向则是创新制度导向的灵魂。在培育时代新人的过程中,只有将制度导向与价值导向有机结合,才能更有效地激发时代新人的创新潜能。

(1)创新制度导向。创新制度导向是以制度为核心,通过明确的规范和引导功能,推动创新工作的开展。它要求细化创新制度的具体内容,强化时代新人的规范意识,使其在制度的引导下勇于探索和实践创新。

(2)创新价值导向。创新价值导向是以价值观为核心,通过引领功能激发时代新人的创新动力。它是创新制度文化的内核,能够引导时代新人充分发挥创新能力,创造出具有价值的成果。

2)实行创新激励制度培育时代新人

实行创新激励制度培育时代新人是创新制度文化培育时代新人的重要内容。党的十八大以来,习近平在多种场合多次提到创新,并鼓励创新。2018 年 5 月 2 日,习近平总书记在北京大学考察时指出,要继续深化科技体制改革,把人、财、物向科技创新一线倾斜,努力在关键共性技术、前沿引领技术、现代工程技术、颠覆性技术创新上取得更大突破,抢占科技创新制高点。只有出台创新激励制度来规范管理创新创造和科技发明,建立与社会主义市场经济相适应、与文化事业大发展大繁荣相适应的创新文化长效激励机制,才能促进创新激励。这从制度上营造了良好的创新创造氛围,通过实行创新激励制度培育时代新人,激发时代新人的创新创造热情,鼓励时代新人开展创新创造活动,规范时代新人的创新创造行为。

3)开展创新评价制度培育时代新人

开展创新评价制度,培育时代新人,是创新制度文化建设的核心内容。创新评价制度主要包括创新项目评价制度和创新人才评价制度。这两者相辅相成,共同构成了创新评价制度体系的核心框架。

(1)创新项目评价制度。创新项目评价制度以项目为核心,旨在通过科学、系统的评价机制,推动项目的创新性和实效性。它强调项目在创新体系中的关键作用,通过评价项目的质量、绩效和贡献,引导资源向高潜力、高价值的创新领域倾斜。

(2)创新人才评价制度。创新人才评价制度以人才为中心,旨在识别、激励和培养具有创新精神、创新思维和创新能力的人才。它突出人才在创新体系中的核心地位,通过科学的评价机制,激发人才的创造力和积极性,为创新项目提供强有力的智力支持。

创新项目评价制度与创新人才评价制度相互依存、相互促进。创新人才评价制度以创新项目评价制度为支撑,而创新项目评价制度的有效运行离不开创新人才评价制度的支持。只有将两者有机结合,才能形成完整的创新评价体系。

在实施过程中,应坚持以质量、绩效、贡献为核心的评价导向,打破传统思维定式,树立新的评价标准。通过"破思维"和"立新标"并举,推动人才评价与项目评价的深度融合,构建科学、公平、高效的创新评价制度。

通过创新评价制度的实施,能够更好地规范行为、激发活力,培养出更多具有创新精神和实践能力的时代新人。这些人才将肩负起民族复兴的重任,为推动社会进步和国家发展贡献力量。

总之,创新评价制度是培育时代新人的重要抓手。只有科学运用创新项目评价制度和创新人才评价制度,才能为创新驱动发展提供坚实的制度保障,助力实现中华民族伟大复兴的目标。

3. 以创新活动文化培育时代新人

活动文化是一种以丰富多彩的活动为核心的价值文化体系,它渗透于社会的各个层面,包括学校、家庭、企业、政府等领域。每个领域都会形成与之相应的独特风气,如校风、家风、企风、政风等,这些风气共同构成了活动文化的育人体系。创新活动文化则特指在教育与实践活动中融入创新元素,推动活动形式的更新与内容的深化,以培养具有创新精神和实践能力的人才。

1)以创新教育活动培育时代新人

创新教育活动是培育时代新人的重要途径,是响应新时代召唤、顺应新形势要求、解决新问题需求而开展的针对性、计划性和规模化的创新实践。其核心在于通过创新文化的浸润与实践,培养具有创新精神和实践能力的时代新人。具体体现为以下两个方面。

(1)贯彻创新理念,激发内生动力。习近平指出:"推动供给侧改革,必须牢固树立创新发展理念,推动新技术、新产业、新业态蓬勃发展,为经济持续健康发展提供源源不断的内生动力。"创新发展理念为新技术、新产业、新业态的涌现提供了源源不断的内生动力。在开展创新创业教育、讲座、论坛、交流等活动中,只有深入贯彻创新发展理念,才能确保创新教育活动充满活力,从而实现文化育人的目标。通过创新教育活动的广泛开展,学生能够在实践中感受创新的力量,激发自身的创造潜能,为社会发展注入新鲜血液。

(2)坚持理论指导,提升创新素养。马克思在《黑格尔法哲学批判》导言中指出:"理论一经掌握群众,也会变成物质力量。理论只要说服人,就能掌握群众,而理论只要彻底,就能说服人。"这一观点深刻揭示了理论对实践的指导作用。在创新教育活动中,创新创业理论通过多样化的形式指导实践,帮助学生掌握创新的方法论,提升创新素养。通过理论与实践的结合,培养出具有创新思维和实践能力的时代新人,使他们能够为国家和党的事业贡献智慧和才华。

总之,创新教育活动不仅是培养时代新人的重要载体,更是推动社会进步的重要力量。通过贯彻创新理念和坚持理论指导,创新教育活动将为新时代培养更多具有创新精神和实践能力的优秀人才,为实现中华民族伟大复兴提供坚实的人才支撑。

2）以创新实践活动培育时代新人

创新实践活动是培育时代新人的重要途径,其核心在于通过多样化的实践形式,激发创新思维、提升创新能力,培养具有创新理论、创新本领和创新担当的时代新人。具体而言,创新实践活动主要包括以下三个方面.

（1）以创新竞赛活动培育时代新人。创新竞赛活动以创新创业类竞赛为主要形式,通过竞赛机制激发参与者的创新潜能。这类活动不仅能够锻炼学生的实践能力,还能培养他们的团队协作精神和竞争意识,从而塑造一批具备创新素养的时代新人。

（2）以科技创新活动培育时代新人。科技创新活动是人类创造性活动的重要组成部分。通过开展科技创新实践,学生能够从全球视野出发,深入理解科学技术的前沿动态,培养站得高、看得远、想得深的思维格局,为成为具有国际竞争力的时代新人奠定基础。

（3）以科学研究活动培育时代新人。科学研究活动以基础研究、临床研究和创造发明为核心,是推动原创性成果产出的关键途径。通过参与科学研究,学生能够掌握科学方法论,培养前瞻性思维,同时增强社会责任感和创新创业能力,为未来社会发展贡献力量。

总之,创新实践活动通过竞赛、科技和科研等多种形式,为时代新人的成长提供了广阔平台,助力他们在创新实践中实现自我价值,成为推动社会进步的中坚力量。

本章小结

1.企业文化是组织中的隐性人际规则,它持续、广泛地塑造组织成员的态度和行为。

2.企业文化包含四个层次:形象层、制度层、行为层、价值观。

3.企业文化的功能包括目标导向功能、控制约束功能、协调凝聚功能、激励振兴功能、辐射传播功能、教育美化功能。

4.创新文化是指在一定的社会历史条件下,在创新及创新管理活动中所创造和形成的具有特色的创新精神财富以及创新物质形态的综合,包括创新价值观、创新准则、创新制度和规范、创新物质文化环境等。

5.创新文化的作用包括:成为企业的核心竞争力;支撑作用;能够激发企业的活力。

6.文化的培育的内容包括:以创新精神文化培育时代新人;以创新制度文化培育时代新人;以创新活动文化培育时代新人。

关键术语

企业文化　创新文化　文化的功能　文化的形塑　文化的培育

第 5 篇

相关案例

第 6 章配套案例

从辉煌走向没落的手机帝国:诺基亚的兴衰史^①

1 引 言

2014 年 4 月 28 日,微软正式宣布完成对诺基亚设备与服务部门(手机业务)的收购,收购后实体公司更名为"微软移动"。这一收购终止了诺基亚为了扭亏为盈所做的一切挣扎,包括合作研发、更换高管以及大规模裁员等。这个曾经连续十四年市场占有率第一的手机帝国盛极而衰,由辉煌走向覆灭,令人惋惜。本案例按照时间顺序,在介绍诺基亚手机业务的诞生、成长、成熟、衰退直至消亡整个发展历程基础上,重点描述诺基亚在智能手机时代的战略决策,客观还原诺基亚手机由辉煌走向衰败的转折过程。

2 战略抉择:手机业务由来

诺基亚历史始于 1865 年,采矿工程师弗雷德里克·艾德斯坦在芬兰坦佩雷镇沿河建了一家木浆工厂,以当地的树木为原料生产木浆和纸板。

1868 年,艾德斯坦在诺基亚河边建立了他的第二家工厂,生产橡胶制品。1871 年,艾德斯坦在好友米其林的帮助下,将两家工厂合并转变为一家股份有限公司,将公司命名为"诺基亚"。

1902 年,诺基亚增设电信部门,当时世界无线电业处于萌芽阶段。

1960 年,建立诺基亚电子部,专注研究无线电传输问题。此后的十年,诺基亚在芬兰电信市场所占份额不断增加。1967 年诺基亚成为一家跨产业的大型公司,产业涉及造纸、化工、橡胶、电缆等多个领域。

1982 年,诺基亚生产了第一台北欧移动电话网移动电话 Senator。随后开发 Talkman,是当时最先进的产品,该产品在北欧移动电话网市场中一炮打响。

1990 年,手机用户量大增,手机价格迅速降低,诺基亚明确制定发展电信业务战略。

20 世纪 90 年代中期,诺基亚因涉及产业过多而濒临破产,诺基亚总裁与高层果断舍弃其他产业,拆分传统产业,只保留诺基亚电子部门。从此以后,诺基亚专注于手机电信产业。

---

① 本案例由天津大学管理与经济学部吴麟龙、汪波撰写,作者拥有著作权中的署名权、修改权、改编权。由于企业保密的要求,在本案例中对有关名称、数据等做了必要的掩饰性处理。本案例只供课堂讨论之用,并无意暗示或说明某种管理行为是否有效。

3　快速成长：电信时代的繁荣

只剩下手机电信产业的诺基亚可谓是破釜沉舟、背水一战。集中精力研发传统功能的手机，使得功能手机获得极佳的用户品牌效应。1994 年，诺基亚开发首款搭载诺基亚铃声手机，美妙动听的铃音席卷全球，成为消费者追逐和关注的焦点。五年之后，诺基亚为了满足消费者初级上网需求，推出支持初级网页浏览功能的手机，方便使用者浏览电子邮箱。2001 年，诺基亚推出首款内置摄像头手机，优化外观设计，成为时尚人士的首选。2002 年，诺基亚推出首款视频录像手机以及首款 3G 手机，可以实现随时随地浏览网页、下载音乐和观看电视，实用功能将诺基亚手机再次推向发展高潮。

经过几年的艰苦奋斗，诺基亚不仅摆脱了破产的窘境，而且通过手机销量和订单的剧增，实现了前所未有的繁荣。从 1996 年开始，诺基亚手机连续十四年蝉联手机市场的霸主。2000 年，诺基亚屹立世界之巅，市值高达 2500 亿美元，成为欧洲市场的市值冠军。2003 年，诺基亚 1100 在全球累计销售 2 亿台，刷新手机单品销售记录。2005 年，诺基亚手机全球销量累计突破 10 亿台，将其他竞争对手远远甩在身后。从 2003 年到 2007 年诺基亚的营业收入步入了高速增长期，从 293.55 亿欧元持续增长到 510.58 亿欧元，净利润从 35.72 亿欧元增长到 67 亿欧元。2007 年年底，诺基亚市值高达 1100 亿欧元，在世界品牌 500 强中排名第 7，在《财富》500 强中排名第 119。

空前的繁荣源自诺基亚对于成本的严苛控制以及对效率的极致追求。诺基亚以价格屠夫的角色进军手机市场，大刀阔斧削减成本、降低价格，让手机进入寻常百姓家庭，成为大众唾手可得的商品。通过强化供应链、采购与生产能力，极大地压缩了生产成本。风靡一时的诺基亚 1616 售价仅为 32 美元，与此同时，功能类似的手机在欧洲与美国的平均售价分别为 238 美元和 206 美元。对效率的极致追求，确保了诺基亚高超的设计能力。在手机平均开发需要一年的周期时，诺基亚一年却可以推出超过 50 款手机，销售的机种可以超过 100 种。相关调查显示，一款手机的零部件约为 300 个，然而诺基亚销售 100 款手机，仅仅只需要储备 500 个零件。高超的生产与运营管理既可以降低零件储备成本，同时也通过零件共用实现了规模经济，降低了采购成本。

正值手机业务开展得如火如荼之时，诺基亚敏锐洞察到信息服务的未来，于是启用了相关多元化发展战略，先后扩充数字地图与基础电信设备业务。为了获取相关专利与技术能力，诺基亚在全球范围内实施收购战略。2006 年，诺基亚收购了专做地图软件的 Gate5 公司，2008 年收购了美国的数字地图与导航软件生产公司 NAVTEQ。2012 年，诺基亚创立了 HERE 品牌，提供定位与导航服务。

4　危机四伏：辉煌后的暗淡

功能手机在 2000 年以后得到了迅猛的发展，占据了行业的主要位置。诺基亚手机以质量高、性能好著称，这使得诺基亚的功能手机曾一度在市场上占据了半壁江山。然而，越来越多的替代品的出现给诺基亚功能手机带来了极大的威胁。其中威胁最大的是智能手机,尤其是低端智能手机。低端智能手机在性能与应用上远优于功能手机,而且价格上也具有相当的竞争力。于是在短短几年内,诺基亚功能手机市场占有率迅速萎缩,原有的市场份额被低端智能手机蚕食。功能手机市场份额减小的同时,其利润率也在逐步降低。

2000—2002 年,当时的手机三巨头摩托罗拉、爱立信和诺基亚先后发布了自己的第一款智能手机。2000 年,摩托罗拉生产的 A6188 上市,采用了第一款智能手机处理器,开启了智能手机领域的大门。一年后,爱立信推出了 R380sc,成为世界上第一款采用塞班系统的智能手机。2002 年,诺基亚 7650 面世,成为世界上首部 2.5G 基于塞班系统的智能手机,并首次内置数码相机。众多智能手机的纷至沓来,使得消费者逐渐体会到智能手机广阔的操作领域和强大的应用功能,手机制造商也纷纷看到了智能手机广阔的市场前景。诺基亚也投身到智能手机发展的浪潮中,凭借其超强的研发团队和研究实力,在短时间内也迅速掌握了智能手机的技术与专利。2004 年,诺基亚率先掌握了手机触控屏技术。然而若生产触控手机,每生产一部手机将会因为触控面板额外支出将近 10 美元的成本,这对于一个年销售量几亿部手机的公司而言代价过高,况且这也只是一个未经证实的市场新技术。公司高层讨论后,集体认为生产触控手机的成本过高,风险太大,于是这项创新技术并没有得以转化和运用。诺基亚依然沿用软硬件全包的生产模式,在智能手机领域发扬高效率低成本的传统,企图雄踞智能手机市场。就在诺基亚陶醉在自己的雄图霸业之时,危机骤然而至。

2007 年 1 月,苹果公司正式发布旗下的智能手机 iPhone,以大屏触控体验开启了智能手机的新格局。随后,苹果在 iPhone 中内置了 App store,方便手机用户下载使用相关软件,完善使用体验。这个市场新秀的出现并没有引起诺基亚的足够重视,因为诺基亚在 2008 年的市场占有率达到了最高峰 40%,并且诺基亚早已经掌握了触控技术,只是因为风险过高而不予采用。早在 2007 年,诺基亚于苹果的 App store 之前推出 Ovi store,然而并没有给 Ovi store 应用商店配备充足的营销资源,而且在后续应用软件的开发过程中未给予充分的重视,以至于最后输给苹果的 App store。iPhone 上市不久,谷歌公司发布了旗下的智能手机 Android,智能手机市场硝烟四起。诺基亚开始感受到了压力,但是并没有足够重视竞争对手,并采取正确的应对措施。诺基亚决定继续向智能手机市场发力,向大屏智能体验转型,战略重点也由硬件生产逐渐向软件开发过渡。诺基亚智能手机的开发平台就是塞班系统,为了摆脱系统的束缚和制约,2008 年 6 月,诺基亚收购了塞班公司的所有股权,塞班系统成为诺基亚独占系统。2009 年,iPhone 三代问世,更快的设备逐渐侵蚀着诺基亚的高端机市场,同时安卓逐渐壮大,在谷歌的经营下渐渐显露出一方霸主的姿态。苹果与谷歌公司借助市场机遇扶摇直上,由 iPhone 与 Android 引导的智能手机风潮逐渐成为市场的主流,终结了诺基亚连续十几年市场份额第一的位置。然而这一年,诺基亚向世界展示的依旧是基于塞班的全触控手机 5800。科技以换壳为主的理念让诺基亚贻误战机,由主动转为被动。

　　2009 年的公司财报显示，诺基亚出现了近十年来首次亏损。此后诺基亚在智能手机阵地上步步退让，公司的手机业务每况愈下，IOS 与 Android 两大系统逐渐蚕食智能手机市场份额。2010 年，苹果手机 iPhone 4 实现了多点触屏技术，将智能手机推向了全新的高度。iPhone 4 一经问世就受到疯狂的追捧，苹果专卖店门前总是排着长长的队伍，站着焦急等待的人们。竞争对手的火热与自己的冷淡形成鲜明对比，诺基亚终于不敢小觑这些后起之秀，决定再次展开反击战。意识到塞班系统的缺陷，诺基亚开发新系统 Maemo，用来弥补塞班系统的不足。但是 Maemo 效果远低于市场预期，由于和市场需求不匹配，诺基亚 N900 是第一款也是最后一款搭载 Maemo 的手机，成为诺基亚手机历史上的悲惋绝唱。

　　几次"战役"的失败，给诺基亚带来的打击非同一般，诺基亚决心换将易帅，绝地重生。2010 年，诺基亚任命微软前高管史蒂芬·埃洛普担任总裁兼首席执行官。在埃洛普看来，诺基亚智能手机的失利，还是手机系统的原因。摆在埃洛普面前有两个选择：投身 Android 阵营成为他们的 OEM（原始设备制造商）还是使用独立系统。在商场沉浮多年的埃洛普清醒认识到：苹果手机 iPhone 使用的是自己开发的 IOS 系统，已经占有良好的市场地位；Android 阵营已经有了众多手机品牌，其中已经有三星、LG、摩托罗拉等占据领先地位，想通过硬件"战争"获得市场地位困难重重。几经权衡，埃洛普决定诺基亚要使用自己的系统，不投靠 Android 阵营。情况紧急，埃洛普上任伊始就打响了变革的枪声，对诺基亚展开了全面的革新。首先，将诺基亚长久使用的塞班系统外包给埃森哲公司开发，诺基亚不参与任何塞班的开发与技术活动。其次，诺基亚积极寻找技术合作伙伴，共同开发新的手机系统，试图与苹果、三星等公司一决高下。北京时间 2010 年 2 月 15 日傍晚 18 点 30 分，诺基亚与英特尔在 MWC 2010 大会上正式宣布 MeeGo 新一代移动终端平台诞生，标志着两家公司合作的开始。在全世界的瞩目下诺基亚与英特尔两个不同领域的老大终于站在一起开始加入智能手机的混战当中。然而合作勉强坚持了一年就宣布终止，曾经被双方看好的深度合作就此夭折。在商业手机中，只有诺基亚 N9 使用了 MeeGo 系统，市场销售状况令人担忧。

　　与英特尔合作破裂后，诺基亚并没有停止合作的步伐，而是马不停蹄寻找下一个合作伙伴。2011 年 2 月，诺基亚正式宣布与微软达成全球战略合作伙伴关系，双方将会在智能手机领域进行深度合作。吃一堑长一智，诺基亚曾经在塞班系统和 MeeGo 上投入了过多的资源却没有得到预期的回报，使用一个相对成熟的系统或许是最佳的选择。诺基亚表示，Windows Phone 系统将会成为诺基亚的主要手机操作系统，并且将参与该系统的研发。诺基亚把 Windows Phone 作为智能手机的主要操作系统，基于这个平台，诺基亚在处于市场领先地位的领域进行创新，如拍照、上网等。微软在诺基亚困境中施以援手，作为回馈，诺基亚协助推动和定义 Windows Phone 的未来，向微软提供硬件设计和语言支持方面的专业技术，并协助 Windows Phone 手机丰富价格定位，获得更多市场份额，并进军更多地区市场。

5　被迫出嫁：手机帝国的覆灭

面对阵地失守和强劲对手的步步紧逼，诺基亚开展了一系列的反击保卫战。曾经引以为豪的塞班系统跟不上时代的步伐，逐渐被市场淘汰。固守塞班阵营宣告失败，诺基亚转而同英特尔达成合作，共同研发 MeeGo 系统。此番合作，诺基亚希冀以自己为主，打造 iOS、Android 和 Windows Phone 以外的第四个主流的生态系统。然而，这条合作之路艰难崎岖。那一年诺基亚塞班系统开始初显颓势，英特尔的 Atom 移动处理器也是败走麦城，两个难兄难弟走到了一起，却终究没有拯救彼此。

间隔一年时间，诺基亚转而投向了微软的怀抱，这是埃洛普复兴之路的第一步。因为基于塞班系统的负隅顽抗，不仅没能助诺基亚走出困境，反而带来的是市场状况的进一步恶化，在惨痛的市场教训面前，诺基亚终于决意放弃塞班系统，以 Windows Phone 作为诺基亚成功研发新系统之前的过渡系统。诺基亚与微软合作是时势所迫，也是大势所趋。三星、HTC 均使用 Android 系统，成为 Android 阵营的主力军，诺基亚若加入 Android 阵营中，成为谷歌众多 OEM 之一，那么诺基亚的复兴将遥遥无期。而此时微软的 Windows Phone 系统尚未形成规模，面对 Android 大军的攻城略地，微软迫切需要一个彻底为 Windows Phone 卖力的手机厂商，诺基亚这个有着一定品牌基础的手机厂商是不错的选择。基于当前的市场形势，面对共同的对手，诺基亚与微软一拍即合，同仇敌忾，迅速达成合作共识。

诺基亚与微软双方很看好此番合作，并称"来自俄亥俄州造自行车的要起飞了"。诺基亚将自己的硬件设计功底和工业设计水平与微软的 Windows Phone 生态系统结合，借助在全世界 160 多个国家的 85 万个零售点和尚且坚挺的品牌，开始了这场起飞的旅程。微软对诺基亚给予充分的支持：放权与给钱。微软一次性给予诺基亚 10 亿美元的报酬帮助其推广 Windows Phone 手机，并承诺以后每年为诺基亚提供 10 亿美元的营销费用。在微软支持下诺基亚的广告几乎覆盖了美国所有广告载体。仅 2011 年第四季度微软向诺基亚支付了 2.5 亿美元的平台支付费，2012 年初再次向诺基亚提供了 5 亿美元的研发和推广费用，并且为诺基亚 Lumia 系列的上市推广提供了数百万台 Xbox 360（一款游戏机）。为了助力诺基亚抢占市场，在多个应用领域，微软都向诺基亚亮起了绿灯。诺基亚每售出一部 Windows Phone 手机只需要向微软支付 15 美元的软件授权费，而其他厂商至少需要支付 20 美元以上，相当于诺基亚每年至少可以免费生产 160 多万部 Lumia 手机。

微软的倾力支持使得诺基亚看到了希望，诺基亚想努力抓住这棵救命稻草，竭尽全力生产和销售 Windows Phone 手机。2011 年第四季度的 Windows Phone 手机出货量在 250 万台左右，这其中就包含了 120 万台左右的诺基亚手机，占据了 48％份额，可见诺基亚在 Windows Phone 平台中的霸主地位。2013 年诺基亚在 Windows Phone 总出货量中的占比甚至高达 85％，诺基亚累计出货 2800 万部 Windows Phone 手机，推动 Windows Phone 在美国市场的份额达到 5.6％。

在微软的倾力支持下，诺基亚能否成功复兴？市场状况不容乐观。2012 年，诺基亚发布利润警告，股价下跌至 20 年来最低价位 1.33 欧元，亏损额增至 13 亿欧元。显然，诺基亚与微软双方看好的合作并没有达到预期的效果。2013 年上半年，诺基亚营业收入进一步下滑，亏损严重。这个偌大的手机帝国再也经不起"战争"的摧残，2013 年 9 月 2 日，微软宣布以 54.4 亿欧元（折合 71.1 亿美元）收购诺基亚手机业务。2014 年 4 月 28 日，微软宣布对诺基亚手机业务收购完成。虽然收购后会保留诺基亚手机品牌，但是诺基亚实体公司更名为微软移动。自此，庞大的手机帝国诺基亚覆灭，诺基亚最终以被收购结束了这场旷日持久的"反击战"。

6　沙场纵横：手机巨头成功战略简析

智能手机市场群雄混战，诺基亚败下阵来，但是仍有几路豪杰笑傲沙场。三星手机作为安卓阵营的主力军，经历了几次重大变革逐步走向市场巅峰。2002 年，智能手机方兴未艾，多款智能手机操作平台相继诞生，其中以 Palm OS、微软平台、Symbian 作为主流平台。在市场前景不明确的前提下，三星智能手机采取全面跟进的策略，基于三款智能手机平台分别开发手机。塞班智能机获得了丰厚的回报，三星逐渐将业务重点向塞班系统倾斜。2007 年，安卓系统问世，对技术的极致追求和对科技的敏锐嗅觉让三星迅速开发安卓智能手机，当然也没有完全放弃其他手机系统。经历了几年的市场验证，三星发现了安卓手机的良好前景以及塞班系统的衰败预势，于 2011 年初彻底放弃塞班业务将战略重点转向安卓手机。为了抢占安卓手机市场份额，三星迅速开展功能开发与创新设计，丰富产品系列。为了提高用户体验，三星向消费者提供了丰富多彩的新功能，并且加快研究成果转化速度，仅用数月时间完成实验品到商品的转化，以惊人的速度攻城略地。

在智能手机混战中，苹果手机异军突起，得益于极致的创新战略和差异化战略。iPhone 的灵感源于 2004 年苹果生产的大屏幕 ipod。当时主流手机都是小屏幕，苹果决定独树一帜生产大屏幕手机。乔布斯团队竭尽全力完善手机的每一个细节，与当时质量至上的理念迥然不同，将顾客体验放在首位。对于操作系统，苹果决定自己研发，因为只有自己设计的系统才可以更好地展现苹果的独特功能和理念。第一款 iPhone 手机刚上市，无与伦比的大屏幕体验让消费者眼前一亮，迅速获得广泛关注。苹果乘胜追击，继续开发 iPhone 系列手机，将消费者的诉求融入产品之中，加快软件更新的步伐，让消费者获得流畅完美的使用体验。

国内众多手机品牌也参与到智能手机混战之中，小米以其独特的商业模式与竞争战略迅速崭露头角。借助电子商务蓬勃发展契机，小米手机努力打造手机与互联网相结合的运营模式：消费者通过网络预定手机并支付货款，小米公司依据订单数量采用代加工形式进行生产，再由第三方物流将手机交付到消费者手中。以互联网连接的产业链积极调配各项资源，精简生产、销售环节从而将手机价格大幅度降低。小米手机不使用传统的广告渠道，构建虚拟品牌社区，从而建立企业与消费者沟通的渠道，搭建使用者相互交流的平台。借助虚拟品牌社区，小米公司征集顾客意见，改进产品性能，定期更新手机资源，切实解决消费者使用问题，提高使用体验，树立良好的品牌形象，发挥口碑营销的积极作用。

7　命途多舛：重组后手机业务颓势依旧

对于收购诺基亚手机业务，微软透过媒体采访公开表示主要是出于四个方面的原因。首先是为了扩大手机市场份额,提升手机业务利润。收购诺基亚以后,诺基亚每售出一部 Windows Phone 手机,给微软创造的毛利润将高于 40 美元,而此前的毛利润仅为 10 美元。微软收购诺基亚手机部门以后,轻而易举地成为最大的 Windows Phone 厂商。其次,收购诺基亚可以为用户创造微软手机的顶级体验。微软帮助诺基亚获得功能改进、系统升级方面的优势,同时可以借助诺基亚在个人消费品领域的品牌效应,弥补微软在平板市场的短处。再次,通过收购诺基亚可以防范谷歌和苹果公司。微软收购的诺基亚专利组合,包括大约 8500 项设计专利,以及大概 3 万项实用专利和专利申请,如果苹果和谷歌向微软开打专利战,恐怕要三思而后行了。最后,微软想通过此次收购,借力智能手机发展形势,抓住巨大机遇。移动互联网是大势所趋,这一点已经得到整个产业的认可。在智能手机、平板和移动生态系统领域,微软倾尽全力抢占市场空间和用户数量。收购诺基亚手机部门是整个长期计划的重要一步。

然而,收购诺基亚手机业务一年后的市场表现不尽如人意。诺基亚被收购以后,微软对其做了很多品牌重塑的工作,包括将 Lumia 品牌更名为微软 Lumia,在全球范围将 1.6 万家原诺基亚零售店改名,脱离诺基亚品牌,由微软品牌替代。

收购诺基亚前后,微软总计付出了 79 亿美元。但是,微软提交的监管报告显示,2015 年第一季度手机硬件部门的收入为 14 亿美元,总体成本比收入高出 400 万美元,即微软每销售一部手机就会亏损 12 美分,这个亏损还没有计算市场营销费用以及研发费用等。调查数据显示,微软 Windows Phone 手机在全球智能手机市场只占有 2.8% 的份额,与当初微软预期的 15% 的份额相差甚远。号称全球第三大手机系统的 Window Phone 显然与苹果和谷歌不可同日而语。尽管收购了诺基亚手机,但是微软手机业务翻身仍然要靠自己,情急之下微软对诺基亚的手机业务进行了调整与重组。2015 年年初,微软宣布关闭 Nokia Store 应用商店,将用户迁移至浏览器厂商 Opera 的 Opera Mobile Store。微软关闭诺基亚的手机数据云备份服务 Sync,并推荐诺基亚手机用户转移到微软的云备份服务。更为让人惊讶的是,微软新任 CEO 纳德拉采取了与诺基亚完全不同的策略。纳德拉不仅宣布了微软史上最大规模的 1.8 万人裁员计划,挥刀砍向诺基亚,而且在“移动优先”上,微软不再依赖份额微小的诺基亚,而把资源投向了软件服务,并且减免了 Windows Phone 授权费用,甚至纳德拉本人出访深圳华强北,希望吸引更多中国厂商的跟进。2015 年 4 月,微软直接关闭芬兰首都赫尔辛基所有诺基亚零售旗舰店,将重点转向在线销售业务。

8　结　语

诺基亚曾经是手机行业的神话,创造了连续十四年销量第一的奇迹。然而这样一个有着辉煌业绩的手机帝国却在新的市场竞争中输得一败涂地,最终以被收购结束了自己的命运。收购后的市场表现并不尽如人意,微软对诺基亚手机业务的信心与热情逐渐消减,诺基亚手机业务未来何去何从仍未可知。诺基亚手机业务曾经的成功给当代企业经营提供很多借鉴,如今诺基亚的失败也给诸多企业敲响了警钟。

第7章配套案例

海尔开放式创新发展之路①

摘要：传统企业如何与互联网深度融合，加速企业创新升级，是当前许多传统企业关注的问题。本案例按时间顺序从海尔面临的困境、开放创新战略的确定、线下全球渠道网络的布局到海尔开放创新平台的设计、建构、多方资源对接及运营等进行了系统的描述。旨在从海尔企业"互联网＋"的商业实践中，引导学生利用开放创新、商业模式等理论对开放创新平台的要素、技术转移方式、商业架构、战略目标等展开分析，对众创、众筹模式在平台的应用进行探讨，同时对大数据、物联网等新技术在海尔平台中的应用前景进行了展望。

关键词：互联网＋　开放创新平台　商业模式　技术转移

1　引　言

在上海某互联网公司工作的艾果果刚刚建起了自己的小家，为了为心爱的小窝配备家电，她跑遍了国美、苏宁，浏览了京东亚马逊，都没有找到自己心仪的家电，因为艾果果想要的不是普通的电器，她要的是色彩样式与家具配套的空调，要的是能自动检测洗衣液是否漂清的洗衣机，要的是能过滤杂质的水杯，要的是能体验到智能互联感觉的家电。总之，一切的一切既要符合她的审美，又要满足她对家电各种"苛刻"的功能要求。从事技术工作的丈夫建议她3月11日去召开的中国家电博览会看看，那里有最新最炫的家电产品，或许有能满足她要求的家电。于是，果果兴冲冲地直奔上海新国际博览中心寻宝来了。

一到会场，果果就被海尔的展台吸引住了，海尔2300平方米的大展区上搭建了一个"有远见"的智慧之家，不管是贴心的干湿分储冰箱、创新性的双滚筒洗衣机、小巧的净水机帮手水盒子，还是全球首台3D打印的空调，那一个个超酷的外观设计、实用的功能开发，都给果果带来从所未有的智能体验。看着一台台不再冰冷而彰显人性化的智能产品，"苛刻"的果果也不由地感叹：生活变得简单了！

除了像果果这样众多的普通消费者以外，海尔展台还吸引了许多同行前来观摩与把玩。真可谓，外行看热闹，内行看门道。伴随着海尔家电集团副总裁、超前创新研发总经理王晔的介绍，同行们终于发现了海尔创新产品层出不穷背后"惊天"秘密——海尔的开放创新平台，这才是海尔产品创新的动力与源泉。

2　家电之王遭遇天花板

2.1　海尔面临的忧与患

海尔，从一家资不抵债、濒临倒闭的集体小厂，发展成全球最大的家用电器制造商之一的企业，在新时代中一步步发展壮大的时候，也深刻意识到了企业及行业面临的巨大危机。

第一，市场变化。海尔快速发展的阶段，正是中国从计划经济向市场经济转型的阶段。海尔是伴随着城市化迅速、房地产市场快速扩张而带来对家电巨大需求而发展起来的。但2008年以后市场已出现了产能过剩现象，当时正处于全球金融危机，政府为拉动消费，推出了家电下乡、以旧换新、节能惠民政策，该政策不仅阻止了家电行业严重下滑的态势，还促使家电行业在2010年、2011年达到新的增长高峰。2010年以后，中国在内需刺激政策效应递减、房地产市场低迷和因国际经济环境导致出口受阻等因素的共同作用下，家电行业的发展受到了10年来最严峻的考验。

第二，用户变化。用户对产品的个性化需求增加。海尔快速扩张的过程中，已经形成了大规模标准化的生产线，形成了固定的零部件供应商及销售渠道。通过这种大规模的标准化生产才能提高单位产品的边际效应，降低产品的成本。而用户个性化产品生产必然会带来生产成本的大幅度提升。早在2005年，海尔就"嗅"到了用户个性化的趋势，坚信企业应该从大规模制造变为大规模定制，于是开始尝试以模块化自选满足个性化需求，如统帅空调及电视，已具有了模块化自选功能，用户选择自己需要的功能及服务，企业按需定制产品，取得了一定的效果。但是随着用户日益增强的各种个性化需求及同行的竞争，仅仅模块化定制是不够的。因此需要从以模块化自选满足个性化需求阶段，过渡到云计算（如3D打印等）满足网络时代全流程无尺度的个性化需求。如空调，像果果之类的有想法或有设计能力的用户，都可以设计出自己想要的空调，用3D打印出来，其他人看到设计得不错，就买这个设计也打印一个，这样就会形成很大的一片"云"。

第三，技术创新及研发模式的变化。随着互联网技术的应用，技术创新及研发模式都在悄然发生变化。技术创新速度更快，对企业技术创新要求更高，企业不能快速技术创新，就可能瞬间失去市场，技术创新模式也更趋于全球共创共享，而不仅仅是企业或个人独立研发，因为封闭的系统都很难创造复杂度越来越高的技术。研发模式打破了原来单向的研发模式，即企业研发产品卖给用户，或者获取用户的需求后，再由企业研发产品卖给用户的模式，转变为让用户直接参与产品研发过程的并联研发模式。这样生产出的产品才可能是用户真正所想要的产品。互联网技术为技术创新及研发提供了潜在的支持,但企业如何能很好地利用互联网,构建高效的技术创新及研发模式,是需要探索的。

第四,行业竞争加剧。虽然海尔从 1998 年就开始国际化战略,2005 年又开始全球化品牌战略,但在品牌认知方面与国外的高端品牌仍有一定差距,因此在国内外市场都存在国外高端品牌的竞争。此外,格力、美的、格兰仕等国内家电企业的崛起,也在很大程度上削弱了海尔白色家电市场占有率的领先地位。为了维持对竞争对手的压力,又将导致销售费用的不断增加,这给海尔的营运带来了非常大的压力。

第五,互联网企业的进入。传统家电产业利润来源本来就比较单一,仅仅依靠销售硬件产品赚取差价。互联网的发展改变了原有家电行业的利润分配机制,上游供货商和整机制造厂商的利润正逐步向更接近用户的运营转移。未来,随着这一趋势的不断深入,家电终端销售价格将持续下降,硬件的销售利润空间被压缩,像苹果、谷歌、小米这样"硬件＋内容"的厂商才能获得更大的利润。而海尔这一类不做内容的传统企业面临着互联网企业进入的挑战。

2.2　转变从"开放式创新"起步

海尔集团始终认为创新是企业生存发展的源泉。在新的挑战面前,海尔再次将命运押在创新。但是现在的创新已不是过去传统意义上的创新,在知识经济时代,企业仅仅依靠内部的资源进行高成本的创新活动,已经难以适应快速发展的市场需求以及日益激烈的企业竞争。在这种背景下,"开放式创新"逐渐成为企业创新的主导模式,也就是说,企业把外部创意和外部市场化渠道的作用上升到和封闭式创新模式下的内部创意以及内部市场化渠道同样重要的地位,均衡协调内部和外部的资源进行创新,不仅仅把创新的目标寄托在传统的产品经营上,还积极寻找外部的合资、技术特许、委外研究、技术合伙、战略联盟或者风险投资等合适的商业模式,来尽快地把创新思想变为现实产品与利润。

正是这种对创新的认识,海尔集团提出了"世界是我们的研发中心"的口号,并于 2010 年在海尔集团技术研发中心基础上,成立了以开放创新、资源整合为宗旨的新部门——开放创新中心,通过开放的模式吸引全球一流资源与海尔一起为用户提供超值的家电解决方案,实现各相关方的利益最大化,实现所有资源和技术方案的共享。

2.3　开放创新的坎坷之旅

人才是关键,开放创新中心成立后,广纳良才,在海尔集团内招来了工作经验丰富的 W 和 S 经理,从外部引进了英国留学回国的小 A、韩国工作归来的 P 经理、有着丰富海外工作经验的 C 博士,以及项目经验丰富 H 经理等,在开放式创新中心滕东晖部长的带领下,这支国际化、年轻化、充满激情的团队分兵两路,一路人马叫 GRI(global resource integration,全球资源整合),负责在全球范围内寻找与对接技术资源,另一路人马叫 TTB(technology to business,技术赋能商业),负责收集海尔集团产品部的需求与推进项目合作。两支年轻的队伍由此开始了"摸石头过河"的开放创新之旅。

2.4　GRI—周游列国寻求技术

开放式创新是一条全新的道路,虽然有理论知识,但没有实践经验借鉴,GRI团队历经坎坷摸索出了五大主要的寻宝路线。

第一条线:专利挖宝。理工科出身拥有研发经验的P经理,首先想到了专利,读研与工作时期的科研经历让他深知专利分析的重要性,因此找技术与合作伙伴必然首选专利。当P经理在专利库中查找到一条条与集团内部用户需求相符合的专利时,对成功的向往使他心情激动;但当他花了大量时间逐条分析专利的可行性、可靠性与实用性时,却发现绝大多数专利是无法应用于企业的——有的专利内容过于前沿、有的专利技术不适用家用产品、有的技术偏离了用户需求、还有的技术符合需求但转化产品的成本过高、有的技术转化成的产品过于小众……实践的挫折让P经理明白,专利是发现新技术的有效渠道但不是最佳途径。在当前各种利益驱动下,专利库中存在大量的低质量、无法产业化甚至虚假的专利,导致从专利中发现可转化的技术的时间成本太高。

第二条线:高校、科研院所合作。C博士毕业于中国科学院,在英法企业从事过研发和技术转移工作,深知高校、科研院所积累着大量的科技成果,也因此一直关注着重点高校、科研院所的研究动态。但C博士在与高校、科研院所的教授交流之后,发现在合作中也存在两方面的问题:一是高校及科研院所有些成果具有国内甚至国际领先水平,但往往过于超前,与实际应用有相当大的距离,商业化周期长、成本高;二是部分具有实用推广价值的优秀成果埋藏太深,很难被发现,教授或研究人员的技术推广宣传意识不强,经过多次交流之后才能找到这些有价值的成果。

第三条线:会展信息收集。GRI团队梳理了与家电产品相关度较高的国内外知名会展,在会展期间,亲临现场收集一手技术信息,与技术拥有者面对面交流,洽谈合作可行性。

第四条线:海尔全球渠道网络。开放创新中心借助海尔集团全球五大研发中心平台,搭建了与之相适应的技术与情报搜集网络,在全球主要技术高发地设有代理人,收集当地技术情报和企业信息。实践证明,这个办法很有效,但人力成本很高。

第五条线:同政府及民间的各类协会、学会合作。部门成立之初,滕部长争取到了去英国实地考察的机会,但不知道该如何规划这次珍贵的技术寻源之旅。对英国比较熟悉的小A经理根据自己留学经历,提议从政府部门切入,请当地协会、学会牵线搭桥与技术公司对接。事实证明这是一个非常正确的思路,英国政府相关部门积极配合,帮GRI团队联系了英国皇家协会、英国标准协会、英国零售商协会以及英国进出口贸易促进委员会,使滕部长一行在英国接触了大量企业,并带回了众多优秀项目。

2.5　TTB—围绕用户深挖需求

为了在开放创新过程中有的放矢,避免浪费资源盲目寻找新技术和合作伙伴,TTB团队深耕海尔集团产品线的内部用户,在W经理的带领下以"服务者"的角色场与内部用户一起办公,协同工作。了解内部用户在产品开发和技术研发过程中的需求,与内部用户一起分析研究消费者对家电的反馈和意见。

"冰箱里有的食物放时间长就干了,有的食物还变质了,怎么不保鲜呢?""家里衣服太多,一起洗怕掉色,分开洗又麻烦,怎么办呢?"面对用户的众多抱怨,TTB 团队与产品部工程师将各种需求记录下来,分类整理,用创新方法和工具挖掘与分析用户抱怨背后真正的需求,并将其指向特定的技术领域,在进行多轮技术评估和规划之后,给出了 GRI 团队创新技术寻求的方向。在内部团队协作和外部资源合作的基础上,创新的干湿分离冰箱、双滚筒洗衣机最终呈现在了艾果果一样的用户面前。

2.6　HOPE 平台构想浮出水面

几年的摸索,开放创新中心由最初的几个人的小团队发展为拥有三十余人的大团队,从最初不为产品部认可,成长为产品部创新研发的忠实伙伴,从没有外部资源到聚合了数千家合作资源,为海尔集团创新产品研发提供了技术资源保障。尽管在开放创新的道路上取得了一些成绩,但滕部长却仍不满意,因为他深深认识到目前创新技术发现和项目对接过程之艰难、周期之漫长、进度之缓慢、成本之高昂。有什么办法可以提高技术资源寻找和对接效率,变被动为主动呢? 为此,滕部长召开了"头脑风暴"会。

"我们找到的资源,真正被海尔内部所采用的仅仅占很少一部分,造成了严重的资源浪费,其中很多技术资源对于国内其他企业来说可能是非常有价值的资源,那么我们能不能作为技术资源的提供商呢? 也许这是海尔新的盈利点呢。"小 A 抛出了大胆的设想。

"从技术研发到中试,再到产品进入市场,有很长的周期,过去是设计师根据自己想象的用户需求设计出产品,面向市场时,发现用户需求根本不是这样,或者用户需求改变了。那么,能不能建立一个平台,让用户从设计阶段就参与进来,设计什么样产品、制造什么样产品,由用户说了算?"P 经理补充到。

"我国企业自主创新能力不足,原创性技术成果大多依赖大学、研究机构及国外机构供给。想要在技术上有新的突破来提高自己的竞争力,就需要寻求外部技术方案进行对接。而大学、研究机构的科研成果远离市场,因此需要技术转移中介机构来促进国内外高校、研究院所、企业的有机结合,但我国缺少既专业又权威的技术转移服务组织,从事国际间技术转移的机构更是少之又少。创新中心这几年积累了技术资源获取的渠道,积累了技术创新、技术转化的经验,我们能不能自己承担起来技术转移的责任呢?"C 博士提出了自己的看法。

"虽然线下了解用户需要获得了很多第一手资料,我们的报告也有一大堆,但是我们也消耗了大量的成本,能不能建立一个平台,让用户相互交流,让用户将自己的需求和不满提交上来呢?"H 经理若有所思地说道。

"有技术的人没有资金,有资金的人找不到好的技术,有生产能力的企业找不到订单,这就是信息不对称造成的。如果建立一个平台,是不是就可以让三者对接起来呢?"W 经理兴奋地说道。

"我们线下渠道网络非常庞大,需要自己找技术,需要对技术进行可行性评估,怎样才能降低成本呢?我们能不能用互联网思想,一切让用户来自己解决呢?比如让用户或专家一起对技术进行评价。我们提供平台、提供指导、提供服务。"S经理提议到。

平台,平台,还是平台!滕东辉部长意识到,一个真正围绕创新技术和资源开放式服务的平台呼之欲出。他当机立断,呼应集团网络化战略,响应用户的需求,应该建一个打破壁垒、跨越时空的开放的多边平台,打造海尔的创新系统——HOPE(Haier open partnership ecosystem,海尔开放合作伙伴生态系统),满怀用户和技术资源合作共赢期望的平台,在开放创新中心的每个成员心中开始生根发芽。

2.7 开放式创新平台架构

出方案、招团队、建平台、内部测试、外部测试、迭代升级……2014 年 6 月,HOPE 2.0 正式上线。全新上线的 HOPE 2.0 从用户需求出发,以技术对接为宗旨,共设置三个板块:用户交互平台、技术资源平台以及创意社区(平台架构如图 1 所示),力求让技术需求方与技术持有者在平台上无障碍对接。

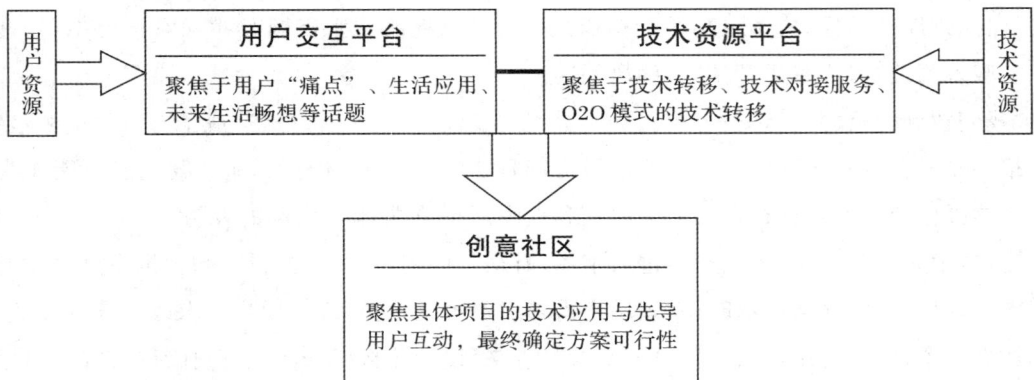

图 1　HOPE 平台的基本架构

2.8 用户交互平台

由于 HOPE 平台是一个完全开放的平台,因此它面向的不仅仅是企业集团或者技术专业人员,而且还包含广大的用户,甚至企业员工,任何人都可以免费注册账号。通过开放创新中心的线上线下运营推广,平台快速吸引了大批的用户参与各种活动的交互,在积累了用户流量以后,通过用户对生活应用、未来生活畅想等话题讨论,聚焦于他们的"痛点",从而发现其中的创新的突破点与需求点。这从根本上改变了过去依赖线下调研获取用户需求的状况,用户的需求及"痛点"可以实时被研发人员、创客、企业、投资人发现,大家从各自角度组建项目,针对用户需求及"痛点"攻关,也可立即获得产品销售后的市场反馈。线下调研或者销售等其他渠道反馈的用户需求及"痛点"仍可通过线下渠道收集,对线下反馈的问题可以作为话题放到线上讨论,获得更多的观点。线上线下的配合,使用户需求及"痛点"的获取更为快速和充分。此外,这些随着平台日益增多的用户交互信息,形成了用户需求的大数据资源,为以后进行用户行为挖掘、新产品研发、产品售后跟踪都提供了数据基础。

2.9　技术资源平台

技术资源平台是技术提供者展示技术的平台。目前 HOPE 平台上已有 200 万家全球一流资源网络,超过 10 万家资源在平台注册,这其中包括全球范围内的权威研发机构、研究机构、高校、技术专家以及海尔的供应商,除此之外,还可能是任何一个拥有技术的个人或小团队创客。通过填写和发布技术表,技术提供者可展示创新产品或服务描述、可能的应用、希望的合作模式、技术所处的阶段等信息。这些信息对于需求方是否能正确评估这项技术至关重要。如果有技术需求方对某项技术感兴趣,可以通过平台以私密或公开的方式询问技术提供者,也可以以公开方式讨论,这样不仅技术提供者可以回答,平台其他用户也可以参与讨论。

技术资源平台可以帮助用户评估所需的技术。通过严密的技术评估体系和大数据工具,提供技术评估服务。主要内容有:①针对某项技术或为解决某一问题而设计的方案和提出的策略,评估采用或限制该技术时将引起的后果,尽可能客观地对正负影响特别是非容忍影响做出全面充分的分析报告;②研究相关的政策选择,如法律、税收或优惠政策,并提供相应的应对方案。

技术资源平台可以帮助用户进行商业企划,技术资源方帮助用户正确评估现有的技术商业前景和市场潜力,同时预测各种风险,协助完成商业企划。

技术资源平台可以对技术转移全流程进行服务,即便是找到适当的技术后,仍面临法律、财务、技术授权等大量问题,这些问题会使双方合作过程变得非常冗长,甚至可能导致合作破裂。线下服务团队通过使用标准化流程以及线下沟通,使得技术转移过程更加顺利,进而提升技术提供者和技术需求者在这一阶段的合作效率,缩短产品上市时间。

2.10　创新社区平台

创新社区是连接用户和技术资源的重要桥梁,更是实现二者结合所产生价值的重要驱动力。通过对以上两个平台的整合,创新社区主要在为两者之间提供技术和资源匹配,从而最终完成从创意到具体大众消费产品的转化。平台上大量技术方案结构化的数据为大数据匹配提供了良好的数据基础,任何的用户需求提到平台后,通过后台的大数据匹配,能够快速精准地匹配到合适的解决方案。

通过以上三个板块的结合,HOPE 平台构建了一个完整的生态系统,不仅涵盖了一个产品从最开始创意诞生到最终具体规模化标准产品的各个流程,而且实现了需求与技术的完美对接,以及利用小组、话题讨论等形式完成用户与技术人员的密切交互反馈机制。

2.11　通过平台打造产品流程

HOPE 平台通过这三大模块构建了五大核心能力,通过这五大核心能力,支撑平台的快速发展。这五大核心能力分别是:①快速精准匹配全流程资源;②持续产出各类创意;③掌握最新的行业技术、前沿动态、技术报告;④建立自己的专业交互圈子,让各行专家、技术提供方参与交互;⑤创意转化的流程支持(投资、孵化、产业化)。

对于快速精准匹配全流程资源。HOPE 平台的后台拥有强大的搜索匹配引擎,能够快速将后台的资源库、方案库、需求库、创意库进行配对,HOPE 平台的匹配精准度达到了 70%。HOPE 平台大数据爬虫系统可以在全球范围内较为高效地搜索最新技术信息,并分析入库,为精准匹配提供了数据源。

海尔现在推行的用户付薪政策和人人创客极大地推动了各种颠覆性的创意的产生,在平台上只要参与交互的用户和资源,就能获得产品的收益,只要你有创意或者资源就可以在HOPE 平台上尽情地展示。HOPE 平台除了大数据爬虫系统之外,还有一支强大的分析团队,将每天接收到的最新技术信息进行分析,第一时间推出技术报告资讯,为研发决策提供一手资料辅助,为产品开发提供最新行业动态参考。

HOPE 平台最终实现了全流程创新转化与支持,实现了线下线上的 O2O 合体:

①社区用户在线上吐槽"痛点",参与线上话题讨论,同时线下技术团队则在密切跟踪用户反馈的信息,进行商业挖掘与召开各种技术研讨会

②线上用户和线下团队可以自己在线上提交创意或概念进行招标和匹配,线下技术团队或支持部门进行项目可行性研究或技术方案交互。

③用户在线上筛选创意,线下团队配合封闭式开发,形成产品样品。

④用户线上体验原始的样本产品,并以此进一步规避市场风险。然后再返到线下进一步进行研发工程的优化,再到最终成型完成上市产品。最后通过迭代进入下一个循环。

HOPE 平台全流程的创新转化如图 2 所示。

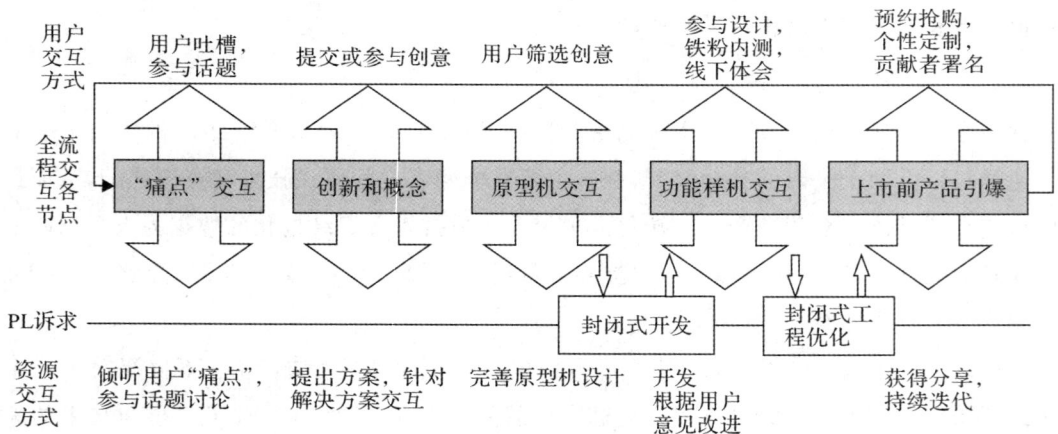

图 2　海尔 HOPE 平台全流程的创新转化支持图

可以看到其中线上与线下工作始终贯穿整个产品的生命周期。正是这样的一种流程方式将 HOPE 平台的线上与线下实现 O2O 合体。

3　小荷已露尖尖角

开放创新平台已初现成效,目前 HOPE 平台已吸引包括 MIT、斯坦福、弗莱恩霍夫协会等众多创新创业公司及团队加入进来,2015 年 5 月 7 日,海尔开放创新平台 HOPE 迎来首家跨界第三方客户——佛吉亚。双方将通过跨界合作,在汽车领域实现优势资源共享,促进跨领域的技术创新合作。5 月 9 日,海尔开放创新周举办了"颠覆性项目对接会",向全球发布了 20 多个不同领域的创新项目及技术,国内一家创新公司的一番话道出了平台的价值:"在这个平台上,我们公司的创新技术可以迅速找到合适资源方,并转化为产品,而在此前传统的研发模式中,这个过程会比较漫长。"

随着空气魔方、干湿分离技术等创新产品的闪亮登场,开放创新平台越来越显示出其无穷的魅力。

3.1　互联网思维十足的产品:"空气魔方"

2014 年 9 月 19 日,海尔在北京五棵松发布了全球首款可以模块化组合的智能空气产品——"空气魔方",实现了加湿、除湿、净化、香薰等多个模块的自由组合,为每个家庭带来了可定制的专属"空气圈"。

海尔"空气魔方"是一款运用互联网全新思维开发的空气设备,除了自身的功能性诉求外,它还是一个可组合、可延伸的空气平台。通过四大模块、八种组合的创新定制思路,针对室内室外空气环境变化带来的雾霾、甲醛、过敏、细菌、异味、干燥、噪音、霉菌等问题提出了八大呼吸主张——无毒呼吸、无菌呼吸、恒温呼吸、静音呼吸、无雾呼吸、清新呼吸、可视呼吸、智能呼吸,用户可根据自身需要购买特定模块并自由组装。

海尔"空气魔方"还是海尔首次试水众筹的产品,可以说是海尔互联网转型思维的典型产品。2014 年 10 月 29 日 10 点,海尔"空气魔方"众筹项目在京东全面启动,截止到众筹项目结束时,共获得 7563 名支持者,并成功突破 1100 万筹资大关。

海尔"空气魔方"最大的不同,在于它不是企业基于自身能力在实验室里规划和研发出来的产品,而是基于海尔开放创新平台组成的来自八个国家的内外部专家和学者团队 128 人,历时 6 个月与全球超过 980 万不同类型用户交互意见,利用大数据分析,最终筛出 81 万粉丝最关注的 122 个具体的产品"痛点"需求,成为"空气魔方"核心功能研发的初衷。

因此也可以说"空气魔方"是海尔在玩转大数据并转化成创新产品这种新型用户交互概念的一次成功尝试,是开放式创新的新成员!

3.2　高效解决用户生活"痛点":干湿分离技术

2014 年 10 月"可以让菠菜保鲜七天"的干湿分离技术成功发布。这项技术突破了目前行业食物保鲜的最高水平,并且申请了国家专利。除了对果蔬的高湿保鲜外,这项技术还研发了干物储藏的技术,可以储藏冬虫夏草、茶叶等贵重干物。

　　2013 年 6 月的某一天,上班族赵娜娜在其微博上抱怨:现在市面上的冰箱在果蔬保鲜方面很难达到理想的效果,并且询问海尔超前家电中心的孙东升工程师。海尔冰箱研发部门开始对怎样让果蔬保鲜的效果更好进行研究,经过技术评估后决定进行高湿保鲜模块的研发。

　　2013 年 8 月,海尔冰箱研发部门在海尔开放创新平台上发布了"可以让菠菜保鲜七天"的技术需求。收到需求后,海尔开放创新平台首先使用标签自动匹配大数据技术,检测平台上有没有符合该技术需求的方案。开放创新平台共找到了五家做相关技术研发的资源方,进行分析后选取了三家,将其反馈给冰箱研发部门。

　　2013 年 9 月,对于这三家资源方,海尔开放创新平台组织了一次洽谈和技术评估会,邀请了五位专家以及冰箱研发部门的同事们参加,通过技术评估确定了接下来可以合作的资源方。技术评估是海尔开放创新平台线下服务的重要环节,针对每一个技术项目都会组织专家团队进行评估,以确保能够选取最好的方案。

　　2013 年 11 月,A 研究院、B 集团等和冰箱研发部门达成了合作协议。其中 A 研究院进行高湿保鲜技术研发,B 集团成为高湿模块的供应商。

　　2014 年上半年,海尔开放创新平台安排线下服务团队跟进高湿保鲜技术的研发,并且进行中期研发评估和审核。

　　2014 年 10 月,"可以让菠菜保鲜七天"的干湿分离技术成功发布。

4　创新路远,不懈追求

4.1　机遇——站在全民创新的风口上

　　在国家政策支持层面,海尔创新平台的诞生正当时。中国正在进入全民创业的时代。2014 年两会上,国务院原总理李克强指出,要把"大众创业、万众创新"打造成推动中国经济继续前行的"双引擎"之一。"创客"一词进入了政府工作报告,国务院公布的《关于发展众创空间推进大众创新创业的指导意见》提出了"众创空间"。持续的政策火力下,当年国务院还设立了400 亿元人民币的"国家新兴产业创业投资引导基金"来支持创业,政府层面的鲜明信号更加激发了全民创业的热潮。全民创业、大众创新靠的是技术、靠的开放有效的引导、管理及促进,海尔的 HOPE 开放创新平台正好提供了全民创新的技术支持平台。

　　在企业发展层面,海尔为众多企业提供了资源整合平台,传统制造企业,特别是中小企业面临融资难、独立研发能力不足、在产能过剩的情况下订单不足等诸多困境,海尔开放创新平台,使投资人、技术资源及生产企业进行了很好的对接,使各方在平台上都能快速对接、相互组配、优势互补,为我国大量企业带来机遇。

　　海尔开放创新平台标志着海尔产业链的延伸,标志着海尔从传统制造企业逐步转型为整合型的轻制造企业。首先,海尔已经从传统制造企业变为一个轻制造企业,海尔未来更多的是承担资源整合的角色,平台上激发创意,将创意分解为相关的技术,发布技术需求,进行技术对接,吸引投资人投资或众筹,最后与平台上有生产能力的企业匹配,这个生产企业可能是海尔本身,也可能不是。其次,海尔创新平台进行的是多方资源的整合,未来可能还有线上交易,通过技术转让收取转让佣金以及相关的服务而获取利润。这使海尔成为从一个使用技术的企业,延伸到供应链的上游,同时,海尔自身作为平台的运营者,能更快速地发现新技术,并用于自身企业。最后,平台上积聚了大量的投资人、资源供方、供应商、创客、企业,积聚了大量用户交互行为数据及需求数据,一旦与产品联通后还将产生大量的产品数据,还有技术交易数据,这些数据未来可能成为海尔更为宝贵的资源,甚至可能成为为大量制造企业服务的数据中心。

4.2 挑战——传统企业做互联网的事

海尔 HOPE 平台已经在国内外具有一定影响力,在各种创新研讨与论坛上都有 HOPE 团队的成员为开放式创新摇旗呐喊的身影,HOPE 平台的案例也被越来越多的企业和学者拿来研究与讨论。在局外人眼里,海尔 HOPE 平台已经走在中国制造业转型的前列。作为大型企业创新改革与转型的成功平台,在提升海尔集团企业战略内涵和品牌价值的同时,也为其他许多大型企业公司提供了样板。然而滕部长自己心里明白:HOPE 平台从无到有,从小到大,团队的每个成员付出了无比的艰辛与努力,在开放式创新的道路上,HOPE 平台还有许多工作要做,还面临着许多挑战。

首先,传统企业的思维模式如何逐步向互联网思维靠拢。互联网思维,就是在互联网技术不断发展的背景下,对市场、用户、产品、企业价值链乃至对整个商业生态进行重新审视的思考方式。简而言之,就是要用互联网的方式思考问题。互联网不同于层级结构,它是网状结构,没有中心节点。互联网技术的结构决定了它内在的精神,是去中心化,是分布式,是平等和开放,也决定了它的管理结构应该是更为扁平化的结构。而传统企业管理实行的是自上而下典型的科层结构。传统企业在"互联网+"时代,虽然有了互联网网站及网上业务,但是在网站的设计及运营上,仍很难摆脱传统企业管理思想及长期形成的思维定势,导致互联网与传统企业难以融合,而往往是生拼硬凑。海尔集团目前在组织架构上正在全力打破传统的科层组织架构,实行自组织的、扁平化的组织结构,即企业内部可以随时根据项目产生一个小微企业,小微企业自组织自管理,项目成功后按市场效果,与集团安之前的协商进行利益再分配。但是在平台的运营及推广时,员工的互联网思维并不是一下子就形成的。而海尔平台的核心就是开放、创新、平等及自组织。这是创新平台运营者需要面对的问题。

其次。以制造业为基础创建的开放创新平台,在吸引用户参与方面存在先天不足,网站推广也有难度。影视、艺术、服务及快销品更容易聚集用户参与讨论,从而形成有效的用户社区。但是,作为目前以家电为主的社区,用户参与的积极性并不高,一般用户买过家电后,多年不再买家电,不会持续关注家电。这个问题同样影响到平台的推广,它很难像淘宝、赶集网等网站那样吸引眼球。因此,在吸引用户参与、提高用户交互性、获取用户数据以及网站的推广方面都有局限性。

最后，技术的匹配以及快速对接也比想象中的困难。尽管上面提到过海尔在这方面做了不少工作，但实际上还仍然面临这样的问题，一般有以下四种情况：一是存在技术隔阂（technical gap），即技术应用方与提供方对技术存在理解上的差异，无法应用，因此空有技术而无法实践运用。二是技术含量过高，经济效益是否理想难以判断。三是市场需求变化快，如今消费者需求具有很大弹性，也许今天大家都比较喜欢某种炫酷的技术，但明天又可能变为其他偏好，因此平台在从需求的"痛点"转到最终产品所用的时间越快越好。四是技术本身涉及的保密性以及知识产权问题，需要平衡好开放分享与技术本身所涉及的产权与保密性的边界，这直接关系到双方利益，如果处理不好，可能导致合作破裂，以及合作资源流失，最终可能导致平台瓦解。如何提高 HOPE 平台整体的运营效率和保障平台各合作方利益之间平衡和协调发展，是一个漫长的探索之路。

在消费者需求发生巨大变化的互联网时代，单向、闭塞的传统研发模式已经无法满足用户日趋多元化、个性化的需求，海尔 HOPE 平台开放共享的研发模式为企业技术创新开启了一扇新的大门。随着更多的企业加入"共同创造"，技术创新的迭代升级将更快，将会有更多的创新产品及服务展现在艾果果们面前。

第 8 章配套案例

换道超车？长安汽车的自主品牌之路[①]

作为国家兵工厂转型的企业,中国长安汽车股份有限公司(以下简称"长安汽车")伴随着改革开放四十年不断成长壮大,从汽车代工到拥有自己的品牌,从自主研发到国之栋梁。

前前任董事长尹家绪主政期间,长安汽车产量由不足 8 万辆增长到 63 万辆;销售收入从不足 23 亿元增长到逾 350 亿元;发展成为拥有福特、铃木、马自达三家外资合作伙伴,拥有重庆、河北、南京、南昌整车生产基地的汽车集团。而其微车在国内市场占有率为 38%,稳坐中国微车老大位置[②]。至此,偏安西部一隅的小车厂摇身变为全国知名车企。

前任董事长徐留平领导下的长安汽车,从 2006 到 2016 年形成了"五国九地"的研发体系,销量从 63 万辆增长到 277 万辆,年增率 17.44%;销售收入从 350 亿元增长到 2445 亿元人民币,年平均增长率 24.44%;利润额从 7 亿元增长到 232 亿元人民币,年平均增长率 59.64%[③]。

然而,面对经济不景气以及市场逐渐饱和的大环境,从 2017 年开始长安汽车成长趋缓、2018 年销量与利润双双下跌,这让长安汽车开始思考公司未来该何去何从。

1 长安汽车背景介绍

长安汽车的历史可追溯到 1862 年李鸿章洋务运动中从事兵器研制与生产的上海洋炮局、之后的金陵制造局,以及抗日战争期间国民政府第二十一兵工厂的军工武器生产基地。20 世纪 70 年代,军工产品订单锐减,长安人迫切寻找出路。石油钻头、摩托车发动机及零部件、风冷发动机,甚至绞边器、溜冰鞋都曾是长安挽救亏损的尝试。但漫天撒网的发展方式无法解决业绩的衰退[④]。1981 年 4 月,长安开始把目光转向汽车行业,并与日本铃木汽车开始接触;

---

①   本案例为"第二届卓越案例开发者大奖赛"全国三等奖作品,由重庆交通大学经济与管理学院老师董梦杭、台湾大学管理学院教授吴学良(通讯作者)、重庆交通大学经济与管理学院学生杨璇,根据图书馆资料撰写而成,旨在提供课堂讨论学习之用,而非指个别企业经营之良窳,或产业政策之优劣。作者拥有著作权中的署名权、修改权、改编权,案例授权清华案例库使用,并享有复制权、改编权、汇编权和翻译权。

②   凤凰财经,"尹家绪简介",2009 年,取自 http://finance.ifeng.com/people/comchief/yinjiaxu.shtml,2019 年 9 月 2 日访问。

③   刘丽鸣.中国品牌汽车的挑战与变局——长安汽车:十年布局之自主创新与国际化战略[J].汽车纵横,2016(6):44-50。

④   中华工商时报,"民营军工'鲶鱼效应'初显",2016 年,取自 http://m.haiwainet.cn/middle/352345/2016/0811/content_30188519_1.html,2020 年 3 月 18 日访问。

1982 年初,首台微车发动机点火成功;1983 年,首款微型汽车 SC110 下线;1984 年初,长安开始引进日本铃木微型汽车和发动机关键技术①。此后长安汽车又陆续与福特、马自达、沃尔沃等国际车企展开合作,但本质上长安仅仅是就地生产国外少数车款②。

20 世纪 90 年代末,长安汽车在全国率先开始自主研发。此后,无论引进外资、组织协同、文化变革、兴业领导均以自主开发为目标。2009 年初,国务院颁布《汽车产业调整与振兴规划》,在全国范围内鼓励实行兼并重组的汽车集团中,第一次出现了长安汽车的名字③。也是在这一年,长安汽车以 142.5 万辆的自主品牌汽车产销量位列中国车企第 1 名、全球车企第 13 名。而此时中国四大车企集团中的其他三强,上汽、一汽、东风等三家合计自主品牌产量仅 170 万辆左右④。

2　汽车产业描述

2.1　产业结构与特性

在业界流传着这样的对照,哪个行业产业链最复杂、零件最多,自然是航天军工;哪个行业对安全性要求最高、对质量缺陷容忍度最低,自然是医疗器械;哪个行业发展变化最快,自然是电子信息。但能同时包括这几种特性的却是汽车产业⑤。汽车产业素有"工业的火车头"之称,以产业链复杂、安全性要求高、市场变化快等特点闻名。

从产业链来说,一台车有上万个零件,鲜少有整车厂愿意或能够全部自行生产,所以大部分零件都外包生产,而且层层外包。因汽车产业链是全球分工合作,所以任何一个环节的问题都可能导致整车厂在生产组装时发生问题。而国际汽车项目小组(International Automotive Task Force)就是为协调各种标准应运而生的。从安全性上来讲,汽车产业从产品研发开始就有一套严谨流程以保证开发质量。对比事后补救,汽车行业更热衷防患于未然。比如有些零件会漏装,那干脆设计成不用这个零件,或者设计成没有安装这个零件就无法进行后续的装配。有些零件会装反,那设计成如果装反,就装不进去⑥。而其他行业后来才开始学习汽车业这种"design for manufacturing"的概念。

---

①　人民日报海外版,"志存高远追求卓越——长安汽车(集团)有限责任公司发展之路",2004 年,取自 http://www.people.com.cn/GB/paper39/11516/1038687.html,2020 年 3 月 18 日访问。

②　中国网,"合资车企'内战'新解:天平正向中资倾斜",2006 年 4 月 20 日,取自 http://www.china.com.cn/zhuanti2005/txt/2006 - 04/20/content_6189334.htm,2020 年 3 月 19 日访问。

③　贾可、刘宝华,"长安汽车集团新版图展开 徐留平使命在肩",汽车商业评论,2009 年 12 月 16 日,取自 http://auto.sohu.com/20091216/n268997496.shtml,2020 年 3 月 18 日访问。

④　里风.新长安,新锐掌门人:长安汽车董事长徐留平[J].经济视角,2011(1):84 - 91.

⑤　新浪网,"造个汽车为啥这么难?",2017 年,取自 http://yd.sina.cn/article/detail-ifxzqnip1133496.d.html? vt=4&mid=avxeafr3896865,2019 年 10 月 2 日访问。

⑥　史蒂芬,"为什么汽车行业能够成为制造业的标杆?",世界经理人,2017 年 1 月 17 日,取自 http://www.ceconline.com/strategy/ma/8800085233/02/0? tag_cloud,2019 年 9 月 4 日访问。

此外，汽车行业还是一个规模效益十分明显的产业。依照估计，单一车型至少生产 10 万辆才能平衡庞大开发成本的规模，40 万辆才算最适规模[1]。全球性的市场竞争、巨额的研发费用、居高不下的零部件采购成本、制造成本和营销成本，导致了全球汽车产业的大规模重组，从早期成千上万家企业的自由竞争，到最后只剩下少数几家企业的寡头竞争。

2.2　中国汽车产业

新中国的汽车工业始于 1953 年，在这一年，长春的第一汽车制造厂兴建完成。此后，国家又在南京、上海、北京、济南建立了四个汽车制造厂，形成了"一大四小"的产业布局[2]。改革开放后，长期被计划经济束缚的汽车需求得以释放，形成了供不应求的卖方市场。然而此时的燃眉之急是技术与管理的问题。因此，1983 年中国汽车工业仓促走上了"以市场换技术"的合资办厂之路[3]。1986 年，在中国政府正式把汽车工业列为支柱产业后，上汽、一汽、东风等大型汽车企业，纷纷决定与国外汽车公司展开合作[4]，于是欧、美、日车企，包括大众、通用、丰田、标致等相继进入中国汽车市场。不过这些车企巨头也十分"花心"：大众在中国南、北各有合作伙伴（一汽、上汽）；丰田分别联手一汽、广汽；就连进入中国比较晚的韩国现代也是一边与东风悦达生产千里马，一边与北汽制造索纳塔。

2001 年底中国加入 WTO 后，中国政府意识到，如果中国汽车工业没有自己的产品开发能力，无论引进多少外国企业也改变不了依附的地位，逃脱不了被国外车企主宰的命运。中国政府虽然鼓励自主品牌，但在巨大收益面前，多数车企还是选择了轻松路线，甘心作为国际车企在中国的 OEM（original equipment manufacturer）厂。2009 年，中国发布《汽车产业调整振兴规划》[5]，推出三大任务：第一，实施自主品牌战略。在技术开发、政府采购、融资管道等方面制定相应政策，引导汽车生产企业将发展自主品牌作为企业战略重点。第二，鼓励新能源汽车发展。第三，推动汽车产业重组，扩大国内车企规模。鼓励一汽、东风、上汽、长安等大型汽车企业在全国范围内实施兼并重组。支持北汽、广汽、奇瑞、重汽等企业实施区域性兼并重组。期待能形成 2～3 家产销规模超过 200 万辆的大型车企集团，4～5 家产销规模超过 100 万辆的车企。自此，昌河、哈飞并入长安，广汽联姻奇瑞，东风重组福建汽车等接踵而至。

十几年的快速成长，中国汽车市场规模已跃居全球第一。2009 年中国汽车产销统计，中

①　王跃跃，"产业规模论：高档车二线品牌的十万辆拐点"，中国经济网，2017 年 2 月 14 日，取自 http://auto. ce. cn/auto/gundong/201702/14/t20170214_20176350. shtml，2019 年 10 月 2 日访问。

②　毛和业. 中国汽车工业的过去、现在和未来[J]. 经济研究导刊，2012(36)：201 - 202.

③　搜狐汽车，"以市场换技术，中国制造失去创新能力了吗？"，2018 年 9 月 11 日，取自 https://www. sohu. com/a/253275548_642245，2020 年 3 月 19 日访问。

④　腾讯汽车，"激荡车市 30 年"，2012 年 11 月 7 日，取自 http://auto. qq. com/zt2012/autoage/，2019 年 9 月 12 日访问。

⑤　中国政府网，"汽车产业调整和振兴规划"，2009 年 3 月 20 日，取自 http://www. gov. cn/zhengce/content/2009 - 03/20/content_8121. htm，2019 年 9 月 23 日访问。

国以 300 多万辆的优势,首次超越美国,成为世界汽车产销第一大国,比原先预计的提前了 5 至 6 年[①]。巨大市场潜力也造就了上汽、东风、一汽、长安、北汽等众多年销售量 200 万辆级的汽车集团(请参考表 1)。

表 1　中国前五大汽车制造厂商近年销售量　　　　　　　单位:万辆

年份	上汽	东风	一汽	长安汽车	北汽
2006 年	112.4	93.2.	116.6	70.9	68.5
2007 年	155.4	113.7	143.6	85.8	69.4
2008 年	172.1	132.1	153.3	86.1	77.2
2009 年	270.6	189.8	194.5	187.0	124.3
2010 年	356.4	261.5	255.8	238.6	149.0
2011 年	396.6	305.9	260.1	200.9	152.6
2012 年	449.9	307.9	264.6	195.6	169.1
2013 年	510.6	353.5	290.8	220.3	211.1
2014 年	562.0	380.3	308.6	254.8	240.1
2015 年	586.3	387.3	284.4	277.7	248.9
2016 年	647.2	427.7	310.6	306.3	284.7
2017 年	691.6	412.1	334.6	287.3	251.2
2018 年	701.3	383.1	240.2	213.8	240.2

数据来源:整理自中国国家统计局、中商情报网及中国汽车工业协会。

3　长安汽车的品牌自主之路

3.1　另辟蹊径、换道超车——从加工者到先行者的转换

和中国其他车企一样,长安汽车最开始也是循径追随国外车企大厂。于 1984 年引进日本铃木微型汽车和发动机关键技术,开启了造车之路,并于 1993 年成立重庆长安铃木汽车有限公司。到了 90 年代中期,长安微车销量已占到了中国微车市场份额的三分之一[②]。在外人眼中,长安汽车的合资办厂是成功的。不过,长安人却意识到,挂着世界知名品牌的新型车款业绩扶摇直上固然可喜,以市场换技术也许能引入生产技术与利润,但却换不来自主设计的能力,因为合作伙伴怎会愿意倾囊相授培养一个未来的竞争对手呢?

"刚开始,我们希望合作伙伴能支持、同情我们一下,但最后结果都是不可能,或是在谈判

---

① 孙中元,"中国汽车销量首次超过美国",证券日报,2009 年 2 月 13 日,取自新浪网 http://finance.sina.com.cn/roll/20090213/02095850146.shtml,2020 年 3 月 18 日访问。

② 方娟. 铸百年之基 扬自主之帆 长安汽车自主创新之路探秘(二)[J]. 公民导刊,2012(11):74.

中给我们报一个天价让我们买。现在不怕你笑,韩国、法国、美国、日本,大大小小的车企我们都试过了。"①这个过程让长安意识到,如果长期安于合资模式而不思进取,就会养成"拿来主义"的惰性。用中国市场规模换来的合资机会可能会赚钱,可能会让企业规模扩大,但却不必然能让企业变强②。除了企业的利益,长安还有更远大的抱负。当年的董事长尹家绪曾表示:"各行各业都要有自己的核心技术,这才是中国发展的根本。今天中国的经济是繁荣的,但这个繁荣是不稳定的,这个繁荣是受别人控制的。"③在这种背景下,长安汽车换道超车,在 90 年代末率先提出"自主研发、自主品牌"战略,完成了从一个汽车加工者到汽车制造先行者的转变。

3.2　艰难上路、善假于物——从上路者到创新者的转变

从转变思路上路到科研成果创新,长安举步维艰。2003 年,长安汽车第一款自主品牌微型车 CM6 上市,不过这次自主研发成果并不理想。虽然首次尝试长安付出了昂贵学费,但长安人也得到了宝贵经验。长安汽车第一次对汽车研发有了全新的认识。汽车产业不只是按照国外蓝图生产,而是需要有一套完善、协同的研发流程作牵引,需要有强大的科研技术、人才队伍作为支撑。

痛定思痛后,长安汽车决定再做尝试。这一次,它把目光瞄准了方兴未艾的轿车市场。"如今,老百姓越来越富裕,微型车已不能满足市场需要,要生存,就必须生产适销对路的产品。"④

在初入轿车市场的前两年,长安汽车内部曾对于未来怎么走,产生过分歧:一派认为要将主要精力放回自己最擅长的微车;另一派则强调未来中国市场发展潜力很大,特别是轿车,如果不进入这个领域未来要吃亏⑤。最终,公司确定了尽早进入轿车市场的方向。事后看来,此战略既迎合了中国民众实现"轿车梦"的需求与渴望,也使长安汽车迅速找到了细分市场的缝隙,在当时被外资和合资厂家占据的轿车市场中,赢得了发展的空间。

古人常说"善假于物",就是要善于借助别人的力量来发展自己。为了学习先进技术,继1993 年与铃木合作之后,长安汽车又陆续与福特、马自达、沃尔沃等国际车企展开合作⑥。与原来做 OEM 合作伙伴的思路不同,长安汽车希望在比较后,以合资方式学习各家所长、为我所用。为此,也向意大利 IDEA 公司、德国 EDAG 公司、FEV 公司、奥地利 AVL 公司等专业

---

① 易黎明.从制造到创造:长安汽车集团军民互动促创新纪实[J].国防科技工业,2006(5):13.

② 中国企业报道,"中国汽车业艰辛的发展历程",2015 年,取自 http://www.ceccen.com/toutiaoxinwen/1437611322.html,2019 年 9 月 27 日访问.

③ 赵雪.长安为什么一定要自主研发:专访长安汽车总裁尹家绪[J].中国新时代,2004(10):21.

④ 方娟.铸百年之基 扬自主之帆 长安汽车自主创新之路探秘(二)[J].公民导刊,2012(11):74.

⑤ 杨与肖.为什么是长安?[J].经营者,2014(12):70-77.

⑥ 汽车之家,"深度解析长安汽车",2020 年 2 月 21 日,取自 https://chejiahao.autohome.com.cn/info/5635364/,2020 年 3 月 19 日访问

性汽车工程技术公司取经。甚至在订立合同时特别要求,务必保证流程的开放与透明,外方有义务与长安汽车技术人员"结对子",进行负责任的培训与指导①。

然而,自主品牌这条路是艰难的。在紧密布局、规划筹谋的准备间隙,长安的微车业务在国内开始被竞争对手反超,国内微车界老大的地位摇摇欲坠。自主开发的庞大投入与漫长的回报周期让指责、质疑扑面而来。有人认为:"自主研发是需要投入大量资源的、是有风险的;透过合资引入国外车型来生产最轻松,又能稳妥地赚钱,何必费力不讨好来搞自主研发?"②

幸运的是,随着中国经济的腾飞,随着中国政府利好政策的发布,长安汽车发展自主品牌乘用车的效益初显。2006年11月18日,长安汽车自主开发的首款家用轿车"奔奔"正式上市③。2007年4月25日,长安汽车第一批200辆"奔奔"正式出口阿尔及利亚,实现了自主品牌的首次出口海外④。2009年3月,长安汽车又推出了一款名为悦翔的小型家用轿车,一度畅销⑤。

3.3　以我为主,自主开发——从创新者到大成者的转变

2006年,中国兵器装备集团副总经理徐留平调任长安汽车任集团总裁,重新定位企业发展战略,提出了"以我为主,自主开发"的自主创新战略,形成了"自主研发、自主管理、自主品牌"三位一体的开发模式,这种模式后被国务院发展研究中心命名为"长安模式"⑥。

在传统的市场认知中,长安汽车代表着微车、军工、国企;而自主品牌早期曾被贴上"价格便宜""售后服务差""毛病多"等标签⑦。要实现自主开发的目标,这场翻身仗并不容易打。接下来,将问题转移到"怎么干"上,是寄希望于购买技术的快捷方式,还是选择最为省力的抄袭模仿? 抑或用最笨的方式——从零起步进行正向研发?⑧

1.五国九地——成大成必先成体系

为了迅速追赶国际一流汽车企业,长安汽车必须在自主研发上增强力道。除在国内,长安汽车也在国外设立研发中心,雇用当地优秀人才,逐渐构建了"五国九地"的研发体系(请参考

---

① 路达.长安汽车的自主创新之路[J].中国新时代,2011(4):32-36.

② 中国企业报道,"中国汽车业艰辛的发展历程",2015年,取自 http://www.ceccen.com/toutiaoxinwen/1437611322.html,2019年9月27日访问.

③ 搜狐网,"谁说自主品牌就没有历史,来看长安汽车进化史",2019年6月22日,取自 https://www.sohu.com/a/322306418_100224632,2020年3月19日访问.

④ 新浪汽车,"长安奔奔出口海外 第一批200辆发运阿尔及利亚",2007年4月26日,取自 http://auto.sina.com.cn/news/2007-04-26/1217271394.shtml,2020年3月19日访问.

⑤ 汽车之家,"源自152年前的兵工厂 忆长安汽车发展史",2014年3月3日,取自 https://www.autohome.com.cn/culture/201403/591128-all.html,2020年3月19日访问.

⑥ 罗志荣.自主创新打造第一品牌:解析长安汽车150年基业长青的密码(三)[J].企业文明,2012(12):9.

⑦ 中国兵器集团有限公司官网,"长安汽车的翻身仗:从练技术到塑品牌",2014年5月16日,取自 http://www.csgc.com.cn/s/1078-3775-17446.html,2020年3月19日访问.

⑧ 杨与肖.为什么是长安?[J].经营者,2014(12):70-77.

图 1）①。"五国"是指意大利（都灵）、日本（横滨）、英国（伯明翰）、美国（底特律）和中国五个国家；"九地"则是指在这五个国家所设立的研发中心。意大利研发中心的定位是整车造型和总布置；英国负责动力系统、传动系统和变速系统研发；日本主要是内饰设计和精致工艺设计；美国主要解决底盘问题②。这些研发中心所从事的研究都是在地国所擅长的。

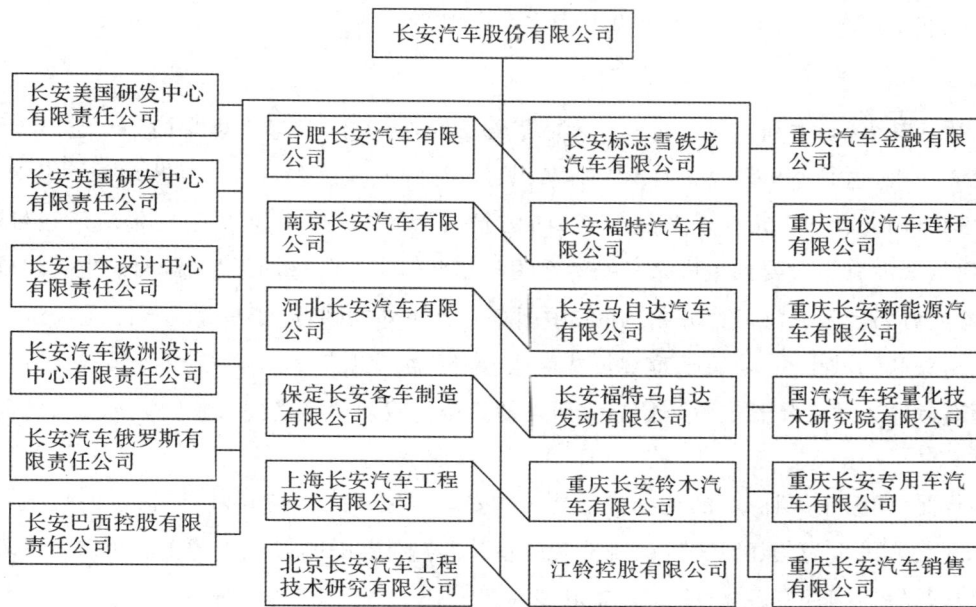

图 1　长安汽车组织架构图

资料来源：作者根据《中国汽车工业年鉴》自绘。

庞大而分散的研发团队给长安汽车的管理带来了挑战。来自不同国家的研发队伍存在语言、时差、距离和文化等障碍，如何让他们像一台精密仪器上的螺丝一样，各司其职又相互配合，这是一个大问题。为解决这一问题，长安汽车建立了两个机制：一是 PDM24 小时不间断研发流程。通过此流程，国内外团队可以用一种语言来交流、以一个节奏来工作。另一个是全球研发运营管理工作会流程（简称"全运会"），即透过每周一次会议，解决问题，全面协调运营管理③。

海外设计研发中心的建立为长安汽车贡献了多款作品。2013 年长安汽车 14 款新品上市，包括自主品牌睿骋、致尚 XT、欧力威、睿行、尊行，福特翼虎、翼搏、新蒙迪欧、新福克斯、新嘉年华、马自达 CX－5、铃木锋驭、陆风 X8、DS5。自主合资新品集中发力，强力助推企业整体

---

① 中国长安官网，"长安汽车简介"，2017 年，取自 http://www.ccag.cn/about.do? action＝detail&type=1&id=201101100154364877，2019 年 10 月 3 日访问。

② 网易汽车，"'技术男'朱华荣履新 60 天：'爆品'战略浮现"，2015 年 2 月 16 日，取自 https://auto.163.com/15/0216/09/AIILPOR900084TV0.html，2020 年 3 月 19 日访问。

③ 白朝阳，张伟.汽车强国梦只有自主创新一条路：专访长安汽车党委书记朱华荣[J].中国经济周刊，2013(30)：68－69.

业绩快速攀升。长安自主轿车月均销量从 2012 年的 1.7 万辆提升至 2013 年的 3.2 万辆,主力产品销售价格从 4 万～5 万元提高到 8 万～9 万元①。其中,CS35 因市场需求旺盛,最终在市场上加价销售,这在国产自主品牌中十分罕见②。2015 年,长安汽车的逸动、CS35、CS75、悦翔等核心产品已占据中国品牌细分市场之领先位置,助力长安汽车在 2015 年实现了中国自主品牌首次在乘用车区隔中年产销过百万辆之里程碑③。

2. 引进来,送出去——成大成必先成人才

工欲善其事,必先利其器。对于人才队伍的培养,长安汽车有一套"引进来,送出去"的方法。庞剑博士,这位"国家千人计划"专家、长安汽车工程总院在噪声、振动与声振粗糙度(noise、vibration、harshness)领域的权威,回忆起当年加入长安汽车的经历仍历历在目。"说实话,我从来没有想过要到重庆来。虽然在国外工作时一直都想回国发展,但是也就想着到北京、上海或者回老家武汉。"2007 年,一波中国车企赴海外招聘,庞剑最终选择了重庆这个和他没有任何关联的城市。"徐留平董事长诚恳地邀请我加入长安汽车,并给我写了两封信,表达了希望有领军人才带领长安汽车搞自主研发的愿望。我从中感受到了长安汽车对人才的重视和真诚。"④

同样是"国家千人计划"的赵会博士是车体安全专家。来到长安汽车后,长安汽车专门投资了 1.5 亿人民币为其建设先进的碰撞实验室。"与薪资相比,高端人才更看重研发环境和平台。公司领导的胸怀有多大,企业就能走多远。"⑤

此外,长安汽车也注重研发团队的建设。以 2011 年为例,近千名应届大学生加入长安汽车工程研究总院。相较于按部就班的常规分配,各研究所负责人与科研"种子"们的"双向选择"更能为长安科研提供创新涌流。此外,长安汽车还指派了专职助理跟随高端人才贴身学习,并要求助理每个月做专业答辩。既考评了专家带队伍的水平,更为企业未来发展培养了科研骨干⑥。

除了"引进来",长安汽车还把自己的专业人才"送出去"。通过将技术人员放在国际舞台上摔打,培养高素质的人才队伍。对"留学"在意大利都灵的余成龙等人来说,除了向合作者全面学习并琢磨现代汽车造型设计之秘,还需要做一门日常功课——"看":看潮流趋势、看业内风云、看人才流向。用他的话来说就是长见识、勤积累、等机会⑦。

---

　　① 中国网,"2013 年长安汽车销售突破 1600 亿元",2014 年 1 月 13 日,取自 http://finance.china.com.cn/roll/20140113/2116220.shtml,2020 年 3 月 19 日访问。

　　② 赵明月,张伟. 长安汽车的翻身仗:从练技术到塑品牌[J]. 中国经济周刊,2014(18):64 - 65.

　　③ 刘丽鸣. 中国品牌汽车的挑战与变局——长安汽车:十年布局之自主创新与国际化战略[J]. 汽车纵横,2016(6):44 - 50.

　　④ 田燕. 长安汽车的新抗战[J]. 环球市场信息导报,2013(5):46 - 49.

　　⑤ 方娟. 铸百年之基 扬自主之帆 长安汽车自主创新之路探秘(三)[J]. 公民导刊,2012(12):11 - 12.

　　⑥ 方娟. 铸百年之基 扬自主之帆 长安汽车自主创新之路探秘(三)[J]. 公民导刊,2012(12):11 - 12.

　　⑦ 西部招商投融资网,"长安汽车:五国九地设跨国研发平台",2012 年,取自 http://www.zgx114.com/html/? 17 - 0 - 381.html,2019 年 10 月 17 日访问。

目前,长安汽车已建立起了一支 6500 余人的科技队伍,其中高级专家 400 人,外籍人才 300 人,12 人入选国家"千人计划"行列,在研发人力投入上居中国车企第一[①]。

3.全员创新——成大成必先成氛围

欲求木之长者,必先固其根本;欲求流之远者,必先浚其源泉。发展自主品牌有别于合资品牌的做法,必须充分调动全员的力量,构建创新氛围。在长安汽车,有项活动搞得有声有色,那就是合理化建议会。这是一场群众性的科技创新活动,自 2001 年至 2015 年已举办了十几届。为了鼓励全员参与,长安汽车每年设置 200 多万人民币专项奖励,对合理化建议进行抽奖[②]。截止到 2016 年,长安汽车累计收到员工提出的各式建议 168 万条,实现节创价值24.2亿[③]。除了合理化建议,长安汽车还有一项规定性动作——对标(benchmark)。"我来了长安以后,发起了一个对标运动,就是把整个汽车产业里面,从研发、制造、营销,再到人力资源管理、战略管理,进行了一个全面的对标。看哪些地方不足,怎么解决这个不足。"[④]"除了行业其他龙头企业的对标,还有公司内部的对标。通过部门科室的对标学习,不仅把问题看成现在的不足,更把问题看成未来成长的机会。"[⑤]

4　长安的下一步,何去何从?

看似一切顺风顺水的长安汽车在 2017 年增长开始趋缓。据长安汽车披露的 2017 年第三季报透露,长安汽车累计销量为 205.82 万辆,同比下滑 6.8%;营收 514.31 亿元,同比下降 4.06%;净利润 58.11 亿元,同比下降 24.92%(请参考表 2)。在这种情况下,2017 年 9 月 21 日,新任董事长张宝林上任。

表 2　长安汽车 2012—2016 年财务简表

项目	2016 年数据	2015 年数据	2014 年数据	2013 年数据	2012 年数据
营业收入/亿元人民币	785.42	667.72	529.13	384.82	294.63
净利润/亿元	102.85	99.53	75.61	35.06	14.46
销售毛利率/%	17.89	20.02	18.23	17.05	18.4
营业利润率/%	12.04	14.36	13.56	8.14	3.13
总资产/亿元	1065.10	894.14	696.87	533.65	461.18

① 中国长安官网,"长安汽车简介",2017 年,取自 http://www.ccag.cn/about.do?action=detail&type=1&id=201101100154364877,2019 年 10 月 3 日访问。

② 张象丽,赵新义.创新驱动:企业最高发展战略——长安汽车快速发展的秘籍[J].国防科技工业,2012(2):14.

③ 搜狐网,"探秘长安汽车'模范职工之家'背后的故事",2016 年 1 月 16 日,取自 http://www.sohu.com/a/56666033_372607,2019 年 10 月 13 日访问。

④ 王乃伟.亮剑时分:长安集团总裁徐留平访谈[J].证券导刊,2007(35):92-95.

⑤ 石胜干.长安汽车的问题管理文化[J].企业文明,2014(11):22.

续表

项目	2016 年数据	2015 年数据	2014 年数据	2013 年数据	2012 年数据
总负债/亿元	631.57	552.40	442.32	347.25	307.27
净资产报酬率/%	45.95	53.31	56.54	47.82	36.65
应收账款周转天数/天	5.44	4.41	3.87	3.83	5.77
流动比率/%	1.1	1.03	0.91	0.75	0.78
资产负债率/%	59.3	61.78	63.47	65.07	66.63

数据来源：整理自长安汽车年报。

张董事长上任伊始，便在全国车企中第一个喊出"2025 年后全面停售传统燃油车"的口号，并召开战略发布会，宣布正式启动第三次创业——"创新创业计划"[①]，致力于实现从传统车企向智能出行科技公司的转型。

三十年前，长安汽车转换车道，踏上了品牌自主之路，这是对这家老军工企业的第一次挑战；十年前，前任董事长徐留平接掌长安汽车时，能否延续老董事长的辉煌并再创高峰，那是对长安的再次考验。而如今，为了适应新能源与智能车的发展趋势，张宝林董事长开启了从传统车企向智能出行科技公司转型的"第三次创业"，此时的长安汽车能否再次经受住考验？

表 3　长安汽车跨业合作一览表

跨业合作对象	合作领域	合作项目
科力远混合动力	混合动力总成系统	2016 年 2 月 18 日，长安宣布与科力远混合动力技术有限公司展开合作，该公司由科力远股份和吉利控股共同出资设立，目标在于整合企业在电池、混动技术上的优势，吸引更多成员参与，构建国家级深度混合动力系统平台，打造国内技术领先的混合动力总成系统
科大讯飞	智能语音；车联网平台	2017 年 3 月 14 日，长安汽车与科大讯飞在重庆长安汽车工程研究总院共同签署战略合作协议，双方在智能语音、人工智能领域展开合作。科大讯飞是中国智能语音与人工智能产业领导者，在语音合成、语音识别、口语评测、自然语言处理等多项技术上具备国际领先水平
蔚来汽车	电动车；人工智能	2017 年 4 月 9 日，蔚来与长安汽车签署战略合作协议。此次合作，蔚来将在电动汽车研发、自动驾驶和无人驾驶技术等领域，及以全程使用者体验为核心的商业模式上与长安汽车的全球研发能力、制造和供应链体系对接
英特尔	智能驾驶；车联网平台	2017 年 4 月 19 日，长安在上海车展公布与英特尔的战略合作。双方签署了战略合作备忘录，并将在车联网、人工智能、数据中心以及未来无人驾驶等领域一起进行探索与研究

---

① 汽车之家，"长安汽车：2025 年后全面停售传统燃油车"，2017 年 10 月 19 日，取自 https://www.autohome.com.cn/news/201710/908234.html，2020 年 3 月 19 日访问。

跨业合作对象	合作领域	合作项目
百度	智能车量产；自动驾驶运营示范建设	2017 年 6 月 6 日,长安汽车宣布加入 Apollo 生态,此次长安汽车与百度的合作围绕分阶段实现智能驾驶汽车量产和共建自动驾驶运营示范区两部分展开。长安汽车加入 Apollo 生态并不突然,而是水到渠成。事实上,两家企业早已在智慧驾驶的发展之路上成为长期合作伙伴。早在 2016 年 3 月,长安汽车成为首个与百度达成"智慧汽车"战略合作的中国汽车品牌,在智慧互联、智慧地图、智慧服务等方面开展合作。2017 年 3 月 31 日,长安汽车加入 Apollo 生态,双方确定在汽车智慧化领域开展全面深入的合作,为用户提供智能化场景应用体验
腾讯	车联网平台	2017 年 6 月 22 日,长安汽车与腾讯云宣布展开合作。此次合作主要集中于车载场景下的位置、社交、娱乐、支付等车联网服务、智慧网联汽车云平台以及车联网运营服务等平台
恩智浦	车载娱乐；信息平台	2017 年 8 月 25 日,长安汽车在成都国际车展上宣布与安全互联汽车解决方案的全球领导者恩智浦半导体建立战略合作伙伴关系。长安将在现有大量采用的恩智浦 i.MX6 应用处理器的基础上,规模化升级采用恩智浦信息娱乐整体解决方案,共同致力打造具有行业持续竞争力的长安车载娱乐信息平台
阿里巴巴	车联网平台	2017 年 10 月 13 日,长安汽车公告与阿里巴巴在杭州·云栖大会上签署战略合作协议。双方将联合阿里巴巴在智慧车联网平台、车联网服务以及企业社交领域三大方面展开战略合作,为用户提供极致的车联网服务。此外,双方将建立联合实验室,进行人工智能、车载应用以及信息安全等相关领域的研究和开发工作
宁德时代	动力电池	2017 年 10 月 31 日,长安汽车公告,为保障自身发展,加强与宁德时代新能源科技股份有限公司的合作,拟以收购镇江德茂海润股权投资基金合伙企业(有限合伙)基金份额的方式投资宁德时代。此次战略投资,将有助于公司动力电池产品技术推广和产业化应用,提供更多满足未来油耗标准的新能源汽车产品。宁德时代是一家具备国际竞争力的动力电池制造商,连续两年年产量位于全球前三,并承担了多个国家级项目
平安、民生银行	汽车金融	2017 年 11 月 28 日,长安汽车与平安银行、民生银行在重庆签署战略合作协议。根据协议内容,长安汽车将与平安银行、民生银行开展战略合作,融合产业资本和金融资本,以"共同发展、平等互惠、资源共享、优势互补"为宗旨,拟共同建设投资平台,发起千亿级汽车产业基金,布局新能源、智能化、共享出行、后市场、汽车金融等新型汽车产业链,为长安汽车"香格里拉计划"中的"千亿行动"提供资金支持

续表

跨业合作对象	合作领域	合作项目
华为、中国移动、中移物联网	车联网平台	2018年1月11日,华为技术有限公司、中国移动、中移物联网有限公司、长安汽车股份有限公司在重庆签署战略合作协议,将全面开展LTE-V以及5G车联网联合开发研究,打造新的车联网生态圈
滴滴出行	共享汽车平台	滴滴发起共享汽车平台,2018年2月7日长安加入,共同建设新能源共享汽车服务体系。该平台也计划将对汽车企业的分时租赁服务开放,车厂可提供共享汽车车源,并为平台和合作伙伴提供金融和保险等服务。滴滴出行还说,未来平台成员将扩大至汽车交通能源和售后市场服务商合作,整合车辆、资金、停车场、充电网站、加油站、维保等资源

以上资料依次来源于:

①carman,"长安与吉利合作 联手科力远云内动力打造混动车",盖世汽车网,2016年2月22日,http://t.cn/RGSWn7U,2020年3月1日访问。

②joy,"长安与科大讯飞达成战略合作,10年投入200亿开发智能汽车",车云网,2017年3月15日,http://www.cheyun.com/content/15301,2020年3月1日访问。

③盖世汽车综合,"蔚来与长安汽车签订战略合作协议",盖世汽车网,2017年4月10日,http://t.cn/RRwtK97,2020年3月1日访问。

④电动汽车时代,"牵手英特尔,长安对智能汽车的底气原来是从这儿来的",搜狐网,2017年4月24日,http://t.cn/REZb6fC,2020年3月1日访问。

⑤中国网,"Apollo生态再添高手加盟 百度与长安汽车携手推进自动驾驶量产",新浪汽车,2017年7月4日,http://t.cn/Rok0lGH,2020年3月1日访问。

⑥锐车评,"长安牵手腾讯,长安欧尚A800引领MPV智能革命",搜狐网,2017年6月23日,http://www.sohu.com/a/151394986_115460,2020年3月1日访问。

⑦电子工程专辑,"恩智浦携手长安汽车共同打造高竞争力车载娱乐平台",电子工程专辑,2017年8月25日,http://t.cn/REZbizy,2020年3月2日访问。

⑧中国证券网,"长安汽车与阿里巴巴签署战略合作协议",凤凰网,2017年10月13日,http://t.cn/REZbgiM,2020年3月2日访问。

⑨于留新,"长安,上汽、东风相继'牵手'宁德时代,动力电池大军分层明显",搜狐网,2017年11月1日,https://www.sohu.com/a/201684816_269464,2020年3月2日访问。

⑩汽车探索,"长安汽车联手中国平安、民生银行发起千亿产业基金计划,培育世界级先进汽车产业生态体系",搜狐网,2019年8月4日,https://www.sohu.com/a/331468991_157536,2020年3月2日访问。

⑪辛巴,"华为、长安等四大企业签署5G车联网战略合作协议",IT之家,2018年1月12日,http://t.cn/RQ4fQnj,2020年3月2日访问。

⑫汽车电商笔记,"北汽、比亚迪、长安汽车等12家都跟滴滴联姻了,这次要搞啥?",搜狐网,2018年2月8日,https://www.sohu.com/a/331468991_157536,2020年3月2日访问。

第9章配套案例

迈瑞：从贴牌制造商到"全球挑战者"①

摘要: 2017 年,在全球智能信息服务提供商科睿唯安发布的"中国大陆创新企业百强榜单"上,迈瑞入围第二梯级,是医疗器械领域唯一上榜的企业。从最初的贴牌制造商到国内同业领头羊,再到令跨国巨头不安与敬畏的竞争对手,迈瑞的每一次跨越都跻身更高端广阔的平台。这些成功均得益于迈瑞打造成型的一套不断夯实的自主创新体系。本文通过追溯这家中国医疗器械龙头的自主创新之路,分析其为构筑企业长期优势所做的种种努力,展望其未来发展,以期给我国高新技术企业的创新发展提供宝贵的经验和借鉴。

关键词: 迈瑞　自主创新　逆向创新

1 引　言

2017 年 11 月 13 日,德国杜塞尔多夫。

作为全球最大的医疗设备行业展会,MEDICA② 今年吸引了来自全球 68 个国家的 5000 多家参展商,其中中国参展商(包括港澳台)数量约 1500 家。

在展会上,深圳迈瑞生物医疗电子股份有限公司(以下简称"迈瑞")成了最闪耀的中国元素——没有之一。

这是迈瑞第 18 次参加 MEDICA。从最初泯然于众的 12 平方米"小摊位",它一路成长为本次 MEDICA 上最大的中国医疗器械参展商,展台总面积近 400 平方米。

"德国有着奔驰、宝马等众多全球尊敬的'德国制造',在这样的一个市场上,唯一的通行证就是高品质与创新。"迈瑞德国办总经理 Anders 在接受采访时说,"我们依然认为'中国制造'的整体形象有待加强,但是迈瑞作为一个中国公司能在欧洲市场克服这些偏见,这靠的是过硬的实力。"

回溯迈瑞在 MEDICA 的发展,迈瑞通过不断加强自身实力,实现了从"顺道看迈瑞医疗"到"专程看迈瑞医疗"的转变。同时,这也是迈瑞从"初出茅庐"到"驰骋疆场"、从"远征军"到

---

① 本案例由天津大学管理与经济学部郭名媛副教授和硕士研究生胡彦芳共同撰写,作者拥有著作权中的署名权、修改权、改编权。案例授权中国管理案例共享中心使用,中国管理案例共享中心享有复制权、修改权、发表权、发行权、信息网络传播权、改编权、汇编权和翻译权。由于企业保密的要求,在本案例中对有关名称、数据等做了必要的掩饰性处理。本案例只供课堂讨论之用,并无意暗示或说明某种管理行为是否有效。

② MEDICA,国际医院及医疗设备用品展览会,是世界知名的综合性医疗展,被公认为全球规模最大、最全面的专业医疗设备行业展会,以其不可替代的规模和影响力位居世界医疗贸易展的首位。

"本地军"的双重转变。华丽转身的背后,是迈瑞多年来不懈自主创新、输出中国"智"造的坚持与努力。

2 高瞻远瞩,立志创新

2.1 从零学步,艰难探索

在迈瑞自建的 35 层办公大楼前,已很难想象公司创业初期的筚路蓝缕。

1991 年在深圳南山,迈瑞从代理国外医疗设备起家。成立之初,公司以医疗器械贸易为主,没有研发部,没有市场部,只有销售、财务和一些服务性的小部门。老板召集全公司开会,直接在自己办公室门口大喊一声,大家就往他的方向靠拢,讲一讲就结束了,一位元老级员工这样回忆当时的情景。

一年后,靠着代理业务,迈瑞赚回百万元现金。第一桶金到手后,在当时众多的医疗代理商沉浸在不断代理销售"八国联军"医疗器械之时,迈瑞的创始人李西廷和徐航却舍弃了"坐着数钱"的生意,做出了一个在当时令众人惊讶的决定。

当年,迈瑞拿出做代理所获得的全部利润,以及从市里申请到的 100 万元科技"三项经费",全力投入自主研发。"我们清楚地意识到,仅做代理绝不是长久之计,自主研发才能做大做强。"迈瑞董事长李西廷这样说道。

最开始的研发是稚嫩而又艰难的。即便是从创始团队最熟悉的监护仪开始,此时的迈瑞也只能先购买别人的核心技术,然后进行模仿式的研发。除了技术上的难关,研发条件也非常有限。一支很小的研发团队,占据办公楼一层不到 30 平方米的区域,每个工程师一个桌子,中间是试验台,有人需要做实验就走到中间去,这唯一的实验台还需要排队预约。没有设计参数所用的临床模拟数据库,甚至连做一个静电测试,都需要人工拿着塑料袋摩擦,摩擦出静电后捂着到测试机器上去测试[①]。

付出总有回报。1992 年,迈瑞成功推出了第一个属于自己的"简单产品"。

——血氧饱和度监护仪,而这也是中国第一台自主研发生产的血氧饱和度监护仪。然而,迈瑞选择的自主创新之路并非一帆风顺。

1995 年,当时的迈瑞已经发展到每年数千万元产值的规模,但已经出现徘徊不前的趋势。面对未来发展何去何从的问题,公司的主要创始人内部出现了重大分歧。当时部分创业者认为,迈瑞就是依靠经营代理国外知名品牌起步的,在国内已经逐渐铺开了自己的销售渠道,继续走代理的路子驾轻就熟,可以说没有风险;而由于监护仪等医疗器械产品准入门槛高,涉及的行业广,如果继续开发有自主知识产权的产品,难度非常大,风险也倍增,极有可能把多年经营积累的一点"家底"赔得一干二净。而徐航等人则坚持认为要走自主创新的道路,自主投入

[①]　刘燕.迈瑞快成长的研发经[J].IT 经理世界,2013(24):37 - 39.

开发有自主知识产权的产品。尽管资金的大量投入会给企业带来巨大的风险，但一旦推出自己的产品，迈瑞的发展将会不可估量。在徐航等人的坚持下，创业者内部初步统一了认识，继续投入资金开发具有自主知识产权的产品。

但之后几年的投入，公司的新产品开发并没有太大的起色，相反，由于资金投入巨大，公司的研发陷入了困难。部分公司创始人选择离开迈瑞，另谋发展。在"分家"的巨大压力面前，当时的掌门人徐航等人没有退缩，他们把自主创新投入研发的思路坚持到了最后。

2.2　敢为人先，把握机遇

机会出现在 1996 年。在 20 世纪 90 年代中期，半导体集成电路的发展远不如现在这么发达，国外的一些监护仪厂家主要还是应用体积庞大的老式的 CRT 阴极射线管和分立电路来设计监护仪，这样一来体积、重量和功耗都很大。迈瑞下定决心来吃这个螃蟹。技术人员将当时刚刚兴起的嵌入式操作系统、可编程逻辑设计技术、彩色液晶显示技术结合起来应用到监护仪产品中，并对监护仪的生理参数、测量电路进行了大幅度的集成电路化和低功耗设计改造。通过一年多的努力，成功地将第一代产品一跃升级为小巧便携、外观时尚、功能丰富的 PM - 9000 便携式多参数监护仪。PM - 9000 是迈瑞历史上第一个完全自主知识产权的产品，这也成为迈瑞发展史上最重要的一个里程碑。

PM - 9000 的成功，让之后的一切仿佛"理所当然"。1997 年，迈瑞成功引进了美国华登和日本软库的风险投资，解决了研发资金的困难，并一鼓作气把迈瑞推向了一个更高的起点。也由此，他们成为笑到最后的人：迈瑞的自主研发一旦开始，便如上足发条的机器，动力十足！2000 年，迈瑞的产品通过欧盟 CE 认证，在当时国内同行业相当超前。

2001 年，迈瑞成立的第十个年头，企业的境遇已大不相同。迈瑞自己的研发中心——北京研发中心成立，承担数字超声、血液分析仪、试剂等核心技术攻关项目。在引入先进的数字技术，消化吸收之后推出了全自动血液细胞分析仪和中国第一台全数字黑白超声 DP - 9900。这两个产品都迅速打开市场，取得了成功。

一位当年选择留在迈瑞的老员工讲述了一件让他印象深刻的往事："在迈瑞以前租用的办公楼里，有一家公司在 20 世纪 90 年代的 IT 业颇有名气。这个公司的老总对迈瑞要自己研发产品不以为然：'中国的优势就是劳动力便宜，搞自主创新行不通的。'现在，这家公司雇用了1000 多个女工，主要业务是给迈瑞加工电路板，去年迈瑞支付给它加工费 800 多万元，而迈瑞完成了 10 亿元的销售额，只有 500 名工人。"

3　持续创新，领跑国内

"医疗器械行业的技术壁垒相当高，没有技术积累，在市场上立足都很难，更别提企业的长期发展了。"迈瑞董事徐航这样说。通过建设卓越的研发体系和优秀的人才队伍，迈瑞用研发实力说话，为自身创新发展打造"引擎"，最终突破行业的重重壁垒，成为我国医疗设备领域的领军者。

3.1　重在研发,累积优势

2003 年,徐航带着大部队去娄山开战略规划会,研发仍然是讨论的主角。会上大家提出了许多有价值的意见,对之前的研发和创新做了反思和总结。从模仿式研发到自主创新,迈瑞实现了多元化产品的布局,同时,也开始考虑下一步。这时,迈瑞已经意识到要想保持快速增长,必须有核心技术、创新体系以及人才。

随着医疗设备行业整合和垄断的不断加剧,各家医疗设备公司都在把核心技术、关键部件掌控在自己手中,用技术壁垒阻挡竞争者。因此要想在这个行业生存下去,就必须靠对研发的持续投入去打破这些技术壁垒。核心技术的研发需要源源不断的投入。迈瑞董事长李西廷强调,迈瑞在创新研发上的投入是保持竞争力的关键。因此,在决定走自主研发创新这条路后,迈瑞始终将研发创新作为企业的"生命线",坚持"舍得投入,敢于投入"的高研发投入原则。除了将从美国、日本等风险机构获得的基金全部投入技术的研发,迈瑞坚持将每年销售收入的10％投入研发中,这样一干就是二十几年。最新的数据显示,2014—2016 年迈瑞的研发支出总计逾 30 亿元,每年研发投入占销售收入的比例都超过了最初规定的 10％(见表1)。"迈瑞一直在采取新措施,让研发有足够的投入强度。"迈瑞首席运营官王建新透露,"只有这样,迈瑞在未来才能保有竞争力。"

表 1　迈瑞近三年研发投入[①]

项目	年份		
年份	2014 年	2015 年	2016 年
研发支出/万元	94406.91	98822.71	108932.78
研发支出占比/%	12.05	12.33	12.06

在研发体系的构建上,迈瑞也不再是当年蹒跚学步的稚嫩孩童。迈瑞在全国建立了多家研发中心,开创性地发明了许多提高研发效率的做法。

医疗产品的开发上市是一个庞大的系统工程,在产品开发过程中,技术问题可能会层出不穷。一般说来,在设计或实现阶段遇到了技术障碍,才去攻克问题,其代价通常比较高。因为其他人的工作可能会被阻塞,已经投入的不少资源将被闲置。最糟糕的是,如果此技术障碍无法攻克,不得已又要改变技术方案,重新设计系统,那么不仅浪费了人力、财力、时间,处理不好还会使研发队伍陷入混乱状态。为了避免这种情况,防止研发进程被技术障碍打断,导致大量的相关工作被阻塞,迈瑞的研发中心多年来一直致力于技术预研,即在立项之后到开发工作完成之前的时间内,对项目将采用的关键技术提前学习和研究,以便尽可能早地发现并解决开发过程中将会遇到的技术障碍,排除技术上的不确定性,使整个研发过程更可控。

[①]　深圳迈瑞生物医疗电子股份有限公司首次公开发行股票招股说明书。

创新体系的系统性、规范性也为迈瑞的创新提供了源源不断的动力。迈瑞引入了医疗产品创新体系（MPI），形成了一套完整的研发体系，什么时候进什么领域，怎么进，都进行系统规划。通过全生命周期的管理和电子平台，使制造基地通过智能化管控，确保每个环节的管理可视化、标准化和可溯源，使创新落实到公司日常研发管理的各个环节[①]。

在创新之路上，迈瑞也不再拘泥于只是吸取他人的经验，而是根据实际情况进行了一系列新的探索。通过产学研合作模式带动产品研发就是其中一个。迈瑞体外诊断产品与上海地区多家医疗机构的检验科合作，共建属于中国人自己的检验平台。而超声影像产品研发团队也与上海交通大学医学院附属瑞金医院、北京协和医院通过"多中心研究"方式，建立了甲状腺弹性成像的"国人标准"。

3.2　人才为本，专注创新

迈瑞董事长李西廷说："我们公司最宝贵的资产是人。"迈瑞深知人才尤其是研发人才对于高科技企业的重要性，对研发人员极为爱惜。从午餐时间的安排即可窥见一斑。由于研发工作的特殊性，研发人员长时间专注于创新活动，午间小憩放松对他们而言极为重要。为此，迈瑞对分批就餐时间做了明确规定，管理人员被安排在最后一批，研发工程师则被优先安排在第一批，以尽可能为研发工程师们多省出一些午休时间。

有着技术人员出身的徐航深谙研发人才沉浸于创新、物我两忘的痴迷状态。为了营造"创新即游戏"、工作即享受的文化氛围，迈瑞设立了诸如专利奖、创新奖、以老带新的"共同进步奖"等诸多奖项，并将岗位职称的晋升考评与是否担任过内部讲师等指标挂钩，不断完善奖励机制及考评体系，营造激励创新、享受创新的文化氛围。

"在深圳，人才面临的诱惑很多，迈瑞的主要科研人员几乎都接到过外国竞争对手的电话，许以双倍的薪水。但直到目前为止，没有一人因此流失。"曾经担任迈瑞研发总监的穆乐民说。

迈瑞监护系统研发部经理叶继伦博士，以前是一所重点高校的教研室主任，加盟迈瑞多年。他说："在这里，你有多大的本事都可以使出来。在高校时几乎没有科研经费，但迈瑞对研发的投入非常大，在这里可以做自己喜欢做的事。从星期一到星期四，没有人要求，我们几乎都在自动加班，我们一心想着要尽快把产品研制出来，占领市场；如果做不出来，市场就丧失了。"他对自己的工作充满了自豪感："我有很多同学在国外，但他们没有那么强烈的自豪感、成就感。现在迈瑞是中国第一品牌，我们希望做到世界第一。"

逐步完善的研发体系、对人才的重视和管理，为迈瑞的爆发式增长打下基础。在持续的自主创新之下，迈瑞推出新产品的速度非常快，其自主研发生产的系列高科技医疗设备，不仅性能卓越，而且价格也比国际巨头低得多。

在李西廷的眼里，创新既没有那么诗意，也没有那么高大上。关于创新，他这样说道："我

---

① 　创新，中国品牌的世界加速度［EB/OL］.

理解的创新是一种日积月累的笨功夫,是一个从量变到质变、厚积薄发的过程……迈瑞自主研发的每一步,你会发现,结果都不是你设想的。迈瑞每一步创新,都是咬着牙挺过来的。在自主研发的过程中,迈瑞人要做的只是,每一天都比前一天有一点进步。"

2004 年,迈瑞发现国内妇幼保健系统对便携式超声产品有需求,而海外代理商反馈的信息表明,欧洲私人诊所和小型私人医院对便携式超声产品有同样需求。基于 DP－9900 技术平台,迈瑞开发出便携式全数字黑白超。

在我国,以前的血液和细胞检测装置基本依赖进口,不仅价格高昂,而且几乎都有工作效率不高、测量样本时间较长、容易造成样本间的交叉污染等缺点。为了解决这一问题,从 2010 年开始,迈瑞进行了长达三年的攻关。白手起家,其中的艰难可想而知,没有资料,研发团队就不断钻研专利文献,努力弄懂以往技术的缺点,然后独辟蹊径,以自己独特的技术路线从头开始。现代化的技术研发,以计算为基础,以仿真数字模型为参考,以实验来验证。经历了三年无数次的失败,无数次的挫折,从计算到仿真到实验,三个步骤不断往复,积累日渐增加,距离成功也越来越近。

不知不觉中,三年时光悄然流逝。在一个金色的秋日,项目负责人郭文恒与研发团队成员们紧张地守候在样机前,通电开机,放入样品,按下显示键,瞬间,一组数字出现在显示屏上,打印结果也同时输出。大家紧张地将结果与理论测算进行对比,结果完全一致,成功了!"我们虽然是世界上第五个掌握这一技术的国家,但我们的技术却是十分先进的,甚至在某些技术性能上优于国外的同类产品。"郭文恒对此十分自豪[1]。

秉持着不断挑战困难、克服困难的态度,中国第一台血氧饱和度监护仪、第一台便携式多参数监护仪、第一台准全自动三分类血液细胞分析仪、第一台全数字黑白超声、第一台全自动生化分析仪、第一台双模磁共振成像系统……这一项项核心技术的突破,逐步打破了进口品牌垄断中国市场的局面,也让迈瑞成为国内医疗自主创新产业的拓荒者和领军者。

4　走向世界,创新国际化

2016 年,著名的波士顿咨询列出过一份有趣的企业名录。波士顿咨询认为,"我们发现了一批深具潜力而未被广泛认知的公司,我们预期它们会大幅度地改变行业格局并有力地影响全球市场"。它从全球选出了 100 家来自新兴市场、正在加速全球化的企业。来自中国的迈瑞,成为位列名单的、医疗技术领域唯一的"全球挑战者"。

如今的迈瑞,不仅向国内业界展示着自身的创新实力和卓越表现,也向世界表明了中国医疗器械企业的崛起。迈瑞用稳健的步伐,成功地向全球医疗器械行业展示了"中国产品向中国品牌转变"的华丽变身。

---

① 赵建国.专利是站在世界前列的根本[N].中国知识产权报,2013－11－15(8).

4.1　厚积薄发，全球布局

在国内市场站稳脚跟之后，迈瑞开始了向更宽广平台的跨越。"我们的目标是输出'中国智造'。"迈瑞总裁成明和说。

2006 年，迈瑞为自身的发展画上了浓墨重彩的一笔。这一年，迈瑞作为中国第一家医疗设备企业在美国纽约证券交易所成功上市，标志着迈瑞迈出国门，正式向国际进军。

在严峻的竞争格局中，2008 年，迈瑞大手笔收购了美国 Datascope 公司的生命信息监护业务。在获得了其 40 余年的雄厚技术后，迈瑞在这一年开发出了 M5 便携式彩超，克服了笔记本彩超"散热、功耗、体积"的三大世界性技术难题，赢得市场青睐。

2013 年 6 月，迈瑞继续发力，斥资 1.05 亿美元全资收购美国高端彩超技术领军企业 ZONARE Medical Systems，由此进入移动彩超领域。

与不断拓展海外市场同步进行的，是迈瑞不断加强的国内外研发布局，同时，其创新也迈入相对成熟阶段。

在多年的全球化进程中，迈瑞形成了"美国＋中国"的全球化研发平台，在深圳、北京、南京、西安、成都、美国西雅图、硅谷、新泽西设立八大研发中心，共有 1600 余名研发工程师（见图 1）。

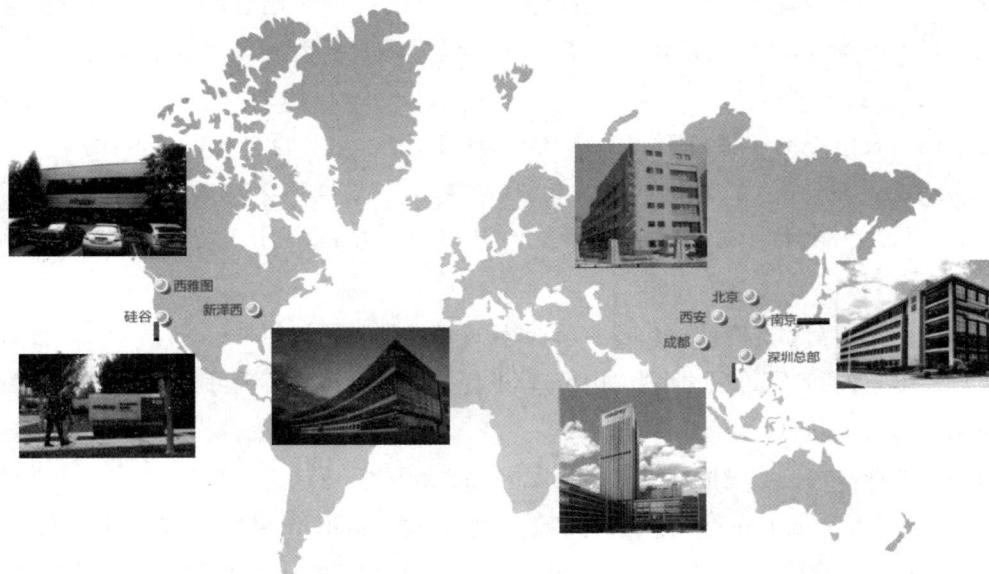

图 1　迈瑞全球研发中心

多次并购后，如何有效整合多地的研发资源成为迈瑞面临的一大难题。于是，在迈瑞内部，诞生了一个特殊的机构——技术研究院，这个机构关注和研究相关领域的前沿技术，为未来五年提供创新的源动力。一旦有创新想法，不管是技术还是产品开发，都会进入业务发展委员会进行评判，一是判断业务发展方向，另一方面要对项目的类型进行划分，最终落入技术团队或业务开发团队，按照短、中、长期规划给予相应的资金、资源支持。

与技术研究院相配合的,还有一个规划部,他们负责根据全球市场不同需求,确定新技术的归属以及全球不同研发中心的研发方向。具体规划针对产品及技术两个层面,再将其按照核心业务、增长业务和种子业务的方式划分出来,最终分配到各个事业部的研发中心。迈瑞每个事业部中的研发中心,也根据不同的技术方向细分为不同部门,他们专职研究产品线上的技术需求,平行运行的还有一个新技术探索组,做具体产品线技术的开发,与其他软件、硬件、测试、整机验证、临床、工艺设计、技术法规等小组,构成一个产品研发的全部流程环节。

同时,为了增进总部、海外机构之间的知识分享和工作协同,提高创新效率,迈瑞还与IBM合作,构建了横跨全球各分支机构、纵跨各业务板块的信息一体化运营管理平台,并建立起 IT 全球服务台,为公司全体用户提供全新的 7×24 小时、一站式定制型 IT 全球服务[①]。

通过管理、技术等多方面的努力,迈瑞将劣势转变为优势,形成了一个庞大但高度协同的研发体系。在融合境外公司的创新能力以及境内的工程实现优势后,迈瑞的新产品迭代时间大幅缩短,为迈瑞将创新产品推向全球打下了坚实基础。其间,迈瑞的研发中心专注于彩超核心技术研究,在 DP－9900 技术平台上应用彩色信号处理技术,掌握了彩超核心技术。2006年,迈瑞研发出中国第一台拥有自主知识产权的中低档全数字彩超——DC－6,在此基础上,2008 年和 2010 年,又相继开发了高端超声仪器——M5 和 M7 便携式彩超,与跨国公司在发达国家市场展开竞争。M7 之后还获得了德国红点工业设计大奖,预示着迈瑞的工业设计能力达到了国际先进水平。

迈瑞的研发中心也通过了 Intertek、SGS 等国际第三方实验室认证以及中国 CNAS 认证[②],研发可靠性得到认可。2017 年 4 月刊的《经济学人》高度评价迈瑞整合中美研究团队资源的经验,原因是"其位于硅谷的研发团队与深圳团队互相学习,形成了优势互补的良性互动"。

从国内泯然于众的医疗器械代理公司,到国内医疗器械领域的领头羊,再到被国际权威机构认可的"全球挑战者",迈瑞输出"中国智造"的愿景正在一步步实现,而庞大的全球研发网络正是其创新的一大助力。

迈瑞的全球布局已初显成效。在高度发达的欧洲市场,迈瑞拥有八个分公司,当地员工占比超过 80％,产品和服务在英、法、德、意、西、荷等西欧发达市场 5000 多家医院落地,其中法国、英国、德国占比分别达到 75％、70％、50％[③]。英国爱丁堡皇家医院、法国图卢兹大学医院、比利时鲁汶大学医院、瑞典卡洛琳医学院等知名医疗机构都是迈瑞的忠实客户。

①　迈瑞坚持创新科技:闪耀国际舞台[EB/OL]. http://hy. stock. cnfol. com/dianzixinxijishu/20141120/19510182. shtml,2014－11－20.

②　[推动中国]医疗巨头迈瑞:自主研发迈出国门 打破国际垄断[EB/OL]. http://finance. sina. com. cn/roll/2017－08－08/doc－ifyiswpt5976494. shtml,2017－8－8.

③　从医博会看中国医疗品牌的崛起之路［EB/OL］. http://baijiahao. baidu. com/s? id＝1568346853783028&wfr＝spider&for＝pc,2017－5－25.

在对医疗设备要求极高的美国,迈瑞从小突破,逐步做大做强。迈瑞从最初与中型规模医院合作,到目前已经进入越来越多的 500 床以上的大型医院。现在,迈瑞在北美与近万家终端医疗机构合作,包括全美前十名的综合性医院、顶级高校教学医院、著名的专业医疗机构。

作为"一带一路"的先行者,迈瑞在共建国家中的 15 个国家建有 21 个子公司和海外办事处,其中在多个国家分别设有多处当地办事处,如印度、印尼、俄罗斯等。迄今,57 万多台迈瑞设备已入驻"一带一路"共建国家的医院、诊所和实验室,服务于当地医疗事业。

4.2　引领未来医疗"智能化"

进入迈瑞的官网,赫然映入眼帘的,就是醒目的八个大字"医心一意,汇智未来"。面对医疗智能化的浪潮,迈瑞紧跟时代的需求与步伐,用医疗"智能化"创新开启未来医疗之窗。

"智能医疗一定是未来创新的重点。对医生来讲,有了智能化设备的帮助,操作更易学更快捷,诊疗更准确更高效;对病人来讲,也可减少顾虑,获得一致水平的准确诊断。"迈瑞常务副总裁吴昊如是说。

当前,迈瑞正从最初的精密化走向自动化、信息化、智能化,智造升级路径渐明。迈瑞推出了多方面的智能解决方案,智能化产品频出,用实际行动浓墨重彩地诠释着医疗器械"智能化"的未来(见图 2)。

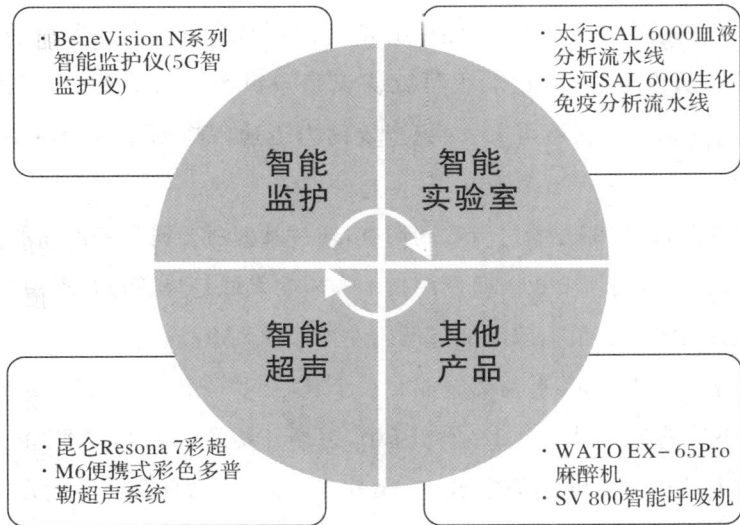

图 2　迈瑞代表性"智能化"医疗产品

在智能监护解决方案上,迈瑞推出的 5G 智监护仪是世界第一台可旋转屏幕的新一代"智"监护工作站,既能满足竖屏下较大的监测值显示,又兼顾了横屏下展现更长的波形,屏幕大、参数多，医生可根据临床需要纵横选择，观察便捷。凭借其"瑞智库、瑞智简、瑞智联"的高端技术特色，引领信息时代监护仪的发展潮流。

在智能实验室解决方案上，迈瑞太行 CAL 6000 血液分析流水线是全球唯一一款具有微量末梢全血检测功能的血液分析流水线，采用模块化灵活配置，其 LabXpert 2.0 专家系统，能够智能化决定复检样本，提升科室效率并保证结果准确性。

智能超声方面，迈瑞昆仑 Resona 7 高端彩色超声系统给用户带来了全新的"域智能"超声解决方案："域智能"突破了传统超声成像平台的技术限制，通过创新性的四大成像技术，实现了同步提高空间、时间、组织均匀性的超声图像需求。在此基础上，以深度学习为内核，将专家智慧转化为智能化的临床应用，为临床诊断带来全新的体验，代表了超声成像技术未来的发展方向。Resona 7 的横空出世，标志着迈瑞与国际高端产品的挑战赛正式打响。

通过 20 多年的自主创新，迈瑞在行业很多领域实现弯道超车。而通过持续创新积累起来的竞争力，在智能医疗领域，迈瑞则从一开始就和国际巨头们站在了同一起跑线上。未来已来，迈瑞正鼓足勇气，积淀实力，用智能点亮医疗未来。

5　知识产权护航自主创新

"在这个相互关联的知识型全球经济中，创作者和创新者越来越依赖知识产权，以促进和保护其全球竞争优势。"世界知识产权组织总干事弗朗西斯·高锐（Francis Gurry）这样说道。

李西廷表示，中国医疗设备领域里的"山寨"现象十分严重，一定要加强知识产权保护。作为一个高新技术研发型企业，迈瑞很早就认识到知识产权的重要性。从 1991 年成立至今，迈瑞的发展与知识产权密不可分，知识产权助力迈瑞不断创新，护航"中国智造"走向一流、走向全球。

在产品立项阶段，迈瑞即开始进行专利调查，通过掌握所要研发的产品的技术动向以及竞争对手的技术发展水平，对所要投入研发的技术领域的发展趋势进行合理预测，避免研发盲目性，从中找到自己的创新点，最大限度地降低研发投入的风险。

医疗器械由于其要求的苛刻，需要企业有一个长时间"厚积薄发"的研发过程。迈瑞的专利申请趋势正是这一过程的体现。2000 年开始，迈瑞开始发展专有技术，走专利路线。比肩华为在研发投入上的比例，迈瑞每年推出 10 余款新产品，每款新品至少运用 10 项专利技术。因此，在 2000 年前迈瑞的专利申请量并不醒目，但在 2000 年后开始了专利申请的多级跳，实现了从十多项到几十项再到数百项的飞跃。在 2006 年迈瑞赴美上市后，其年专利申请量较为稳定地保持在 300 条左右（见图 3）。

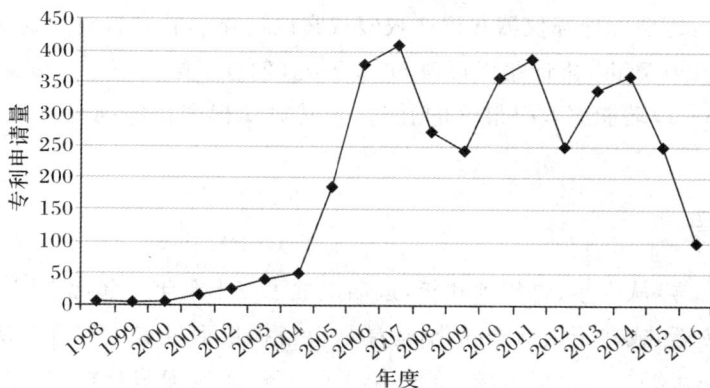

图 3　迈瑞历年专利申请量①

经过多年积累,迈瑞拥有全部自主知识产权的专利申请量达 3689 件②。截至 2016 年 12 月 31 日,迈瑞专利总授权量超过 1600 件,创造了 20 多项"中国第一"③。

除了在专利数量上稳步提升,迈瑞同样注重专利质量,专利对市场的支持作用正逐渐显现。迈瑞在其技术领先的产品上均布局了大量专利,包括超声成像、X 射线、医疗试剂与分析、临床监控及呼吸机等,分别对应医疗影像、体外诊断和生命信息及维持等三个大类。

以一款产品为例,迈瑞在研发出黑白 B 超机后,掌握了该领域的核心技术,进而在随后的短短几年中在 B 超机领域推出了很多新的产品,技术创新也一步步趋于成熟。迈瑞为了保持新技术、新产品的竞争优势,将其核心技术作为基本专利保护起来,及时开发一系列的外围专利,避免受到竞争对手的控制。

海外销售额占据迈瑞整体销售额的一半有余,因此,迈瑞非常重视全球专利布局,建立了良好的全球知识产权保护体系,为公司创新成果在全球市场推行一路护航。中国、欧洲、美国、东南亚等重要市场,都是迈瑞进行布局的区域。美国作为全球科技中心,是许多企业进行专利海外布局时首选的地点,在迈瑞的专利总授权量中,近 16.3% 为美国发明专利。

布局早、力度大,凭借强大的专利积累,迈瑞逐步成为中国自主知识产权医疗器械产品国际化和进军欧美发达市场的龙头企业。公司核心产品——监护仪、彩色超声仪、麻醉和呼吸产品、体外诊断仪等,不仅在国内市场打破了国外高端产品的垄断,在各自领域销量名列前茅,而且在国际市场也逐步成为主流产品。

迈瑞结合公司实际建立了专门的管理制度和流程,逐步形成了公司知识产权预警平台,以有效规避专利风险。目前,迈瑞已经通过《企业知识产权管理规范》标准认证审核,成为国家知识产权管理体系认证企业。

---

①　数据来自 Incopat 专利检索数据库。

②　数据来自 Incopat 专利检索数据库。检索日为 2017 年 11 月 28 日。

③　医疗巨头迈瑞:自主研发迈出国门 打破国际垄断[EB/OL]. http://www.sohu.com/a/163100055_99920688,2017 - 08 - 08.

2016 年 10 月,迈瑞诉理邦仪器知识产权侵权案以迈瑞的胜利告终。这场诉讼历时五年,五年里,理邦仪器多次败诉,累计赔偿迈瑞 6000 万元,创造了国内医疗器械领域的知识产权诉讼赔偿金额之最[①]。迈瑞能够取得最终的胜利,与其对知识产权的高度重视和完善的知识产权体系密不可分。

6　结　语

就像一个人一样,从少年、青年到壮年,迈瑞走过了三十余年。起源于国外医疗产品代理,成长于持续自主创新,成熟于创新国际化,迈瑞从设备提供商发展为综合解决方案提供商,其创新产品也由单一市场打入全球市场,监护、麻醉、除颤、血液细胞分析、彩超等领域多类产品迈入世界级品牌行列。

创新,已经成为迈瑞的一种强势文化。迈瑞在全球的 1600 多名研发工程师,持续共同输出创新产物,不断重新定义医疗质量和效率的新标准,打造属于自己的新的技术核心竞争力。庞大的研发队伍、自建的创新生态系统,让迈瑞拥有了不断创新的实力,有了成为世界级优秀企业的基础和与国际巨头比肩的资本。

全球高端医疗器械市场是个"超级蛋糕",数据显示,2015 年全球医疗器械企业规模第一的美敦力,销售额已达 288 亿美元。在加速进入老龄化社会的背景下,中国医疗设备的市场规模也在持续扩张。巨大的市场加之在"中国制造 2025"、鼓励创新医疗器械研发、国产替代进口等政策利好下,迈瑞如能借风起势,必能飞得更高更远。

在迈瑞的官网上,赫然写着迈瑞的企业愿景——成为守护人类健康的核心力量。未来,让我们一起期待这抹迈瑞红更加耀眼!

---

① 　理邦仪器专利系列纠纷案再败诉 五年累计赔偿迈瑞医疗 6000 万［EB/OL］. http://stock. hexun. com/2016 - 10 - 10/186342937. html,2016 - 10 - 10.

第 10 章配套案例

第一个穿卫生巾的男人：如何在逆境中创新[①]

摘要：阿鲁纳恰拉姆·穆卢甘南塔姆（Arunachalam Muruganantham）是一名普通的电焊工，因目睹印度女性买不起昂贵卫生巾而遭受痛苦，甚至导致家庭破裂、社会排斥的悲剧，他决心制造出廉价且高质量的卫生巾。本案例详细描述了穆卢甘南塔姆在资源匮乏、亲友误解的困境中，如何一步步克服重重困难，最终成功研发出低成本、高质量的卫生巾制造机，为数百万印度妇女带来福音的故事。

关键词：朴素创新　资源整合　低端市场　印度妇女

1　被束缚的印度妇女

1.1　传统思想的禁锢

印度作为全球最大的发展中国家，人口约 13.24 亿，长期以来被贴上贫穷、落后、拥挤等标签。在印度传统文化中，女性的月经被视为禁忌，经血被污名化为"不洁""羞耻"甚至"诅咒"的象征。女性在月经期间被禁止进入厨房、卧室等场所，甚至不能公开谈论这一话题。这种根深蒂固的观念严重限制了女性的社会参与。

1.2　经济条件的落后

印度有 3.55 亿育龄妇女，但仅有 12％能够负担合格的卫生巾，其余 88％的女性在月经期间被迫使用灰烬、旧布、谷壳、干草、沙皮甚至旧报纸等不卫生的物品。由于卫生巾价格昂贵且消耗量大，贫困家庭难以承担，许多女性在生理期被迫中断工作或学业。据统计，约 23％的女生在初潮后因无法应对月经问题而辍学。

1.3　贫瘠基础设施建设的束缚

由于使用不卫生的替代品，超过 70％的妇女生殖道感染，增加了患相关癌症的风险。然而，贫困家庭连基本生存都难以保障，更无力承担医疗费用。此外，印度的基础设施建设相对落后，公共卫生体系不完善，导致大量因细菌感染引发的死亡病例（见图 1）。

---

①　本案例作者为重庆交通大学经济与管理学院学生曾淦、谭小棋、谭鑫、时芸婷，指导教师为重庆交通大学经济与管理学院董梦杭副教授。

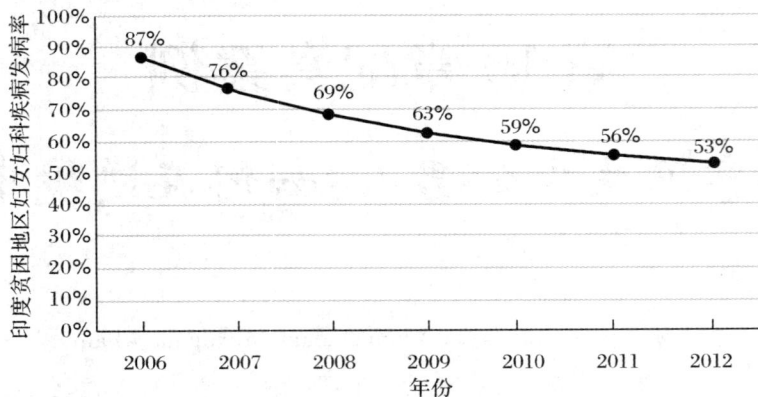

图 1　印度贫困地区妇女妇科疾病发病率

2　阿鲁纳恰拉姆的求索之途

2.1　因爱而起

1962 年,阿鲁纳恰拉姆·穆卢甘南塔姆出生于印度一个普通的纺织工人家庭。父亲在一场车祸中不幸去世后,母亲转行做农民工,家庭生活变得更加艰难。懂事的阿鲁纳恰拉姆在 14 岁时便辍学打工,16 岁成为一名电焊工。1998 年,他与妻子尚蒂(Shanthi)结婚。一次偶然的机会,他发现妻子用一块脏布处理生理期的卫生问题。这让他感到震惊和心疼,质问妻子为何不使用卫生巾。妻子无奈地回答:"如果买卫生巾,家里就没钱买牛奶了。"

在印度乡村,妇女们不仅买不起跨国公司生产的高价卫生巾,还将其视为邪恶和污秽的象征,甚至羞于提及。这块脏布深深刺痛了阿鲁纳恰拉姆的心,他立即去商店买了一盒卫生巾,36 年来第一次认真观察这个"禁忌之物"。然而,他发现卫生巾不过是简单的棉花和纸巾,成本仅几分钱,却被卖到几美元。他萌生了一个大胆的想法:为什么不自己制作卫生巾呢?

2.2　为念而往

于是,阿鲁纳恰拉姆开始了他的卫生巾探索之旅。最初,他用干净的棉花和纸巾制作了一款简易卫生巾送给妻子,但由于未经处理的棉花既不杀菌也不防漏,效果还不如破布,第一次尝试以失败告终。

然而,他并未放弃。他深入研究市面上的卫生巾,不断改进设计,但需要大量用户进行测试。在当时的印度,月经问题是一个禁忌话题,几乎不可能找到愿意参与测试的女性。尽管如此,阿鲁纳恰拉姆更加坚定了改变现状的决心。妻子成了他唯一的"种子用户",但月经周期漫长,他等不及妻子的生理期,决定亲自上阵。他自嘲道:"那一刻,我感觉自己就像第一个在月球上留下脚印的阿姆斯特朗,只不过我是第一个穿着卫生巾的男人。"

　　为了更真实地体验女性使用卫生巾的感受,他设计了一个奇葩的实验:用足球内胆模拟子宫,在胆壁上戳洞,加入防止血液凝固的药剂,并将羊血注入其中。他垫上自制的卫生巾,挂着这个"人造子宫"在村庄里行走,测试卫生巾的吸收效果。尽管村民们嘲笑他"疯了",他依然坚持自己的实验,连续 5 天模拟女性生理期。解下"子宫"的那一刻,他感到身心俱疲,但内心更加坚定:一定要让印度农村妇女用上便宜又舒适的卫生巾。

　　然而,卫生巾的制作过程远比想象中复杂。一次次失败后,阿鲁纳恰拉姆一家成了全村的笑柄。新婚 18 个月后,妻子因无法忍受流言蜚语提出离婚;他向妹妹求助,却被视为耻辱;他在医学院门口向女学生免费分发卫生巾,却被当作流氓驱赶。母亲甚至以为他在施展黑魔法,吓得离家出走。村民们传言他感染了怪病,甚至会在夜晚变成吸血鬼。

　　最终,村里的男人们威胁要将他绑在树上"驱邪",否则就赶他出村。面对这一切,阿鲁纳恰拉姆毅然离开了村庄,继续他的卫生巾事业。从此,他妻离子散,众叛亲离,成了真正的孤家寡人。

2.3　终有所得

　　古语有云:"天将降大任于斯人也,必先苦其心志,劳其筋骨,饿其体肤,空乏其身。"当一个人陷入孤独的深渊时,心中的目标便成为唯一的光。阿鲁纳恰拉姆自嘲"无知者无畏",为了弄清卫生巾的工作原理,这位 14 岁辍学、识字不多的电焊工,凭借一股韧劲,查资料、做实验,逐渐涉足材料学、分子学领域。他操着一口蹩脚的英语,一遍又一遍地向大型跨国制造工厂写信,希望有人能关注到金字塔底层消费者的需求。

　　功夫不负有心人,他的真诚与热情最终打动了一位大学教授。在教授的启发下,阿鲁纳恰拉姆发现了制造卫生巾的关键材料——一种从松树皮木浆中提取的纤维素纤维。找到关键原材料后,他欣喜若狂,但很快发现,分解松树皮所需的进口仪器价格高昂,一台竟超过 54 万美元。这让他恍然大悟:难怪卫生巾的价格如此昂贵! 既然要打破价格垄断,机器也是人造的,为什么不能自己设计一台呢?

　　在没有任何资源的情况下,他将自己关在独居的小屋里,思考、设计、画图、选材、拼装、调试、改良,废寝忘食地将生活中的简单原理与机器设计相结合。经过四年半的努力,他终于成功制造出了一台平价的微型卫生巾制造机器。这台机器看似简陋,却功能齐全:能将坚硬的松树皮分解成蓬松的原料,提取出卫生巾所需的纤维素纤维,再将其制成无纺布,经过压缩、紫外线消毒杀菌,最后进行包装。整套设备成本不到 1000 美元,不到市面上大型机器的 0.2%,生产的卫生巾价格也能让贫困家庭的女性负担得起(见图 2)。

　　阿鲁纳恰拉姆的坚持与创新,不仅打破了价格垄断,更为无数女性带来了希望与尊严。

图 2　卫生巾及卫生巾生产机

3　不忘初心,舍弃私利

2006 年,阿鲁纳恰拉姆带着他的创新理念前往印度理工学院马德拉斯分校,寻求反馈和建议。他的发明被推荐至印度国家创新基金,并在 943 个参赛项目中脱颖而出,荣获国家创新大奖,由印度总统亲自颁奖。此外,他还获得了印度钦奈理工学院的"改善社会最佳创新奖"。凭借这些荣誉和种子资金,他创立了贾亚什里工业(Jayaashree Industries),致力于向印度农村妇女推广他的发明。

到 2013 年,这款低成本的微型卫生巾制造机已在印度 26 个邦及 6 个国家部署了约 1000 台,每个制造点不仅为当地妇女创造了 3 至 10 个就业机会,还带来了每月 1 万卢比的净利润。这款卫生巾不仅改善了女性的卫生和健康状况,更重要的是,它赋予了她们生活的尊严。

2014 年,阿鲁纳恰拉姆因其卓越贡献被《时代》杂志评为全球最有影响力的 100 人之一。2016 年,他荣获印度政府颁发的莲花士勋章。然而,他并未选择商业化扩张,而是在网站上公开了所有技术资料,开放了专利授权。如今,已有超过 110 个国家和地区采用了他的技术,包括肯尼亚、尼日利亚、毛里求斯、菲律宾和孟加拉国。

阿鲁纳恰拉姆的愿景是创造 100 万个就业机会,改变印度农村妇女仅有 2% 使用卫生巾的现状,确保所有印度女性都能使用卫生巾,不受教育和识字率的限制。他的发明被认为是改善印度女性生活条件的关键一步,数以亿计的女性因此受益。他的故事激励了其他企业家,有人开始探索使用废弃香蕉纤维或竹子作为原材料。

阿鲁纳恰拉姆已成为社会企业家中的佼佼者,曾在多所知名学府和 TED(技术、娱乐、设计)大会上演讲。他的事迹被拍成纪录片《月事革命》和电影《印度合伙人》。

4　特有模式

全球卫生巾制造业正迎来改革,随着对女性健康和收入影响的关注增加,全球范围内出现了多种降低卫生成本的创新方案。阿鲁纳恰拉姆的 Jayaashree Industries 之所以成功,主要得益于其独特的经营模式:

(1)建立一个由基层民众有效运营的可持续企业;

(2)提供价格合理的卫生巾,不牺牲原材料或产品质量,这是一项社会工程突破;

(3)简化供应链,消费者直接参与产品处理;

(4)采用无化学添加的简单技术,通过机械加工将松木纸浆转化为卫生巾;

(5)微型卫生巾制造机是阿鲁纳恰拉姆利用技术帮助贫困人口的首个尝试,未来将致力于新的发明。

5　何去何从?

阿鲁纳恰拉姆在资源有限的情况下,通过创新和资源整合,实现了产品目标和价值。尽管目前取得了巨大成功,但仍面临挑战:开放专利后产品的市场冲击、跨国企业的竞争、印度经济提升后廉价卫生巾的市场需求变化,以及产品国际化后的目标客户群体调整。

阿鲁纳恰拉姆的卫生巾之路将如何发展,仍需观察市场和社会的进一步反应。

第11章配套案例

乾承科技——最缺哪一抹绿？①

摘要： 大连乾承科技开发有限公司是致力于节能、环保技术产品的研发、生产、营销为一体的高科技生态创业企业，其研究开发的乾承陶瓷合金修复技术是针对机械磨损自动修复的专利技术。本案例回顾了该公司从发现生态创业机会、树立生态理念，到创立公司、发展瓶颈、寻求突破的生态创业路程。案例内容适于讨论和分析比较创业与生态创业的特征、影响因素，以及基于制度学的创业正当性角度思考生态创业所遇到的问题及未来的发展方向。

关键词： 生态创业　绿色创新　创业的正当性

1 引　言

大地回春，万物生机，放眼望去，杨柳吐新芽，小草也慢慢扬起头，肆意地呼吸着春天的气息。清晨的露珠还没有消散，打湿了来往行人的衣裳，也吸引着奔忙的大连乾承科技有限公司的董事长曲宝珠（下文简称"曲董"）。沉甸甸的露水压在绿油油的草地上，压弯了一株株脆弱的小草，可是它们依然向着天空骄傲地高高昂起头，仿佛不想向大地屈服一样。看着青草的坚强，疲惫的曲董忍不住驻足凝视，仿佛看着年轻的自己骄傲地面向未来时的模样。

技术出身的曲董向来不喜欢那些浮夸的荣誉和称号，但不知道从什么时候开始，"生态创业者"仿佛成了她的代名词，被叫得越来越响亮。然而从最开始踏上生态创业这条路，一路走来，其中的酸甜苦辣只有她自己知道。

2 "绿"之生根

遥远的西伯利亚，北风瑟瑟，大雪纷飞，皑皑白雪遮盖了一切生机。恶劣的生活环境导致这里人迹罕见，几乎见不到有人生活的痕迹。但极寒的气候却造就着鲜为人知的地理奇迹。地理工作者发现这里的钻井工具的寿命跟其他地区相比要长很多，表面在没有进行其他保护措施的情况下，也变得异常光滑，几乎不存在机械摩擦。究竟是特殊的地理环境造就的这种特殊的现象，还是在地质结构中存在着一种特殊的物质，在机械磨损过程中起着重要的作用。勤奋的苏联科学家开始了大量的研究，投入了大量的资金和精力。当时就职于哈尔滨某机械公

① 本案例由大连理工大学管理与经济学部的雷善玉、马欢欢、李晓雨撰写，作者拥有著作权中的署名权、修改权、改编权。本案例授权中国管理案例共享中心使用，中国管理案例共享中心享有复制权、修改权、发表权、发行权、信息网络传播权、改编权、汇编权和翻译权。由于企业保密的要求，在本案例中对有关名称、数据等做了必要的掩饰性处理。本案例只供课堂讨论之用，并无意暗示或说明某种管理行为是否有效。

司技术研发部门的曲董也因一次偶然的机会接触到了这个项目,并有幸参与了对方的技术交流会。第一次听到"机械磨损修复",曲董感到又新奇又激动,在交流的过程中一直积极地与对方专家进行沟通,希望多了解这方面的技术知识。然而恰逢政治风云,苏联解体,国家动荡,科学研究难以支撑下去。一位相熟的苏联摩擦学老科学家,把已经有的一些研究数据和资料托付给了曲董,希望她的研究热情可以赋予它新的生命力。

"我当时只觉得这是个机遇。"曲董的回忆慢慢飘回到那段艰辛探索的年代。"现代社会环境压力这么大,生态条件越来越不好,如果真的能研制出一种可以修复机械磨损的材料,对环境保护而言,是多么大的贡献啊!"当时的曲董还不知道究竟什么是"生态创业",也不知道什么是"绿色创新",只是凭着一腔的热血,投入到了技术研发中去。研发的过程是一个漫长而艰苦的过程,技术机理不明确,还要不断地进行尝试,寻找有效的物质加以合成。严谨的科学分析,艰难的摸索前进,每一步都像登山一样困难,但过程的艰辛无法打消曲董的坚持,那份关于"绿"的坚持、关于生态环保的坚持。

功夫不负有心人,几年的时间里曲董看着自己的研究成果像大树一样开始生根发芽,她也开始关注"生态创业""绿色创新"这些从来没有接触过的词汇。一次又一次的通宵达旦,记录下不知道更新了多少次的实验数据,曲董每天看着清晨的太阳缓缓升起,第一缕微弱的阳光洒向大地的时候,也感觉到自己的希望之光正在冉冉升起,并终将散发出耀眼的光芒。

时间慢慢地走到了 2010 年秋天。秋风萧瑟,昏黄的夕阳中,曲董亲眼望着自己工作了多年的机械公司倒闭了,伴随着树叶的落地结束了曾经的辉煌。抱着自己多年的研究数据和资料,看着办公室墙上"绿色创新""环境保护"的标语,仿佛看到了绿色的明天、改善生态环境的未来,曲董暗暗下了决心,"绿"之树悄然生根。

3　"绿"之萌芽

突然之间,没有了资金、没有了研究人员、没有了技术支持,或者是说没有了后路,但这些都不足以打消曲董在机械磨损修复技术领域继续钻研的信念,她坚定地相信,一旦机械磨损修复技术研发成功、面向市场,必然会引发巨大的反响。给世界一个机会修复机械磨损,重现蓝天绿水。从无到有,必然要经历一个荆棘遍布的过程,但这也是她坚持的理由所在。

自主研发,自己创业,曾经和她一起搞研发的同事们想都不敢想的事,曲董咬着牙开始了。周围的人都表示不理解、不支持、不相信,觉得曲董在异想天开,好在还有丈夫默默的陪伴和帮助,像温暖的大树一样守护着初生的草草木木。上天永远不会辜负勤劳的人,曲董最终取得了别人意想不到的成功,在技术上有了重大突破,她给它取名为乾承机械磨损修复技术(下文简称"乾承技术"),并为它申请了两项国家发明专利[①]。有了立足之本和发展之根,曲董和丈夫王总离开了生活多年的哈尔滨,怀揣着生态创业的梦想和充满活力的乾承项目,夫妻俩来到大

---

①　一种金属表面改性材料及其制备方法,专利号:ZL2008100973＊3.3;一种金属表面陶瓷合金材料及制备方法,专利号:ZL20091008＊679.2。

连寻找投资和合作。作为全新征程的起点，他们注册成立了大连乾承科技开发有限公司，夫妻二人分别任公司董事长和总经理。新的事业就这样轰轰烈烈地拉开了帷幕，曲董创业的路程也在跌跌撞撞中开始了，种下了"绿"树，萌发了"绿"芽。

3.1　公司简介

大连乾承科技开发有限公司是致力于节能、环保技术的研发、生产、营销为一体的高科技企业。企业成立的宗旨是将乾承机械磨损修复技术发明成果推向广阔的应用领域，围绕机械磨损自动修复专利技术组建了一个提供解决方案和产品供应的平台。公司在大连旅顺中科院创新园区建有研发中心和生产基地，具有规范化、批量生产能力。产品有三大类十一款，拥有两项发明专利、一项实用新型专利，目前拥有"乾承""乾承——点石成金""润鉴""摩博士"四个产品品牌。

乾承公司的企业理念是共同打造节能环保领域新平台，为清洁的地球、绿色的地球而工作，用节能环保造福未来，"让磨损消失、让天空更蓝、让资源再生"是他们创业发展的使命和追求。创业至今，乾承公司已经为机动车类、机械设备类、军用类等不同领域的机械设备提供了金属磨损修复整体解决方案，打造出处于国际领先水平的金属表面改性材料，产品远销至美国、加拿大、日本、韩国和新加坡等国家。

3.2　产品及技术机理

乾承机械磨损修复技术是基于解决世界性的机械磨损修复难题——金属磨损自动修复而开始研发的。该技术综合采用表面工程学及材料科学最新技术研制出一种多组分特殊材料，当金属间因摩擦而产生磨损时，通过特殊材料与金属表面发生置换反应生成新物质（陶瓷合金）自动补偿磨损面，使它恢复到原来的形态，从而实现自动修复的效果（见图2）。

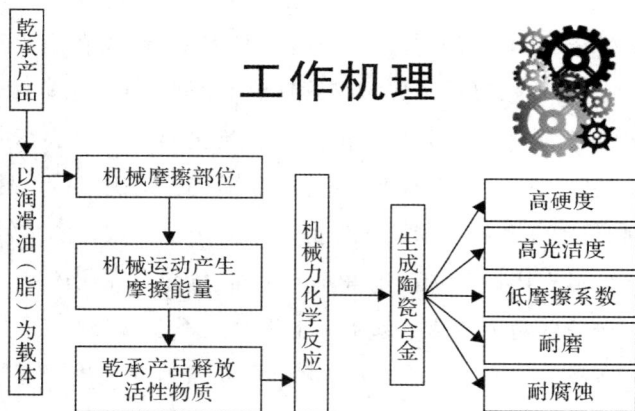

图 1　乾承机械磨损修复技术工作机理

新产生的陶瓷合金高硬度、耐磨、耐腐蚀、摩擦系数极低、坚固耐久，有效地延长了修复设备的使用寿命，可修复能耗、修复排放，节省拆卸修复的时间和经济投入，有效解决了机械磨损自动修复的难题,延长了机械设备的经济和使用寿命①,与现有的润滑油存在本质上的区别(见表1)。

表 1　乾承产品与润滑油添加剂对比

项目	乾承产品	润滑油添加剂
原料	无机矿物质	石油、化工产品
功能	自动修复磨损	无修复磨损功能
摩擦系数	<0.005	>0.03
耐高温	1600℃	300℃
表层	陶瓷合金	油膜、化学衍生膜
厚度	1～50 微米	0.001 微米
使用频率	10 万公里应用一次	每次换机油都要添加

4　"绿"之成长

4.1　征途漫漫

每当一个新事物问世,总会受到人们的质疑,尤其对于高科技致力于环保方面的创业而言,"前无古人"竟成了一种不可避免的"缺陷",乾承科技的早期市场推广简直可以用步履维艰来形容。最初的时候,曲董采取的是"两条腿"战术,其实就是自己带着公司的销售人员跑市场,一家一家的寻找目标客户,想用自己的诚意和热情去打开市场,但现实总不尽人意。

2012 年 5 月的一天,曲董经朋友介绍来到了鞍山集团旗下的公交车队进行宣传,在场的人都觉得乾承机械磨损修复产品(下文简称"乾承产品")很神奇,很有价值。曲董借机主动提出免费给车队的部分公交车使用乾承产品,试用一个月之后车队可以看使用效果来决定到底要不要继续使用。本以为已经得到了对方的认可,这样的提议肯定有用,可万万没想到一听到这样的建议,对方反而开始半信半疑,"谁知道你的产品到底是好还是不好,不用没事,万一用了你把我们的车弄坏了怎么办?"甚至有人还对曲董号召的生态创业、绿色创新提出质疑:"生态环境那是国家操心的事儿,咱老百姓跟着凑什么热闹。"曲董感觉自己仿佛陷入了一个"怪圈":"明明我的产品大家都觉得这也好那也好,节能环保,改善生态,怎么一到说让他们用的时候,就觉得我是个十足的大骗子呢?"该如何打破这个僵局,该如何让人们尽快消除对乾承产品的顾虑,接受生态环保、绿色创新理念呢? 曲董和她的团队知道必须翻越过这座"大山",企业才会有希望。

接下来的一段时间,曲董放慢了市场推广的步伐,一方面潜心研究,提高产品质量,将乾承系列产品进行了进一步的区分(见表2),另一方面集思广益,寻找突破僵局的办法。

---

①　经济寿命:用私家车举例,经济寿命即最省油、机械性能最佳、尾气排放量最小、维护费用最低的阶段。

表 2　乾承机械磨损修复技术系列产品

产品		产品容量	机油容量/介质	发动机结构	适用范围
汽油机类产品	QA-2	100mL	3～4L	2～4 缸	排量≤2.2 升轿车
	QA	100mL	4～6L	4～6 缸	轿车、小型发电机组
	QB	200mL	8～12L	6～8 缸	大排量轿车、游艇、小型飞机
柴油机类产品	CA	100mL	4L	4 缸	轿车
	CA-1	100mL	6～8L	4～6 缸	吉普、面包车、物流专用车等
	CB	200mL	16～22L	6～8 缸	中型卡车、公交车、箱式货车等
	CB-2	200mL	22～28L	6～8 缸	重型卡车、中型发电机组、工程机械、农用机械等
	CD	400mL			大型柴油机
机械设备类产品	TB	400mL	润滑油	—	大型变速箱
	ZC	400mL	润滑油	—	轴承、轴
	ZC-1	订购	润滑脂	—	轴承、轴

"曲董,要不我们也投保险吧!"一天,公司的销售王强突然提出这样的建议。"光听说给人、给车投保险,哪有给技术投保险的?"大家都感觉这样的建议不太现实。

"您看,就像大家给汽车投保险一样,一旦汽车出现意外都有保险公司来承担赔偿、维修费用。现在大家不是不相信咱的产品,怕咱的产品弄坏他们的车不敢用吗? 如果咱有了保单,就跟他们说只要是因为用了乾承产品,机械出现任何故障或者问题,保险公司都可以给予赔偿,这样一来,他们就算不相信咱自己说的话,也能相信保险公司啊!"王强似乎已经考虑得很周全。

"对,这样的话,也有第三方的保证,他们总不能再觉得我们是骗子了吧!""对对对,就算是不相信咱们的嘴皮子,不相信咱们产品生态环保,也该相信保险公司啊,就算是坏了也不用咱陪,有保险公司呢!"大家七嘴八舌地积极讨论的时候,曲董和丈夫王总也在认真地思考投保的实际价值。

仿佛见到了一丝曙光,在大家的强烈建议和支持下,公司在 2012 年 9 月在太平洋保险公司为乾承产品投下了价值 3000 万元产品质量责任险的巨额保单,并郑重承诺:使用乾承产品无效,无条件退款,所有因使用乾承产品出现的问题,乾承公司保修包赔!

就像这样,曲董和她的团队在创业初始要投入巨大的精力对外证明他们的产品是环保的,对用户是有价值有意义的,但是在诚信越来越容易受到质疑的社会里,曲董的团队越是这样的努力,外界越质疑他们的技术和产品,更奇怪的现象是有的用户反倒质疑:如果真的是好的产品,都不愁卖还搭进保险干什么? 每当曲董听到这样的质疑,她只能无奈地笑而不答,她知道这不是她的错,是这个社会大环境下人性的悲哀。

4.2　绿色认证

对于任何一个高科技新创企业而言,技术实力都是它的立足之本、发展之根。为了尽快得到市场的认可,曲董带领着自己的团队和清华大学、吉林大学等进行合作,积极寻找技术支持的同时,从最开始简单的研磨、抛光、镶嵌技术,慢慢进步到补偿加入技术,提高绿色创新技术的标准。与此同时,本着科学研究的严谨性和认真负责的态度,曲董也为乾承科技寻找权威认证的"绿色生态"光环:在清华大学的国家级摩擦学重点实验室得到了改性技术生成的陶瓷合金的各项优异的理化指标。从铁路机车、煤矿设备、石油钻井设备、各种汽车到军用飞机均进行了试验应用,取得了非常好的应用效果;在中科院过程所实验部门得到了国内最权威的科研部门技术认证。经过 85 小时的实验后,验证了在 45♯钢的表面从无到有生成陶瓷合金的全过程,,并给出了权威的验证结论(见图 2)。

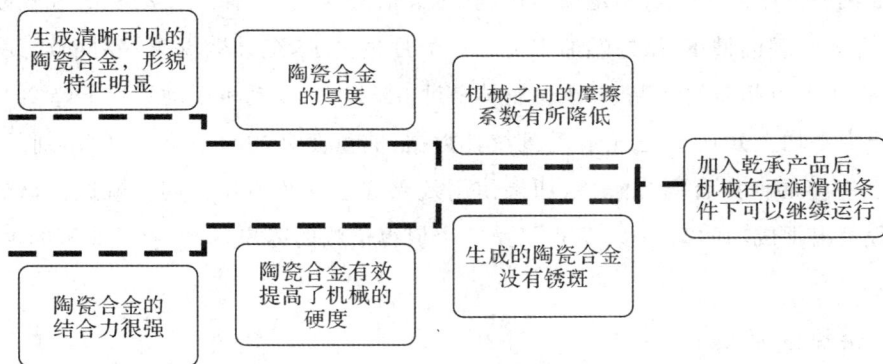

图 2　中科院过程所实验结论

中科院过程所的验证结论让曲董激动不已,多年的执着与坚持,凭着自己对"生态创业""绿色创新"近乎执念的信任走到今天,就像灌溉已久的小树终于在瑟瑟寒风中得到大树的关怀,自己的努力也没有白费。有了权威的认证,曲董信心倍增,又一次踏上了市场推广的漫漫征程。

4.3　首战告捷

有了保险护航,有了绿色认证,产品推广虽然又是一次新的挑战,一切从零开始,但这次有人对曲董张开了信任的怀抱。

2012 年 10 月 14 日,曲董来到了营口恒泰物流车队洽谈合作,车队经理刘总和李总接待了他们。秉承着不放弃每一次机会的精神,从技术机理、使用效果,到产品保证、节省燃油,曲董都做亲自做了详细的介绍,并表达了自己生态创业和绿色创新的理念,希望能够得到对方的信任,刘总听得非常认真,并时不时针对产品的性能和使用效果提出自己的疑问。一旁的李总显然对乾承产品存在着很大的怀疑,不停地提出反对意见,但这些反对意见丝毫没有影响刘总对乾承产品的兴趣。

"我也知道你创业不容易,那些技术机理我不懂,但觉得你的产品能保护生态环境这个很好,应该支持。你只要告诉我,我用你的产品,你能保证省多少油?"刘总直接向曲董发问,言语间仿佛下了很大的决心。

"只要您能够在燃油上把好关,平时注重保养,我能保证用了乾承产品之后,节油 8% 以上!"曲董的回答信心满满。

"你说的这些我都能给你保证,你也别说 8%,能够节油 5% 我就立马跟你签合同!"刘总的态度也很坚定。

"没问题!我们可以签个合约,我给您立军令状!"曲董的回答进一步加强了刘总使用乾承产品的决心。

在刘总的积极配合下,曲董给车队的 25 辆欧曼改造型矿粉运输车全部添加使用了乾承产品。一方面刘总严格要求车队制定保养规则,每天清理空气滤,保证发动机吸气顺畅,另一方面,公司派专人管理油槽车,做好燃油把关。一个月过去了,统计数据第一时间送到了刘总的手上:在运输车严重超载的情况下,车队整体节油 8% 以上,发动机震动平均下降 20% 以上,发动机机油压力平均上升 0.64 公升。看到统计数据,曲董激动的心情难以言表,刘总当天就跟曲董签订了一年的使用合同,并表示如果使用效果好会继续追加合同。就这样,乾承公司的"绿"色征程迈出了成功的第一步,赢得了第一个值得信赖的客户,也挽救了曲董的生态创业的命运。

4.4　快速发展

成功的案例给生态乾承带来的是春天般的生机与活力。快递运输车、柴油运输车、钻井队、油田、公交车,合同订单扑面而来。仅 2012 年下半年,公司营业额达 200 多万元人民币,并逐渐得到铁路内燃机车,甚至是部分军事领域专业人员的青睐。

2012 年底,一次偶然的机会曲董和她的乾承产品参加了国内绿色创新协会举办的"绿色创新企业"评选活动。在两个多月的评选时间里,经过了 40 多位国内权威专家评委的一致审核评定,大连乾承科技开发有限公司拔得头筹,乾承产品也入选了当年新华社发布的"发现中国创造力"年度创造力产品,曲董的创业和乾承产品终于见到了一线光芒和生机。

获此殊荣,大连市政府也关注到了乾承公司,这个一直高喊着生态创业口号的高技术绿色创新企业,获得政府扶持免费入驻旅顺区高新技术园区,并获得厂房和场地支持,这对刚刚实现产业化的乾承公司而言如及时雨一般。借着政策支持的春风,乾承公司正快马加鞭,公司上下"绿"意盎然。

4.5　绿树——繁花

在整个市场推广的过程中,曲董也在逐渐对自己公司架构和营销团队进行重新审视。近两年的经营,公司现有正式职工 23 人,除了自己和丈夫之外,下设技术部、销售部、财务部、售后服务部以及秘书办公室。其中,公司一半以上的人都是跟曲董和王总一样技术出身,平时主要负责产品研发等技术工作,并没有聘请专业的管理人才,人员的受教育程度、个人素质也都参差不齐,日常工作中也经常会出现沟通不畅的现象。凭着一腔热血创立了公司,曲董单纯地想要用生态创业和绿色创新,为保护环境、改善生态做出些努力,却没想到真正管理公司并没有自己想象的那么简单。

开始是觉得公司规模小,没有必要浪费过多的资金聘请职业经理人,现在公司规模逐渐扩大,自己明显感觉到力不从心。研发费用、设备购买费用和维修保养费用、员工的工资就是很大的一笔支出,每年的营业收入几乎所剩无几,根本无力进一步扩大市场规模;公司曾在 2012年被评选为"中国十大绿色创新企业"的第一位,也在短时间内获得了大连当地政府的支持,一定程度上得到了快速发展,但是之后公司却没有重视"绿色创新企业"评选的商业价值而进行企业宣传推广,就连自己的客户对这个辉煌的历史都不甚清楚,种种问题让曲董突然觉得无从下手。就像大树在成长时,最茂盛的时候花儿朵朵分外美丽,繁花似锦,一旦陷入其中,却不知绚丽的背后,到底存在着怎样的危险与打击。

4.6　政府资本

生活从未停下忙碌的脚步,奔走的同时,曲董也在关注着来自社会和政府的消息。所谓酒香也怕巷子深,自己的生态创业理念和绿色创新产品再好,只要没被人们广泛知晓和认可,就无法在社会上站稳脚跟。好在近年来,政府大力推进节能减排,鼓励发展循环经济,建设资源节约型、环境友好型社会。国务院颁布的《"十二五"节能环保产业发展规划》,从政策上积极鼓励绿色创新企业的发展,大力提高全社会的"绿色购买力",促进绿色经济。

对乾承公司而言,政府无疑是最可靠的"大树",最有力的"资本",正所谓绿茵树下好乘凉,曲董也感觉到政策的春风正在徐徐吹来,仿佛看到了乾承公司崭新的生命力。她开始积极争取一切可能的机会,想要企业与政府实现"共赢",毕竟自己的产品可以为社会带来福音。于是她带领团队申请政府"绿色创新"专项课题;将乾承产品及公司相关情况向当地政府相关部门说明;积极参加政府举办的绿色公益活动。但是所有的积极展现并没有得到政府领导的关注,课题申请也一次次地被打回,最后只能放弃。曲董和她的团队找各种机会与政府部门接触,希望政府帮助推广他们的这种利国利民的环保产品,可是他们经常受到冷遇的原因与向客户推广产品时面临的尴尬状况一样,政府人员不敢轻易相信,"凭什么相信你,绿色认证可以有假,绿色创新企业评选可以有猫腻……"等等各种刺耳的话如家常便饭般袭来。有一次曲董急了动起了态度,反问道:"要是我们的产品是真的呢?"在访谈中当曲董回忆这些时,潸然泪下,自己的满腔热情在政府那里受到更多的是冷言冷语和不屑一顾。她心里清楚,自己坚持的生态创业,如果没有政府的足够支持和扶助,将很难打开局面,可是她越想抓住这个枝繁叶茂的机会,越感到心有余而力不足,究竟是争取的方式有问题,还是现有的材料无法证明自己的"绿色创新"实力,还是自己坚持的生态创业从一开始就走错了方向呢? 曲董迫切地想要向未来的"绿色资本"寻求一个回答。

5 "绿"之抉择

5.1 "山寨"频现

当今的中国市场,秩序不规范、管理不到位,以假乱真的现象普遍存在,消费者甚至无法在混乱的市场中辨别出真正有价值的产品,以至于宁愿选择放弃使用新产品。乾承产品刚刚打下的半壁江山,也面临着严重的信任危机,进一步扩大市场份额的热情被一场突如其来的倾盆大雨瞬间浇灭了。

眼看公司逐渐步入正轨,就在公司所有人都摩拳擦掌打算好好干一场的时候,公司的销售人员逐渐发现,很多正在进行洽谈的合作伙伴,态度突然一百八十度大转弯,变得模棱两可,犹豫不决,本来说好马上要签合同的公司,也都以这样那样的理由开始拒绝合作。曲董带着销售人员亲自登门拜访,有的甚至连人都见不到。炎炎烈日下,曲董却一身的冷汗,直觉告诉她,公司又要迎来新一轮的生存考验。

"到底为什么他们的态度变化这么快? 不是已经承认了我们产品的可靠性了吗? 难道是有人从中作梗?"办公室里,曲董和丈夫王总百思不得其解,打通了营口车队刘总的电话,希望从这个可靠的合作伙伴那里得到些有用的消息。

"曲董啊,我还正想给你打电话呢! 你们最近又研发新产品了? 怎么昨天有个公司拿着跟你们一样的产品来找我了?"刘总的大嗓门让曲董和丈夫王总都打了个激灵。

"刘总,我们的产品您都见过,开发新产品的话我肯定会亲自上门,您确定去您那儿的是我们乾承公司的人?"

"啊,你这一提醒我想起来了,那小伙子拿的产品叫、前成……听起来跟你们一样嘛!"刘总的消息仿佛晴天霹雳,重重的惊醒了沉浸在成功喜悦当中的夫妻二人。

这么快就已经有"山寨货"了? 我们的技术是自主研发的,也申请了发明专利,怎么可能这么快就有相似产品出现呢? 难不成是技术泄密了? 问题扑面而来,让曲董应接不暇。

曲董发动公司人员全体出动查探市场动态,得到的消息却让曲董哭笑不得。所谓的"前成产品",明明是普通的机械润滑油,只不过就把自己的产品包装换一换,产品功效换一换,就摇身一变成了跟乾承产品一样的高科技绿色创新产品。打开他们的产品网站,连产品介绍都是完全照搬乾承公司的宣传语,产品标示几乎一模一样。除了已经知道的"前成",还有很多其他不知名的润滑油纷纷效仿,一夜之间"摇身一变"从润滑油直接升级到"机械磨损修复产品",华丽变身,价格却比乾承产品低了 50% 以上。更可恶的是,虽然早在创业之前,曲董就先发制人为乾承产品申请了国家发明专利,其他人无法从这里下手做文章,转而从其他方面下足了功夫:公司网站上产品介绍被抄袭;产品数据指标被完整地照搬照抄不说,就连产品的设计标志也几乎一模一样。为了不被抄袭,网站管理相关人员一时间不敢进行正常的网站更新,只是进行日常的维护工作。

乾承产品市场的接受度本来就很低,曲董和她的团队经历了一年多的市场开拓,好不容易让客户接受乾承的生态理念,为他们的产品打下半壁江山,但在继续扩展的关键时刻,市场中出现各种各样的"山寨"产品,让本来就没有站稳脚跟的乾承产品再一次陷入危机当中。订单逐渐减少,甚至还有不少已经熟识的客户再次表示对乾承产品的不信任,拒绝继续追加合同,或者直接选择价格较低的其他"机械磨损修复产品"。这让刚刚入驻高新技术园区的生产线瞬间面临着工作不饱和甚至有时候不得不停产的尴尬局面。

5.2　卖与不卖

刚刚看到一线生机的乾承产品,被接踵而来的残酷现实打击得难以直起腰身,就像看着自己的孩子受苦受难一样,曲董和丈夫王总心里格外不是滋味。技术人员出身的夫妻俩,面对研发困境时都百折不挠,凭的是心中对生态环保的那份坚持。但面对公司的发展现状,却感到了有苦难言、有泪难流的现实,一向坚强的夫妻俩开始有所动摇。就在形势越来越严峻的时候,有人自称是美国某科技公司的中国代表人员,出面想要购买乾承产品的核心技术,给出了2000万人民币的高价。

曲董有些心动了,虽然生态创业、绿色创新这样的标签已经深入自己的骨子里,但历经磨难,公司发展却看不到成功的希望,而且创业以来受到的非议、委屈和压力带给她的是无数个不眠之夜,到底要不要就趁着技术还值钱的时候,及时退出这个领域,放弃生态环保的理念呢?卖还是不卖?卖了技术之后自己能甘心吗?若不卖公司的命运又会如何?乾承的生态之路到底何去何从?

办公室里的绿色植物,仿佛不知道外面世界的寒冷与残酷,仍然显得生机勃勃。曲董伫立窗前,窗外是大连繁华的车水马龙的街道,墙上的挂钟依旧滴滴答答,奏着动人的旋律。眺望远方,蓝天白云,阳光明媚,春天已在不知不觉间悄然而至。曲董却不知那一抹绿树春风,何时才能温暖乾承的冬天呢?

第 12 章配套案例

吉利跨国并购的整合式创新之路^①

摘要: 本案例通过描述吉利集团从 2002 年国际化战略开始,逐次并购英国锰铜、澳洲 DSI、沃尔沃、宝腾、路特斯、美国 Terrafugia 的过程,重点介绍了吉利并购沃尔沃从准备期、谈判期到整合协同期的全过程,探讨了吉利在并购后实现整合式创新、跨文化管理、协同创新等突破的过程,旨在剖析吉利成功并购的关键要素,帮助国内其他企业打开成功并购整合的"黑箱"。

关键词: 并购 整合式创新 跨文化管理 协同创新

1 引 言

行驶在拥堵的道路上,崎岖的山路中,你是否曾幻想过爱车能伸出翅膀、临空而起,让天堑变通途?或许,你幻想中的未来已不再遥远。一架长度为 6m、宽度为 2.3m、高度为 1.98m、翼展宽度为 8m 的汽车正在空中"行驶",这是吉利控股集团旗下太力飞行汽车公司在测试 Terrafugia。这是一款飞行汽车,它的出现刷新了人们对汽车的理解。其实飞行汽车早在几年前就已经被不少人提起,但都没有实现。不过现在吉利在美国投产的这款飞行汽车已经完成了最后的测试,马上就会进入量产阶段!

这款 Terrafugia 飞行汽车,让吉利赚足了眼球,但吉利让全世界开始认识它,其实是在并购沃尔沃那一年。2010 年,吉利以一个草根车企的身份,收购了世界豪车品牌沃尔沃,可谓是轰动一时,也是迄今为止海外并购最成功的案例之一。

当时,国内"海外抄底"的口号喊得很响,也不是只有吉利在做。但其他车企的并购都以失败告终,让我们来看看:①2008 年 9 月通用计划正式出售悍马品牌。2009 年 6 月,四川腾中重工集团和通用集团宣布开始就悍马收购事件进行商议。2010 年 2 月,通用汽车集团宣布由于未获得中国监管部门的同意,腾中重工对悍马的收购失败。②2004 年上汽成功收购双龙汽车,但是之后双方在管理层和企业文化层面缺乏应对经验,出现工会流血事件,导致本应双赢的并购最终失败。③2009 年 7 月 24 日,北京汽车工业控股有限责任公司召开新闻发布会,董事长徐和谊向社会宣布,由于通用和北汽在并购欧宝的知识产权问题上没有达成共识,收购项

---

① 本案例作者为河北工业大学经济管理学院的蒋石梅教授,清华大学经济管理学院的闫娜、陈劲教授、尹西明,河北工业大学经济管理学院的张旗旗、杨贤龙、龚密密。作者拥有著作权中的署名权、修改权、改编权。本案例授权中国管理案例共享中心使用,中国管理案例共享中心享有复制权、修改权、发表权、发行权、信息网络传播权、改编权、汇编权和翻译权。

目宣告失败。

那么为什么吉利能数次跨国并购成功,其他企业却做不到呢?相信很多人都有这个疑问,不妨让我们把视线聚焦到吉利,看看它是如何一步步发展起来的。

2　奋战十年,吉利入局

2.1　吉利实现造车梦

"汽车疯子"李书福出生在 20 世纪 60 年代的台州农村,是一个典型的浙商。出身给他带来的影响:一不怕穷,二不怕苦,三就是想致富。李书福一直有一个造车梦,但在 1994—1999 年这五年期间不断受到碰壁与挫折:没钱、没人、没设备、没场地、没有"准生证"⋯⋯这些都让李书福和他的吉利汽车举步维艰。

但是功夫不负有心人。1999 年 11 月份,李书福一直埋头进行品质打磨的吉利豪情汽车正式投放市场,结果豪情一上市居然卖得相当好。这让吉利的热情被点燃了。浙江吉利汽车有限公司在 2002 年 2 月 16 日正式成立,以豪情和之后研发的美日这两款低价车型逐渐打开市场,获得了生存空间。

低价策略促进了吉利的销售增长,李书福信心大增,他需要更大的舞台,决定将吉利从江浙推向全国。

2.2　国际化战略初现

2002 年 7 月,上海吉利美嘉峰国际贸易有限公司创立。它是吉利汽车的进出口窗口。也正是从这个公司开始,吉利的海外战略渐见雏形。

2003 年 8 月,首批吉利轿车出口海外,实现了吉利轿车出口"零的突破"。

2004 年 6 月 18 日,320 辆吉利轿车在上海市外高桥四期沪东码头装船,远赴海外。这是继 5 月吉利汽车首次走出国门之后,吉利控股集团的又一次大批量汽车出口,其所坚持的国际化战略再次向前迈出坚实的一步。

2006 年吉利购入英国出租车公司锰铜 20％的股份,为拓展欧洲市场奠定了基础,在国际化道路上迈出了实质性的一步。

2009 年,吉利全资收购全球排名第二的汽车自动变速器独立生产商 DSI,弥补了当时中国没有自动变速器的空白。在自动变速器这一核心技术领域吉利不再受制于人,并且引发了中国汽车企业的产业升级。此次并购为吉利全球化发展积累了技术和宝贵经验。

2.3　金融危机的到来

2008 年前后,全球金融危机爆发,中国经济却逆势上扬,成为全球经济的"稳定剂"。以某种意义上来说,这场危机提升了中国的话语权,也让户国人谈论了多年的"大国崛起",终于有了真正的机遇。

当然,对很多中国企业来说,也因此陡然间增强了信心——"海外抄底"似乎成了一个很响亮的号召。对中国汽车业来说，这句口号很动听，也很现实。但摆在它们面前的，是世界汽车工业在这个多事之秋举步维艰的处境，放眼望去，亏损减产、销售低迷、变卖资产等字眼时常占据着报纸网站的头条。而这次金融危机让吉利萌发了海外并购的念头。

2.4　第一次战略转型

2006 年下半年吉利汽车出现了一些负面苗头，销售情况急转直下，给人有点卖不动的感觉。这让吉利上下都弥漫着不安的情绪，普遍感到信心不足。

2007 年媒体上开始出现"中产崛起"的字眼，这个人群热衷的"三大件"是房子、汽车和保险。这对所有的汽车从业者来说，无疑是一个巨大的机遇。这是吉利从价格制胜到品质制胜战略转型的时代背景，中产消费者对品质的内在追求，也要求吉利要抛弃价格战，追求技术和品质。

2007 年 5 月 17 日，吉利汽车新闻发言人在吉利远景全球上市前夕，吉利联合 100 多家经销商共同发布《宁波宣言》，正式向外界宣布：吉利汽车已进入战略转型期。一直以来凭低价策略取得竞争优势的吉利汽车公司，开始转变发展战略，在已取得的 CVVT 发动机、自动变速箱和 EPS 等一系列丰硕科技成果基础上，围绕着安全、节能、环保、智能等方面的目标，在更多领域寻求重大技术突破与重大科学发现。

为了符合战略，吉利停止了尚有市场、有较大销量但受到品质所限的豪情、美日、优利欧产品的生产，及时切换到了一个全新的产品研究、生产和销售的阶段，建了全新的全球鹰、帝豪、英伦三大品牌；构建了 5 大技术平台、15 大产品平台，并能衍生 42 款全新产品的技术研发体系；吉利研究院从 2006 年底的 300 余人发展 2010 年的 1700 多人，其中海归 28 名、博士硕士200 多人，包括 25 个部、85 个科室。在研发团队不断壮大的同时，吉利还加强了研发基础设施建设。

2.5　创新能力获认可

2010 年 1 月 11 日，吉利集团的"吉利战略转型的技术体系创新工程建设"项目荣获国家科技进步二等奖，吉利成为我国汽车行业唯一获奖企业，也是我国汽车行业技术创新体系获得的国家级最高荣誉，这一奖项的获得标志着吉利的技术创新能力和水平跃居我国汽车行业最高水平，得到了国家高度认可。

3　并购品牌，收获惊喜

3.1　吉利做并购准备

1. 组建收购团队

2007 年的战略转型，其实也是吉利为收购沃尔沃所做的准备。当时，李书福根据研究得出判断，福特注定会卖掉沃尔沃。2006 年，福特全球总销量下滑，经营状况不佳。这让李书福看到了福特要出售沃尔沃的机会。

虽然当时吉利对沃尔沃钟情,但是 2007 年的吉利在国际上知名度并不高,李书福虽然多次联系福特,但是基本上没有回音。但这并没有让李书福丧失信心,对福特和沃尔沃的研究一直在继续。事情在 2008 年 11 月发生了转变,刘易斯·布斯开始担任福特汽车的新任 CFO。当年 12 月 1 日,福特汽车明确表示将认真考虑出售沃尔沃。

得到福特公司出售沃尔沃的确切消息后,吉利迅速组建了收购团队,由副总张芃和首席财务官尹大庆领衔与福特开始收购事宜的联系。同时,吉利通过洛希尔银行,联合了全球顶尖的律师事务所富尔德、会计师事务所德勤、著名汽车咨询公司罗兰贝格以及著名企业并购公关公司博然思维,组建了多达几百人的"外脑"团队,对沃尔沃进行全面的评估,尽可能推动谈判的进展。

2. 推进谈判进程

2009 年 3 月,吉利向福特提交了第一轮标书。2009 年 4 月,国家发改委信息备案确认。拿到"路条"之后的吉利控股集团,迅速进入了收购沃尔沃的下一个阶段。

2009 年 4—7 月,吉利控股集团沃尔沃项目组成员对沃尔沃展开全面尽职调查,针对福特起草的 2000 多页合同,进行了 1.5 万处的修改标注。2009 年 7 月,吉利向福特提交了第二轮标书,围绕并购的谈判正式开始。2009 年 9 月 30 日,福特汽车公开宣布,吉利控股集团成为沃尔沃的首选竞购方。在经过一系列关于核心知识产权等相关合同的谈判之后,2009 年 12 月 23 日,吉利和福特宣布,双方就收购沃尔沃的主要商业条款达成了一致。

2010 年 3 月 28 日,吉利控股集团沃尔沃项目组与沃尔沃工会达成最终协议。2010 年 8 月 2 日,沃尔沃交割仪式举行。对李书福来说,这个仪式是一个象征,也是一个新的开始:"我们已经完成了收购沃尔沃的梦想,但这还不是我们的最终计划,这只是一个新起点。"李书福接着说,"我希望并且相信沃尔沃汽车能够勇攀高峰。"

3.2　沃尔沃全面蜕变

1. 改善管理结构

为什么沃尔沃会濒临破产?李书福曾经对此问题做过深入思考。他在对比了沃尔沃和宝马、奔驰、奥迪过去几十年的发展后,得出结论:沃尔沃自 20 世纪 90 年代之后落后于 ABB 的根本原因,就出在公司治理结构上。简单讲,董事会没有发挥真正作用,管理层授权和激励也不够。

因此李书福决定重新构建沃尔沃董事会。李书福在完成交割仪式后主持召开了沃尔沃汽车临时董事会,确定和对外公布了沃尔沃全球 13 名董事会成员的名单。新的董事会结构是一个全球化董事会,具有广泛的代表性,既包括了工会成员,也包含不同国籍和不同专业背景的人才。李书福认为公司治理结构是保证股东权利和沃尔沃稳定运行的重要法宝,搭建一个适应西方文化、西方商业文化，又符合西方国际商业实践的治理架构至关重要。

第一次正式董事会召开之后，沃尔沃汽车的董事会架构基本确定，并在此后的发展过程中沿袭下来。

2. 制定发展战略

为了沃尔沃更好地转型，沃尔沃汽车内部一个名为"全球转型项目"的小组成立，在李书福提议的基础上详细讨论和规划，多位沃尔沃汽车管理层参与其中。这是沃尔沃汽车在历史上第一次以独立汽车商的身份擘画自己的未来。

2011年3月28日，沃尔沃转型项目小组方案敲定：

(1)愿景。成为全球最具人文精神进取精神的豪华汽车品牌。

(2)目标。以人为尊。

(3)核心价值。在安全、品质、环保的基础上，简化你的生活。

新的战略愿景目标之下，是一个分两阶段、长达十年（2010—2020年）的全球性战略，包括产品战略、工厂布局战略、品牌战略、人力资源战略。其中还包括了为实现目标所需要的文化、工作方法和组织结构变化。其中，人力资源被融进改革的五大主题之中，整个战略被称为"伞战略"。在很多沃尔沃老员工的眼里，"一场革命"在沃尔沃汽车开始了。

3. 筹建中国市场

在确定沃尔沃汽车未来战略愿景目标的同时，吉利也在开始谋划沃尔沃中国本土市场的筹建。重建沃尔沃中国区，将其从原来不到100人的销售公司，升级为包含设计、研发、采购、制造、销售、市场和售后服务在内的完整价值链。

沃尔沃中国区管理团队成员确定的时候，在沃尔沃工作的中国员工不到100人，大多数是原来沃尔沃（中国）销售公司员工。随着人事、法务、政府公关、媒体公关等在内的支持部门相继成立，沃尔沃中国区雏形初显。为帮助中国区快速建立起来，CEO雅克布的管理团队提出了配对（match pair）政策，类似于一对一的帮忙。具体的做法，就是从瑞典各个职能部门选人派驻到中国，与中国区对应部门的管理层一起办公。这样的配对政策加速了沃尔沃中国区的扩建步伐。

在沃尔沃中国区如火如荼的建设过程中，中国股东和瑞典管理层的冲突和融合也开始显现，李书福和管理层的矛盾主要集中在三个方面：首先，在中国建设几个工厂合适？其次，产品怎么做？大车还是小车？再次，中国区业务庞大，应该保持相对独立性，利润单算，还是总部总管？怎么管？伴随着这些争论，沃尔沃在继续前行。

4. 确定投资计划

2011年3月沃尔沃召开董事会，奠定了未来五年沃尔沃的发展方向，最重要的就是确定了110亿美元的投资计划。其中包括两方面，一是SPA（scalable product architecture，可扩展产品架构）平台的投资及后续产品开发，二是中国和瑞典工厂的投资。

SPA是一个模块化平台，共享基本相同的底盘结构、悬架、电气系统和传动系统。新的

SPA 平台投资,就是着眼于收购之后推出的产品,未来沃尔沃的大型产品如 XC90、S90、V90 就建立在这个平台之上。根据沃尔沃的战略,这个平台可以为未来产品提供相应的技术,满足燃油经济性的需要。这是沃尔沃独立之后的第一个独立平台,对沃尔沃的发展具有里程碑意义。

另一个投资方向则是在中国建立工厂,建立工厂的计划在董事会上讨论争吵多次之后,在 2010 年 10 月份确定了大方向。2010 年 10 月份,中国区团队开始成立,向中国政府申请成立两个整车工厂和一个发动机工厂,以及上海研发中心。

但是审批过程十分艰难,实际情况比李书福设想的复杂得多,这不仅涉及国家汽车产业政策的调整,还涉及汽车企业的垄断竞争格局调整。沃尔沃在中国建厂需要取得国家有关部委的支持。国家发改委相关官员态度有分歧,关注焦点集中在两个问题上:一是沃尔沃项目是否营利;二是收购后的沃尔沃汽车到底是中资企业还是外资企业。李书福说:"国外的人认为我们是中国公司,国内的人又认为我们是外国公司,这是很尴尬的。"沃尔沃中国战略的实施,在艰难地进行着。

5. 更换公司领导

中国市场迟迟拿不到审批不仅让董事长李书福面临压力,时任 CEO 雅克布也在董事会上面临指责。另一方面,2011 年下半年沃尔沃开始出现利润下滑的迹象,美国市场出现困难,欧洲市场也不好。导致董事会上开始出现撤换 CEO 的声音。实际上,李书福对雅克布也有意见,雅克布在沃尔沃与吉利合作协同的问题上态度消极,他认为吉利不行,技术太弱,不愿意和吉利合作。2010 年 10 月底,沃尔沃汽车宣布更换公司 CEO,汉肯·萨缪尔森替代雅克布,担任新的 CEO。

汉肯·萨缪尔森素有"成本杀手"之称,他善于对公司进行大规模重组改革,提高公司利润率。汉肯·萨缪尔森表态称,他的首要任务,是降低成本恢复公司的营利能力,加快中国市场的增长,将沃尔沃汽车和吉利汽车的合作计划深入开展。

3.3　双方共赴协同路

1. 加速文化融合

吉利之所以在多次并购方面取得成功,源于从并购开始,吉利就在努力"转换角色",设身处地地体验被并购者的心理,并最大限度地尊重对方的习惯和文化。但是没有谁能一夜之间跨越文化的鸿沟,融合是一个长期的过程,需要最终达成价值观的认可。对越来越像一个大家庭的吉利来说,如何找到双方在文化上的契合点,的确是个考验。吉利做了以下三个主要的探索,以加速文化的融合:

(1)工会交流。为了让沃尔沃更好地了解吉利,沃尔沃的工会被允许来到中国,去吉利了解企业与员工之间的关系。

(2)"吉利日"。在瑞典的沃尔沃工厂内,有时会看到一群中国人与工厂员工及他们的家属载歌载舞,那是他们在过"吉利日"。载歌载舞之外,还有中国特色的舞龙狮、放鞭炮,以及中国工艺品的展出。李书福说,"吉利日"的诞生是为了进一步推动沃尔沃和吉利之间的管理和文化融合,进一步推动两个国家之间企业与企业的友谊发展。

(3)联合赛事赞助。早在吉利收购沃尔沃之前,李书福就已将沃尔沃的帆船赛和高尔夫球赛作为收购沃尔沃的一个附属条件。并购后的吉利与沃尔沃共同投资了这一赛事,赛事全程在世界范围内有上亿人次观看,十站的赛事中有超过四百万的观众到现场亲历活动盛况,让更多的中国人认识了沃尔沃这一品牌。这些做法,无疑加速了吉利与沃尔沃之间的文化融合。

2. 消化员工人才

如何消化沃尔沃的人才,是吉利"蛇吞象"最难"吞"掉的部分。吉利采取了两方面的措施:一方面吉利采用了自我培养+外部并购的人才培养机制,人才流失率很低,特别是对于研发的技术人才。并购后第二年沃尔沃员工的满意度达到了84%。福特收购沃尔沃之前的十年,每一年都做员工满意度调查,没有超过80%的,吉利收购了以后有了这样一个好的结果,说明沃尔沃员工在新的结构下向心力、凝聚力增强了。另一方面,李书福组建了"人才集中营",为吉利和沃尔沃寻找高级管家。在并购后的两年时间里,李书福频频出手,在各大车企中"挖墙脚",为其手中的"汽车帝国"配备了豪华的管理团队。

3. 践行管理理念

如何实现沃尔沃与吉利的有效融合是吉利并购沃尔沃后李书福一直在思考的问题:沃尔沃应该是独立经营还是在总公司指导下经营?李书福最终给出了答案:"吉利是吉利,沃尔沃是沃尔沃,两者是兄弟关系,不是父子关系。"吉利公开招聘了CEO、CFO,组成了新的经营管理团队。吉利和沃尔沃分别独立运作,是两个不同定位的品牌,管理团队是分开的,只有李书福身兼两家公司的董事长,李书福在其中起协调作用,让两个品牌避免冲突和重复。

2010年9月,沃尔沃工会主席博格斯特伦(Bergstrom)一行到吉利杭州总部参观考察,对吉利管理沃尔沃的"沃人治沃"理念表示支持。2010年11月,李书福在与瑞典国王的会见中明确提出,吉利关于沃尔沃的管理方针是"全球化与本土化"相结合的战略。同年11月,吉利与沃尔沃宣布成立"沃尔沃—吉利对话与合作委员会",标志着以李书福为首的吉利高层在管理沃尔沃方面取得的求同存异理念得到了完美的实践。

4. 合并财务报表

在李书福认定的吉利沃尔沃战略合作中,首先要从财务协同着手:尽管吉利是吉利,沃尔沃是沃尔沃,但按法定的流程,的确需要合并报表——将沃尔沃的报表合并到整个集团报表中。在财务报表和信息披露上,一定要做得比以前更加透明,更加严格标准化,不论对银行还是对股东都要做到公开透明。同时,作为全球惯例,吉利也要行驶自己作为股东的权力,对沃尔沃提出业绩指标、利润汇报要求等。

"财务协同让吉利和沃尔沃变得更像一家人。"经过财务协同,吉利在融资规模的扩展、融资结构的优化、利率成本的优化方面都成效显著。仅仅融资规模扩展这一项，在 2011 年至 2014 年，吉利财务团队已经新增了不低于 500 亿的授信度。在加大与银行合作的同时，吉利还在融资结构上进行了调整：注重间接融资和直接融资以及短期融资和长期融资的结合，改变了吉利以往过多地依赖银行贷款的主要手段。在经过两三年的调整后，吉利实行了中票、短融、企业债等一系列金融工具的组合使用。

5. 转移先进技术

2011 年 11 月，沃尔沃在中国成都、上海和大庆的项目相继落地开工建设。

2012 年 3 月 9 日，"沃尔沃–吉利技术转让协议签字仪式"在上海举行，双方就沃尔沃汽车公司向吉利控股集团旗下公司转让技术达成协议，迈出双方深入合作坚实的一步。之后，2012 年 10 月吉利出资与沃尔沃共同建设 CMA 平台，吉利和沃尔沃的技术协同正式拉开了序幕。

2013 年 2 月，吉利控股集团欧洲研发中心（CEVT）正式成立，整合旗下沃尔沃汽车和吉利汽车的资源，打造新一代中级车模块化架构及相关部件，以满足沃尔沃汽车和吉利汽车未来市场需求。CEVT 的工作范围可以说几乎涵盖了吉利控股集团旗下所有产品未来战略以及研发平台的方方面面，从共享架构、底盘、动力总成到传动系统，直至上车体以及车型外观设计，还包括整车采购、质量管理以及新产品的市场营销等，都由 CEVT 负责。2013 年 CEVT 的员工有七个人，三年之后 CEVT 已经从初始负责研发的吉利沃尔沃合资公司，变成了如今吉利控股集团全资控股的子公司，员工人数也发展到近 2000 人。

自 CEVT 成立三年以来，李书福对这里的投资总额已经超过 100 亿克朗（约 80 亿元人民币）。当方浩瀚团队的工作越来细致、产品超越预期的时候，李书福对建立新品牌的信心也越来越足。2016 年 10 月 19 日，吉利控股集团分别在瑞典哥德堡和德国柏林召开了新品牌 LYNK&CO 的产品发布会。安聪慧在发布会上阐述了 LYNK&CO 新品牌在吉利控股集团的地位，将其总结为这是收购沃尔沃之后实现协同效应的成果。沃尔沃汽车 CEO 汉肯塞缪尔森表示，新品牌的成立，是吉利汽车和沃尔沃汽车实现双赢的典范。而在李书福看来，这个建立在沃尔沃技术基础上的 LYNK&CO 新品牌，是吉利收购沃尔沃六年的结晶。

6. 互融企业基因

吉利与沃尔沃的合作是相辅相成的，对于沃尔沃而言，吉利的加入让沃尔沃的采购工作变得简单了许多。沃尔沃有八成的增值服务要依靠外购，产品的增值空间很大程度上要依靠供应商，因此吉利通过分享供应商，使沃尔沃将采购与制造整合，更好地进行外观设计与供应链的流程管理。另一方面，吉利"为了用户而设计，不要浪费钱，如果客户不打算为某个功能和设施付钱，就不要提高配置"的理念，打破了沃尔沃"对每个细节都要精益求精"导致成本过高产品难以定价的局面。

吉利学习了沃尔沃的安全技术和理念，并在日后的产品中进行了很好的运用，比如吉利博越和博瑞。2016 年 9 月 2 日,中国汽车技术研究中心公布了 2016 年度对第三批 6 款车型 C-NCAP 的评价结果,吉利博越获得五星安全评定,超越了同批次的宝马和福特等合资品牌,取得了本批次最高分。为了实现"安全"崛起,吉利大刀阔斧狠下血本,这所有的努力,都是为了最终的安全驾驶。这种安全的抵达,彻底改变了国产品牌给人在产品安全实力方面有硬伤的刻板印象。

4　二次转型,全新升级

4.1　战略转型 2.0

2014 年汽车市场进入全新的发展阶段,"80 后"成为市场的主力军,他们比以往更加追求科技、品质和个性,因此仅仅靠质量方面领先已经不能满足市场需求,企业需要设计出更加个性化和智能化的高品质汽车。2014 年吉利集团的销售和利润下降,吉利果断开始了第二次战略转型,发布了全新的品牌使命——造每个人的精品车,从技术品质战略向品牌战略转型,开启了第二次战略转型升级之路。

为了适应战略转型,吉利清晰地规划出 KC、FE、CMA 三个平台,其中 FE 平台生产帝豪、远景等 A 级车,KC 平台生产博瑞等 B 级车,CMA 平台则是吉利和沃尔沃共同开发的平台,独立于吉利品牌,将打造 A 级、B 级和 SUV 等多种车型;吉利将吉利原来的全球鹰品牌事业部、英伦品牌事业部、帝豪品牌事业部,重新按区域划分调整为南、中、北三个区域营销事业部。与此同时,在品牌推广上,吉利从上至下全面推广"GEELY"品牌。

吉利不断涌现明星产品,细分市场地位不断提升。吉利全新的战略旗舰车型博瑞,由沃尔沃元老彼得·霍布里设计,于 2015 年 4 月上市以来,销量一直攀升,单月销售位居同期中国品牌 B 级轿车第一,成为自主品牌中高级车的一大奇迹;2016 年 3 月吉利又推出博越,开启了吉利 SUV 元年;新帝豪单月销量突破 2.5 万,全年累计销量 206226 辆,稳居自主品牌轿车销量冠军;新远景月均销量突破万辆,全年销量突破 12 万辆,同比增长 218%,与新帝豪形成 A 级市场的"双雄"。

2014 年 10 月 22 日,吉利 1.3T 涡轮增压发动机成功入围"中国心"年度十佳发动机。2015 年吉利 1.8TD 发动机再次成功入围,又一次彰显了吉利汽车核心技术的提升。2015 年 11 月吉利汽车产品质量可靠性快步提升,位居自主品牌第一。

4.2　迎来崭新状态

这次战略转型在执着的坚持之后,吉利终于获得了翻身,从 2014 年的低迷状态中苏醒了过来。2016 年吉利销量、营业收入、净利润分别为 76.6 万辆、537 亿元和 51.7 亿元,同比分别增长了 50.1%、78.3% 和 125.9%。其收购的沃尔沃汽车也迎来了丰收的一年,2016 年销量、营业收入、净利润分别为 53.4 万辆、199 亿美元和 8.2 亿美元,同比分别增长了 6.2%、10.1% 和 50.4%。更难能可贵的是,吉利销量的大幅增长,并不是靠大部分企业所采用的价格战来实现的,而是通过质量提升、口碑提升和车辆价格提升实现的。

2017 年 8 月 24 日,全国工商联发布的"2017 中国民营企业 500 强榜单"中,浙江吉利控股集团有限公司排名全国民营企业第 13 位,在民营汽车制造业排名第一位。吉利雄厚的实力有力提升了企业产品的核心竞争力,确保了企业战略转型的成功实施,名副其实地向公众和市场树立起"技术吉利"新形象,吉利成为行业内技术创新的典范。

4.3　加快全球布局

2017 年 5 月,浙江吉利控股集团收购了宝腾汽车 49.9% 的股份。根据签订协议,吉利控股集团将致力于宝腾汽车的全面复苏,努力将其打造成为马来西亚市场占有率第一的民族汽车品牌和东南亚市场的领导品牌。同时吉利将会借助宝腾的影响力进一步提升自己的市场地位。

2017 年 6 月 23 日,浙江吉利控股集团收购了世界著名的豪华跑车与赛车品牌路特斯 51% 的股份。众所周知,路特斯有英国国宝级跑车品牌——莲花,在汽车工程及车身轻量化技术方面造诣颇深。收购莲花后,这些技术都将为吉利品牌所用,实现吉利品牌的"跑车梦"。

2018 年 2 月,吉利宣布已通过旗下海外企业主体收购戴姆勒股份公司 9.69% 具有表决权的股份。此次收购完成后,吉利成为戴姆勒的最大股东,并长期持有其股权。

5　紧跟时代,创造未来

5.1　构建汽车新生态

在李书福的设想中,未来的汽车是能够充分懂得人的意图的,从而解放了驾驶员的双手。在不断了解沃尔沃的过程当中,李书福表示自己"被沃尔沃在汽车互联、汽车安全和无人驾驶方面的研究深深打动"。另一方面,中国政府已经指出,自动驾驶技术是中国在 2025 年之前必须掌握的十大关键技术之一。这让吉利下定决心要在无人驾驶上有一番作为。实际上,从博瑞的身上,我们就能看到其对沃尔沃安全的传承,更能看到它对无人驾驶这一技术的领悟和掌握——除了各种主动安全系统,其还搭载有 PAS 半自动泊车辅助系统。

2015 年,李书福提到又一个观点:在大数据的指引与冲击下,汽车行业的现有格局将被打破,汽车产业链和生态圈必将被洗牌重构。更高效、更个性化的设计与制造,高度智能化的操作系统,实时交互的车联网生态,将在未来成为汽车技术发展的新常态。也正因此,新时代的吉利不仅做好了全面智能互联的准备,而且整个集团也将智能制造作为战略发展的重要组成部分。

如今,吉利正携手互联网、大数据、人工智能等领域生态伙伴,打造智能生态系统。吉利控股旗下吉利科技集团的各项创新业务正依托吉利整合式创新生态快速发展:"曹操出行"布局全国 30 个城市;与戴姆勒出行服务公司共建高端专车出行合资公司;与腾讯、中国铁路投资有限公司、航天科工、中国电信战略合作,共同探索铁路出行服务,积极构建立体智慧出行生态。

5.2　走在行业最前沿

2019 年,吉利控股集团发布消息,旗下太力飞行(Terrafugia)汽车公司预计将于当年 10 月开始第一代产品 Terrafugia 的预定工作,首批量产车将于当年问世。太力飞行汽车成立于 2006 年,于 2017 年 11 月被吉利集团收购。公司致力于未来出行方式的创新,希望能让未来出行变得更加便捷和有趣。

飞行汽车早在几年前就被人提起,但限于政策和技术问题一直没有实现。顾名思义,飞行汽车的最大特点就是不仅能够像汽车一样奔跑,还能够像飞机一样飞翔。Terrafugia 的出现也刷新了我们对汽车的理解,同时也觉得以前在科幻小说里看到的飞行的汽车现在终于可以看到实物了。这是李书福和他的吉利走在行业最前沿的体现,这款飞行汽车能否在今年投产,就让我们拭目以待吧!

5.3　扬帆吉利再起航

前行的路上总会有一些坎坷,有些人常常会被路上的小石子吓倒,但也有些人面对着巨石则一笑而过。吉利便是如此,从一开始处处碰壁,到现在成为中国自主汽车品牌领军者,并跻身世界级车企品牌行列,这一路的艰辛恐怕只有吉利和李书福才能切身体会得到。

今天的吉利,已经拥有五大车系——A00 级的熊猫、A0 级的金刚、A -级的远景、A 级的帝豪和 B 级的博瑞,三大平台——主打紧凑车模块化的 FE 平台、主打 B 级车的 KC 平台,以及联合沃尔沃共同开发的 A 级车平台,也就是 CMA。

"很多人都以为博瑞、博越已经很好了,或者帝豪 GS、帝豪 GL 已经很好了,"现任总裁安聪慧说,"不是的,吉利到 3.0 时代才真正开始走向一个快速发展的阶段,接下来,吉利还要布局 4.0 时代的产品。"如果说第一代、第二代只是吉利从零开始的起步阶段,那么到了 3.0 时代,吉利就要向自主品牌的前列迈进,同时还要参与与合资品牌的竞争。十年的铺垫、二十年的造车实践,让吉利在中国汽车市场实现了局部超越、重点突破,"后来居上"也不再遥远。

三十而立的吉利,刚刚出发。

第 13 章配套案例

广西昆仑公司：创业机会的辨识与开发[①]

摘要：创业的核心在于识别机会并利用机会创造价值。与许多仅凭直觉便贸然创业的创业者类似，本案例的主人公 Sandy 从医美行业跨界进入口岸物流领域，投入大量资金后却面临重重困难。在逆境中，Sandy 如何撬动周边资源、化不利为有利，最终实现逆袭？本案例以 Sandy 的创业历程为主线，详细剖析了她在机会辨识、资源整合、团队建设以及企业家精神发挥等方面的实践与思考。该案例不仅展现了中国西部边境地区及其他资源相对匮乏区域因国家政策倾斜带来的创业机遇，更深入探讨了企业如何将政策资源转化为经济红利。这一过程对每一家企业在类似环境中的战略选择具有重要的借鉴意义。

关键词：创业机会　政策资源　企业家精神　西部边境

1　引　言

2018 年 9 月 25 日，台北海峡交流基金会公亮厅内人头攒动，数百名来自商界、政界和学界的杰出人士陆续步入会场。此时，"2018 杰出大陆台商""大陆口岸女王"Sandy 正在台上发表演讲。她说道："我们的事业与政策息息相关，完全依赖政策来构建自己的事业王国。其实，成功并非因为个人能力有多强，而是因为每一步都走得踏实。我们必须清楚自己所处的位置、未来的方向、自身的优势，以及哪些政策能够支撑我们的事业。"

回顾十年前，Sandy 从一个毫无口岸经营经验的"圈外人"，逐渐成长为业内公认的"口岸女王"。十年间，她所创立的广西昆仑公司从一家小型矿业公司，发展成为当地最大的民营企业；从最初对口岸一无所知、毫无资源，到建成全国示范口岸，拥有一个国家一类口岸和两个二类口岸；从只身一人来到中国边境最南端的崇左市，到如今主营业务涵盖口岸运营管理、跨境物流、国际贸易和口岸落地加工四大板块，贸易伙伴遍布欧美、日本、东南亚等国家和地区。尽管这段浴火重生般的创业历程最终交出了一张令人满意的成绩单，但其中的艰辛却鲜为人知。

---

①　本案例由重庆交通大学经济与管理学院教师董梦杭、广西昆仑企业集团总经理黄薇彤与台湾大学管理学院教授吴学良（通讯作者），基于对案例企业的实地调研共同撰写。本案例荣获第十一届"全国百篇优秀管理案例"。本案例授权中国管理案例共享中心使用，中国管理案例共享中心享有复制权、修改权、发表权、发行权、信息网络传播权、改编权、汇编权和翻译权。出于企业保密要求，本案例中对相关名称、数据等进行了必要的掩饰处理。本案例仅用于课堂讨论，旨在启发思考，无意评价某种管理行为的有效性。

2　起步:初识口岸生意

2.1　偶遇商机

Sandy 大学时主修会计,毕业后自主创业,从事医美行业,开发设计雕塑型内衣。由于生意不错,她将分公司开到了厦门。2009 年的一天,她从厦门回到台湾,偶然听朋友提到广西来了一个招商团,邀请她一同前往看看。正是这次陪同朋友的经历,为她日后经营口岸生意埋下了伏笔。

据 Sandy 回忆,当时广西壮族自治区主席马飚带领大批官员到台湾招商,推介了许多项目。然而,由于她的医美生意正处于上升期,她并没有拓展其他业务的打算,只是抱着陪朋友的心态参加了推介会。然而,崇左市市长推介的口岸开发项目引起了她的兴趣。作为一个长期生活在台湾的人,她只熟悉国际港口,对陆路口岸一无所知。正是在那次推介会上,她了解到崇左市位于广西壮族自治区西南部,与越南接壤,边境线长达 533 公里,是广西边境线最长的地级市。

两个月后,朋友邀请她一同前往实地考察。抱着看热闹的心态,她加入了台商考察团。Sandy 回忆道:"推介会结束后大概隔了两个多月,大家组成了一个考察团去实地考察。其实我只是个跟班的,纯粹是去凑热闹。"

然而,眼前的景象让所有有意投资的台商都打了退堂鼓。考察团看到的是一片荒山野岭,只有一条小径,杂草丛生,开发难度极大。崇左市属于边关老少穷地区,人力资源匮乏,剩下的基本都是老人和小孩。尽管如此,当地政府的一句话却深深触动了 Sandy:"口岸是国家稀缺的资源,是不可复制的商贸平台。"正是这句话,让她回到台湾后开始认真思考是否要投资这个项目。

2.2　快速投资

对于是否参与口岸开发项目,Sandy 面临着巨大的抉择。首先,中越边境环境恶劣,开发口岸的不确定性极高。其次,她当时经营的医美事业正处于上升期,除了雕塑型内衣,她还经营女性产后保养品,团队几乎遍布全国。如果转行,口岸生意将是一个全新的领域,意味着一切从头开始。

然而,她也深知传统产业的高复制风险。她回忆道:"过去我设计雕塑型内衣,只要一发布新品,不到一个月,深圳满街都是仿冒品。虽然质量不如我的产品,但价格更便宜。传统产业的宿命就是容易被模仿,产品生命周期短暂。"

相比之下,口岸是不可复制的稀缺资源。口岸的数量取决于天然条件和两国谈判结果,不可能无限制增加,进入门槛较高。一旦口岸建成,虽然税收归国家所有,但进出场地的所有费用都由企业收取。Sandy 意识到,口岸一旦开通,作为贸易通道,势必会带来大量的人流、物流和资金流,形成网络效应。

最终让 Sandy 下定决心的是，她预见到未来东盟自由贸易区将会带来巨大的商机。与一线城市相比，她认为边境城市具有不可复制的区位优势。尽管当时考察时看到的是一片荒芜，但她听说仍有一些边民在走私。既然有人流和货物流动，就意味着未来一定有商机。

仅仅犹豫了十几天后，Sandy 便决定投资。她事后自嘲道："没想到原本有意投资的人都没留下来，反而是我这个没打算投资的人留了下来。"

3　挫败：意想不到的困境

3.1　口岸建设困难重重

与投资前的美好设想截然不同，口岸建设遭遇了重重困难。首先是场站清理工作异常艰难。"各位可能难以想象，那里的草长得比人还高，可以说是一片荒山野岭。基本上只剩下老人和小孩，房屋破旧不堪。烂泥路使得车辆无法进入，只能步行，肩挑人扛，最后才用三轮车运输。更糟糕的是，由于那里曾是中越战争的战场，地势崎岖且遗留了大量未爆炸弹，建设前必须进行排雷。从 2009 年开始投入口岸开发，我们花了大约一年时间进行排雷。"Sandy 回忆道，"大家都觉得我像个傻子，投资了这么多，却不知道何时才能收回成本。"

除了场站建设的艰辛，心理上的煎熬也不容忽视。这一年半的时间里，Sandy 没有回过家，甚至没去过省会南宁市，全身心投入到口岸的建设与运营中。许多人质疑，一个如此时尚的女孩为何会来到这片荒山野岭？为何会在边境的荒凉区域从事一项不知何时才能有回报的事业？

"我的同学们问我，你到底在干什么？跑到那么偏远的地方，连家都不回，到底有什么值得你如此坚持？后来他们来看我，发现情况确实截然不同。以前我做医美产品时，总是光鲜亮丽。而现在，每天都在尘土中工作。当时我看起来比现在还苍老。你可能不相信，我在广西一年多胖了 20 公斤，到现在都没恢复。为什么？三餐不规律，生活作息完全乱了。"

尽管如此，Sandy 始终抱有一个信念：口岸建好就一切正常了。用她自己的话说，那时的感觉是"含着眼泪带着微笑"。

3.2　口岸建成却无货进入

经过一年多的建设，期待中的布局边民互市口岸终于建成。Sandy 以高规格标准打造这一口岸，坚信"栽好梧桐树，引得凤凰来"。项目建成后，口岸迅速蹿红。民营建设、女台商的身份，以及将老旧口岸改造成现代化规范口岸的成就，实属不易。除了硬件建设成为全国陆路口岸的示范点，Sandy 还注重文化软件的保留，例如北越领导人胡志明逃难时居住过的老房子，因其特殊历史意义而在口岸区建设中得以保留并修复。

然而，设备上的完善并未如预期般带来大量货流与金流。一亿多人民币的建设资金投入后，初期却没有货物进入，这让 Sandy 非常焦急。"当地边民说我真傻，越南车根本进不来。我问他们货是怎么来的，因为我以前明明看到有货物进出。边民告诉我，大车进不来，只有小车。"

"我想这下完蛋了，大车进不来，货柜进不来，就没有真正的物流。没有货的口岸等于白建了。这是我投资建设后才知道的事情。如果一开始知道越南的基础建设这么差，如果我像其他投资人一样考察得更深入,如果我像男生一样再精明一点,我当初绝对不会做这个口岸生意。"

"那个过程很痛苦,建成后通关运营了大约一年半,没有任何一辆车进来。说真的,连一只小鸟都不飞进来。当时海关告诉我们,因为你开关了,海关、检疫都要派驻人员。但他们说,如果再没有货进来,人员就要撤了。我当时想,完蛋了,他们一撤,不知道猴年马月才能再进来。所以,我们花了很长时间说服海关、检疫部门跟我们一起成长。"

3.3　原有口岸货源流失

当初确定承接政府口岸推介项目后,崇左市政府推荐 Sandy 与已经开发过一家口岸的本地商人合作。这家公司自 2004 年投资水口口岸建设,2005 年通关运行,到 Sandy 正式加入及投资的 2009 年,虽已运营了 4 年,但业务每况愈下,经营者甚至有了转手口岸业务的想法。

Sandy 入股之前,水口口岸 2005 年通关运营后只简单收取过路费,并未开展其他业务。"我刚开始去的时候,合伙人只做场内的一些管理,连物流都没有做。"

此外,通关业绩也在不断下滑。据合伙人回忆,原本水口口岸建成之前,许多越南水果都从这一口岸入关销往中国。但奇怪的是,水口口岸建成后,原本流通的车辆反而消失了,水果贸易大部分转移到了与越南接壤的凭祥市。

4　破旧:从管理革新着手

4.1　追本溯源,精准施策

面对口岸建成后货物稀少的困境,经过深入调研,发现问题根源在于越南端的道路状况不佳。为此,Sandy 积极与越南政府沟通协调,耗时一年半,成功推动了越南一侧道路的建设,并促使越南高平省政府将该口岸列为重点发展对象。

针对货物流失的问题,初步怀疑是凭祥市政府的优惠政策所致,但 Sandy 的调研揭示了更深层次的原因:国家质监局对水果进口实行定点口岸管理,要求配套完善的检验、检疫和杀菌设施。水口口岸因未获指定而失去了水果进口业务。

那么,水口口岸的主要通关货物是什么呢?经过观察,发现除了铁矿砂,腰果的进口量也颇为可观。越南作为全球腰果的主要产地和加工中心,其独特的脱壳技术使其成为全球腰果加工的首选地。Sandy 灵机一动,决定利用口岸的自有设施和充足的人力资源,拓展报关报检代理业务。

Sandy 迅速行动,改革了口岸的通关流程、服务态度和效率。原本需要五至七天的报关通关时间,在她的推动下,缩短至一天内完成。这一改革极大地提升了客户满意度,因为腰果价格波动剧烈,快速通关意味着更高的利润。不到一年,昆仑公司便成为中国腰果进口商的首选代理,年纳税额超过七千万元人民币,成为当地纳税大户。

4.2　刚柔并济,强化团队

2009 年,Sandy 决定投资水口口岸,并接受了政府推荐的当地合作伙伴姜世明先生。姜董曾为公务员,后创业挖金矿,积累了第一桶金后投资水口口岸。

Sandy 入股后,面对员工懒散、消极的工作态度,她果断采取措施,调整工作时间,要求员工与海关同步,并引入绩效考核和奖金制度。经过三个月的调整,员工逐渐适应了新制度,年终奖金远超往年,团队氛围焕然一新。

Sandy 还运用女性管理者的柔性手段,利用晚上时间与员工交流,听取工作汇报,指导次日工作。这种亲密的交流方式增强了团队凝聚力,使员工工作有目标、有方向。

Sandy 强调,"厂办合一"是提升效率的关键。公司自建员工宿舍,确保员工集中居住,便于快速沟通和解决问题。即使在最艰难时期,Sandy 也坚持原则,严禁走私偷渡,一经发现,立即解雇,确保公司运营的合法性和规范性。

5　立新：擅用政策资源

5.1　蚂蚁搬家模式

在解决了企业生存问题之后,Sandy 进一步深入思考,发现广西与内陆其他省份相比,具有独特的边境贸易优势。国家在广西地区允许的贸易形式更加多样化,包括国际贸易、边境小额贸易和边民互市贸易三种形式。其中,国际贸易由于广西缺乏沿海城市的海空港口优势,发展空间有限;而边境小额贸易则通过公司现有的报关报检业务已经运行得相对顺畅。那么,如何利用第三种形式——边民互市贸易的政策红利,成为 Sandy 关注的重点。

边民互市贸易政策始于 20 世纪 90 年代,旨在通过贸易扶持边民脱贫致富。政策规定,每位边民每天可享受 8000 元的免税额度。然而,这一政策在过去多年并未显著改善边民的生活状况。Sandy 分析认为："贸易必须由企业带动。边民既没有足够的资金每天购买 8000 元的商品,也没有能力消化这些商品。"于是,她决定在没有先例可循的情况下,主动探索创新模式。经过与海关部门的沟通,双方达成初步共识:允许昆仑企业以 10 个腰果货柜为试点,通过边民互市贸易的形式将货物化整为零带入境内,再由企业统一收购。这一模式使每个货柜的利润增加了十万元。

随着业务的初步成功,Sandy 意识到扩大业务规模的关键在于增加边民的参与度。为此,她设计了一套高效的边民组织模式:将边民编成互助组,每组几十人,并推选一名组长。企业只需与组长对接,由组长负责组织组内边民参与贸易活动。即使边民身处偏远山区,组长也需确保他们能够按时参与。

为了提升边民的工作条件,Sandy 不断优化硬件设施。从最初的肩挑人扛的"蚂蚁搬家"模式,逐步升级为三轮车、小型货车,再到如今采用指纹和人脸识别技术,边民只需输入货物信息和运输车辆编号即可完成操作。此外,昆仑企业在报关区后方建设了休息区,方便年长边民休息。同时,为响应政府"精准扶贫"政策,企业还建造了三百多套扶贫房,将山区边民迁移至平地,形成了企业与边民和谐共生的良好局面。

这一系列举措使昆仑企业在竞争中占据了显著优势。与传统贸易商主动寻找客户不同,Sandy 的企业吸引了大量客户主动上门。她表示："在口岸业务中,我从未主动开发市场或寻找客户,所有客户都是自发找上门的。许多从事腰果贸易的商家都会推荐广西昆仑企业,因为我们以高效和低成本著称。有趣的是,我甚至从未见过这些推荐我的供货商,但他们在行业内都知晓我的存在。这让我深刻体会到,善于运用政策资源是成功的关键。每个企业都应深入了解自身行业的政策优势,并将其转化为发展动力。"

5.2　落地加工模式

经过不懈的努力,昆仑企业终于迎来了丰硕的成果。以布局边民互市口岸为例,仅 17 名员工便创造了每年超过百亿元的营业额。在企业的积极推动下,边民互市贸易的品种日益丰富,除了腰果,开心果、杏仁、核桃、碧根果、夏威夷豆等坚果类农产品也陆续被纳入海关正面清单。

然而,新的挑战也随之而来。政策规定,每位边民在互市贸易中享有 8000 元的免税额,这一政策在广西等边境地区是合法的。但问题在于,一旦这些货物跨越省份,如运至广东、浙江、上海、北京等地,由于缺乏进口报关单和完税证明,往往被认定为走私。几次类似事件发生后,Sandy 开始寻求解决之道。

经过深入研究,Sandy 团队提出了一个创新思路:将企业收购农产品的模式与落地加工相结合,应用于边民互市贸易。具体而言,边民收购的货物进入当地加工厂进行加工,并向当地政府完税,从而确保货物在全国范围内的合法性。这一模式将"通道式经济"转变为"落地加工增值经济"。

这一思路的实施涉及海关、检疫、边防、国税、地税、工商等多个部门,需要高层协调。在一次与广西省委书记的座谈会上,Sandy 抓住机会提出了自己的方案。她指出:"广西各口岸有大量货物进出,但留给广西的仅仅是尘土飞扬。除了服务费,没有形成长效的价值和贡献。如果我们能够建立落地农产品加工园区,将为当地带来更多的产值、就业机会和税收。"她以崇左市为例,详细阐述了如何将"通道式经济"转型为"落地加工型经济"。

会后,领导指示相关部门研究该提议的可行性。一年后,政策从地方到中央全面落地。2016 年 6 月 28 日,民之天观光食品园项目正式开工。如今,全国三分之一的食品大厂已迁至崇左市,不仅推动了当地经济发展,还解决了大量边民的就业问题。落地加工模式成为当地政府大力推广、中央政府高度重视的经营模式,不仅适用于坚果类产品,还扩展到了其他农副产品和水产品。

尽管 Sandy 最初对加工厂运营毫无经验,但她巧妙地依靠客户资源解决了问题。"我们没有技术,也不懂机器,但我们有客户。我们只需建设厂房,机器和技术都由客户提供,我们专注于服务。"与传统加工企业不同,民之天观光食品园采用订单式生产,实现了零库存。

6　基业长青,路在何方?

如今,昆仑企业已拥有一个国家一类口岸、两个二类口岸,以及边贸城、物流园和民之天观光食品园,总资产超过 10 亿元,年营收达数百亿元,并以每年近 10% 的速度增长。

然而,作为企业领导者,Sandy 深知口岸生意与政策紧密相关。边民 8000 元免税额可能在未来被取消,毕竟这一政策旨在帮助边民致富,而非长期化。尽管目前合规合法,但若国家调整政策,昆仑企业将如何应对? Sandy 开始思考如何未雨绸缪。

她提出了几种可能的解决方案:一是通过经营更多口岸复制成功模式,即使未来边民互市贸易取消,仍可通过收取口岸服务费维持运营;二是在食品产业链上垂直延伸,深耕服务领域;三是基于通关物流平台,拓展新兴领域,为昆仑企业开辟新的增长曲线。

在台北海峡交流基金会公亮厅的掌声中,Sandy 并未沉浸在"2018 杰出台商"荣誉的喜悦中。她的脑海中已勾勒出广西昆仑企业未来十年的发展蓝图,准备带领企业再攀高峰。

附　录

1. 广西昆仑企业集团组织架构图

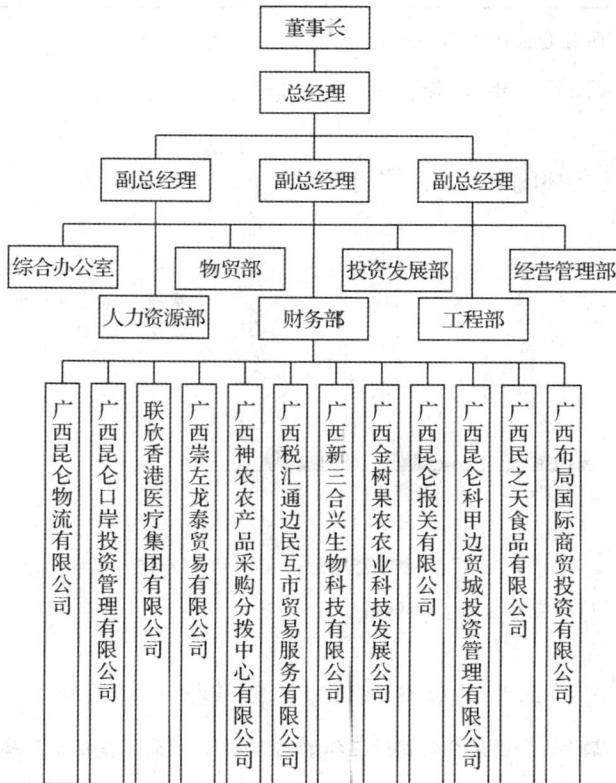

图 1　广西昆仑企业集团组织架构图

资料来源:广西昆仑公司

2.广西昆仑大事记

表1   广西昆仑大事记

时间	事件
2009年	Sandy与姜董合作,广西昆仑公司成为一家合资公司
2009年	布局边民互市点(口岸)全面开业建设
2010年6月	布局边民互市点(口岸)通关物流园竣工达标验收通过,开关运营
2011年9月	科甲口岸边贸城开工建设
2013年	布局边贸城二期正式开工建设
2016年6月	民之天观光食品园项目开工仪式
2017年	科甲口岸海关监管区物流园正式开工建设
2019年	科甲口岸海关监管区物流园正式开关运营
2019年	海关总署对广西水口口岸监管场所指定进口水果验收通过

资料来源:作者根据广西昆仑公司资料整理。

3.广西昆仑公司近三年主营业务收入情况

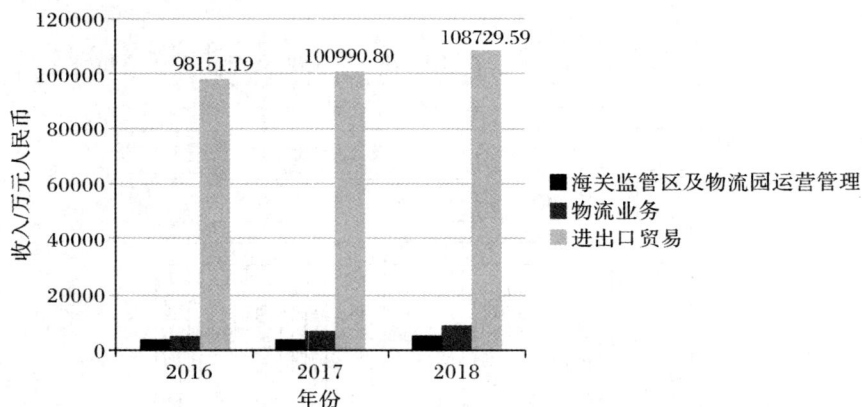

图2   广西昆仑公司近三年主营业务收入情况

资料来源:作者根据广西昆仑公司资料整理。

4.广西昆仑公司近三年的销售收入、利润等指标增长率

表2   广西昆仑公司近三年的销售收入、利润等指标增长率

项目	2016年	2017年	2018年
销售收入	16.10%	5.00%	9.56%
利润总额	7.56%	9.64%	11.68%
净利润	9.12%	11.98%	12.82%
税前利润率	6.53%	5.89%	5.75%

续表

项目	2016 年	2017 年	2018 年
净资产收益率	21.65%	22.39%	20.80%
流动比率	1.65	1.25	1.66
速动比率	1.2	1.1	1.41
应收账款周转率	41.18	35.5	71.59
资产负债率	18%	41%	33.78%
总资产增长率	16.86%	22.18%	11.17%

资料来源：作者根据广西昆仑公司资料整理。

第 14 章配套案例

以愿景点燃组织跃迁：昭通高速公司的战略动员实践①

摘要： 本案例聚焦昭通高速公司作为资源极度匮乏条件下设立的地方国企，如何以战略愿景为牵引，完成从项目承接者到区域型组织引领者的跃迁过程。面对起步阶段资金短缺、人才断层与制度掣肘等挑战，云南昭通高速公路投资发展有限责任公司通过确立"昭明未来，通江达海"的战略愿景，激发组织动员力，最终实现了"县县通高速"的阶段性目标。本案例以"愿景驱动—干部裂变—文化共识—能力沉淀"为主线，展现了战略动员如何在交通企业中形成组织突破效应。这一管理过程突出了愿景领导在资源不足背景下如何作为战略实施抓手，推动组织体系从"被动执行"向"主动协同"的演化。本案例适用于战略管理、企业文化等课程，适合探讨愿景领导、组织动员机制、路径依赖打破与能力跃迁等关键议题，能够帮助引导学生理解战略落地的组织张力与文化建构路径。

关键词： 愿景领导，战略动员，组织跃迁，干部裂变，交通强国

1 引言

2024 年 1 月 3 日，随着"G7611 都香高速云南昭通段正式通车"，标志着中国大西南又一条连接滇川黔三省的高速大动脉取得了突破性进展。一道通三省，连通大西南。该项目全长1200 公里，自东向西依次经过贵州省、云南省昭通市、四川省、云南省香格里拉市，横向连接夏蓉、银昆、京昆、杭瑞等 10 条国家高速公路，对提升区域路网服务功能，服务国家"一带一路"倡议和长江经济带、西部陆海新通道战略具有举足轻重的作用。

作为该项目昭通段的主责单位，云南省昭通市高速公路投资发展有限责任公司（以下简称昭通高速公司）自起步阶段便面临极其复杂的建设环境。通车仪式现场，公司董事长李文龙看着欢呼的人群，感慨颇深。"都香高速"昭通段后 57 公里集中了昭通段全部控制性工程——7隧 5 桥，桥隧占比高达 93%。施工区域位于牛栏江大峡谷与金沙江畔，处于小江地震断裂带，山高、坡陡、临崖、跨江，施工作业面窄，施工难度大，地应力高，环保要求高，且地质破碎复杂，自然灾害频发，是目前国内在建高速公路中地质条件最复杂、施工难度最大、安全风险最高、不

---

① 本案例由重庆交通大学经济与管理学院董梦杭副教授、昭通高速公司李文龙董事长、赵成才党委副书记、吴玉翠部长共同撰写而成。本案例只供课堂讨论之用，并无意暗示或说明某种管理行为是否有效。

确定性因素最多、建设任务最艰巨的高速公路之一。在资源、技术、制度多重制约下，这一段"地质难度之最"的高速路被长期视作难以穿越的"工程死角"。

　　谁能想到，三五个人起步的昭通高速公司，秉承"昭明未来，通江达海"的战略愿景，已成功打通了昭通出滇入川进黔 11 个大通道，逐渐成长为以高速公路建设运营为主体，以工程施工、装配式建筑、油品经营、物资贸易等关联实体产业和数字经济、资源开发、港口运营为"两翼"的"一体两翼"发展格局。让昭通从一个没有高速的落后城市，发展成为一个县县通高速的交通枢纽，实现了交通基础设施从"瓶颈制约"到"适应发展"的根本性转变。

2　发端：历史上的昭通

　　昭通地处云南东北部，位于四川盆地与云贵高原的过渡带，是滇、川、黔三省交界区域。山地、峡谷、断裂带交错，地质复杂、生态脆弱，区域自然环境对基础设施建设形成长期掣肘。

　　回望历史，昭通曾是中国西南对外通道的枢纽节点。自秦汉时期"五尺道""南夷道"通达中原以来，昭通在南方丝绸之路上扮演了沟通西蜀、南滇与印缅交通的关键角色，素有"咽喉西蜀、锁钥南滇"之称。唐代以降，朱提（昭通）仍是西南陆路交通体系的重要一环。

　　然而，由于近现代省域交通战略重心南移，以及昭通本地工程技术、财政能力长期滞后，昭通的区位优势逐渐式微，基础设施落差日益显现，昭通从曾经的"高原通衢"逐步演变为"西南末梢"，成为云南省内唯一未实现县县通高速的地级市。区位角色的深度反转，也成为昭通高速公司确立"昭明未来，通江达海"战略愿景制定的重要历史背景。

3　开局：资源匮乏起步维艰

　　由于交通"瓶颈"所限，昭通一度成为偏远落后的代名词。改善基本的出行环境，改变落后的交通状况，是几代昭通人长期的迫切需求。2016 年 3 月，昭通市成立高速公路投资发展有限责任公司，下定决心要修高速公路，把制约昭通发展的路打通。

　　然而，起步的道路充满了艰辛和挑战。据集团副总经理杨碧宇回忆："开始创业那会儿，找了一个售楼部租了一层楼，由时任董事长陈富华带着三五个人就正式开展工作了。那会儿是比较困难的，也不知道怎么干。"

　　企业建立之初，面临的第一个问题就是"无钱"。在昭通这样一个财政薄弱的市区修建高速公路，资金是一大难题。公司成立之初，面临着严重的资金短缺。首先，昭通市的经济基础相对薄弱，地方财政收入有限，难以提供足够的资金支持。其次，高速公路建设需要大量的前期投入，包括土地征用、施工设备采购以及基础设施建设等，这些都需要大量的资金。此外，由于项目规模大，建设周期长，导致短期内难以实现盈利，进一步加剧了资金压力。

　　面临的第二个问题是"无人"。昭通高速公司项目刚启动时，人才匮乏成了一个巨大的挑战。昭通地处西南内陆，不仅地理位置偏远，而且经济发展水平较低，工资水平和生活环境与一线城市相比有明显差距，难以吸引外地优秀人才前来工作。除此之外，昭通当地教育资源相对有限,专业技术人才培养不足,导致本地可供选择的人才储备也较为稀缺。公司成立之初,由于缺乏专业的高速公路建设和管理人才,项目只能交给省公路局管理,昭通高速公司承担债务和风险,却不得不让渡大部分利润。

除了资金和人才的匮乏,企业成立之初,面临更多的则是外界的质疑。昭通经济基础薄弱,许多人质疑这样一个地方能否承担如此大规模的基础设施建设。一些专家和媒体对项目的可行性也表示怀疑,认为在地形复杂、气候多变的昭通修建高速公路面临巨大技术挑战,可能导致项目难以按期完工。还有人质疑投资回报率,担心高速公路建成后,能否带来预期的经济效益和社会效益。这些质疑和压力,使公司在项目初期不仅要应对内部的困难,还要花费大量精力去说服和赢得外界的信任和支持。

4 破局:愿景驱动裂变组织

4.1 战略愿景凝聚组织信念

面对资金紧张、人才短缺以及外界种种质疑的压力,昭通高速公司召开了一次被内部称为"誓师"的重要会议。在这次会议上,公司高层定下了昭通高速公司的阶段性发展目标:"横下一条心,立下愚公志,苦战'十三五',县县通高速。"

这个誓言不仅在公司内部引起了共鸣,更在外界掀起了一股热潮。在民营企业工作的杨建碧听到这个消息时,激动不已。她回忆道:"2016 年,我听一些朋友说昭通成立了高速公路集团,要让县县通上高速。对我们昭通人来说,无论到哪个区县都要八九个小时的车程。如果高速公路通了,那么一两个小时就可以到了。这个消息让我兴奋不已,非常振奋。我想如果我有机会,也要参与到高速公路的建设中,为家乡做点贡献。虽然我当时在民营企业发展的很好,但毫不犹豫地辞职了。"

昭通高速公司旗下顺华公司的现任董事长黄应东也被昭通高速公司的企业愿景深深吸引。他从江苏国企辞职回到家乡,他说:"听到县县要通高速的消息,我当时想,我们这边终于可以进步了。"

现任永盐公司指挥长吕启宏则从贵州回到了家乡昭通。他说:"贵州早已实现了县县通高速、村村通柏油路了,回到家乡看到昭通比贵州落后很多心里很不是滋味。每次回到家我都想,如果我们的交通也变好该有多好。听到昭通高速公司成立的消息,我觉得有责任回来参与建设。以后我可以自豪地和孩子说,'你看,爸爸也有一份功劳'。"

4.2 愿景感召引发干部回流

虽然因"县县通高速"企业阶段性目标感召,昭通高速公司吸引了一些人才,但面对艰巨的建设任务,昭通高速公司还是面临着严重的专业人才短缺问题。为此,公司开展了一场对专业人才的大规模招兵买马行动。

现任集团董事长李文龙就是那时候作为人才被引进的。他来的同时,还从昆明带来了 30 多位高级工程师。这些人才在高速公路建设方面具有丰富的技术和管理经验,为昭通高速公司解了燃眉之急,也为解决人才匮乏问题迈出了关键的一步。

来到昭通后,李文龙发现技术和管理人才严重不足。"刚来那段时间我真是睡不好觉,一直在想怎么把专业人才引进来,把管理架构撑起来。后来陆续来了 30 人、50 人,最终增加到了七八十人。当指挥部的架构搭建起来后,我才稍微安心了一些。有了人才,工作才能顺利开展。"

除了高速公路人才,与此同时,公司还从江苏引进了港口建设的专业人才,逐步搭建起了港口建设的管理团队和架构。李文龙回忆:"我们准备引进一位在港口建设方面经验丰富的专家,他几次来昭通考察,但昭通和当时公司的落后状况让他一直下不了决心。等第三次来的时候,带了一个人帮忙参谋。见面时,我做了很多工作,但直到他们离开昭通到了宜宾机场,两人还是犹豫不决,索性还是不来了。我决定再努力一次,就打电话过去继续沟通。最终,他们觉得我们很有诚意,觉得我们确实需要他们,就答应了。"后来,这两位专家不仅辞职全职加入昭通高速公司,还带来了十几位港口建设人才,正式开启了水富港的规模化建设。如今的水富港已从一个小渔村逐步发展成为"万里长江第一港"。

此外,公司还积极挖掘本地优秀人才。辞职乡镇书记的鲁甸管理处站长卢玲,就是在这样的背景下加入的。她说:"我希望能为家乡建设做点自己的贡献,昭通高速公司给了我这样一个平台,让我能实现愿望。"

现任公司副总经理杨碧宇是从省公安局挖来的,他不仅带来了管理经验,还带了网络资源,为公司运营提供了有力的支持。杨碧宇表示:"作为一个公路人,能参与到昭通高速公司跨越式的发展中,是一种福气,也是云南公路人的荣幸。"

2018 年以后,昭通高速公司终于开始有了自己的专业人才储备,公司也开始进入了发展快车道。

4.3　战略动员激活多元团队

世人皆知"蜀道难",殊不知山高坡陡、沟壑纵横的昭通更是如此。昭通地处乌蒙山高原,地质条件复杂多变,被誉为"地质博物馆",险境施工是常态。就拿大永高速公路项目来说,项目全长 61.691 公里,设有 19 座特、大、中桥梁,最长的一座桥长达 1185.58 米。开挖隧道 15 座,其中特长隧道 7 座,总长 36497.26 米。长隧道 8 座,总长 15780 米。项目工地负责人成富贵说:"最让我们担心的就是项目区的极端多变的气候,受地理地形影响,有时气温高达 40 多摄氏度,有时最低气温零下 10 摄氏度,浓雾现象时有发生。在道路狭窄、地形陡峭的施工区,有时候能见度不足 20 米,加之路面积冰,材料进场极度困难。"

在修建都香高速昭金段时,施工区域位于牛栏江大峡谷与金沙江畔,山高、坡陡、临崖、跨江,地质破碎复杂,自然灾害频发。修隧架桥时,施工队遇到了围岩、岩爆、溶腔、溶洞、暗河、涌水、突泥、瓦斯、高温等各种"拦路虎"。尤其是主跨 178 米的牛栏江连续钢构桥和 340 米的金沙江独塔斜拉钢箱梁桥,施工难度极大。红崖山隧道隧址四周悬崖峭壁,无路进山,只能用小挖机一点一点在陡坡峭壁上凿,整整凿了 11 个月。都香高速昭金段项目是目前国内在建高速公路中地质条件最复杂、施工难度最大、安全风险最高、不确定性因素最多、建设任务最艰巨的高速公路之一。自 2019 年开工建设以来,施工队先后克服了大宗机械及物资进场不便、库区水域不通航、无水上起吊设备、高原雨季高温施工、峡谷风、线性控制难度大等困难,创下了国内最大跨径钢箱混合梁独塔斜拉桥施工和最大吨位钢箱梁采用后方喂梁、前方回转落梁施工工艺两项全国之最,实现了一系列关键技术攻关和科技成果转化。

建设过程中,保工期也是一项极为重要的任务。参建者们要不舍昼夜与时间赛跑,凿隧道、架桥梁,用信念和意志攻克常人难以想象的困难。昭通高速公司旗下顺华公司董事长黄应东回忆:"每一条路都会面临通车期限的压力。政府有通车的工期要求,我们就必须按时完成。为了保工期,有的同事连续几天几夜不下高速,困了就在车上睡一两个小时,然后接着干。"

施工过程中,由于项目途经国家级自然保护区,建设中既要确保施工质量和工期,又要最大限度降低对生态的影响。参建人员感慨道:"难就难在既要确保施工安全和质量,又要最大限度降低对生态的影响。"昭通高速公司在全线现场踏勘,掌握线路沿线环境现状、环境敏感点和水土流失现状的基础上,编制了环水保实施方案,每季度定期监测并出具监测报告。施工中,为避免粉尘污染,A4 标段项目在翠屏隧道施工中引进超磁分离水体净化设备,通过快速固液分离,使污水变得清澈;A8 标牛栏江畔的碎石场在生产过程中采用了全水洗工艺,水洗所产生的废水经过污水循环处理系统处理后,可再次循环利用,污泥则成为绿化土,实现了"零排放"。

除此之外,24 小时巡逻值班、冰雪灾害天气保通、重大节假日的坚守,以及各种各样的应急抢险已成为工作的常态。面对这些急难险重的任务,昭通高速公司的建设者们不仅需要过硬的业务技术,更需要坚定的信念和顽强的精神。

4.4　实干攻坚完成组织建构

都说昭通"行路难,难于上青天",但是"修路更难,难于下五洋"。昭通地形复杂,气候恶劣,平均桥隧比在 70% 以上。地质破碎带、突泥、涌水等不利地质条件频繁出现,给高速公路建设带来了巨大挑战。从灌注桩破土动工到路基主体结构完成,从第一榀 T 梁预制到高架桥拔地而起,他们以大山为伴、与公路为伍,战高温、顶大风、攻难关、抢进度,经历山体滑坡、泥石流,遭遇洪涝、冰雪灾害。为了让天堑变为通途,如果没有精神力量的支撑是无论如何都走不下去的。

一个优秀的团队,离不开一个个优秀的领头人。56 岁的先行道桥公司党支部书记、董事长蓝斌,放弃央企和省城工作,怀着对高速公路建设的情怀,怀着为昭通脱贫攻坚贡献力量的初心,怀着誓让乌蒙天堑变通途的勇气,转战条件较艰苦的都香高速项目。任职初期,正赶上项目建设的关键时期。为各项工作能顺利推进,他经常加班到深夜,彻夜行走在大山深处,对弃土场、农民工驻地及施工重点部位开展安全隐患排查。凭借多年来积累的经验,涉险滩、攻难关,破解了一个个征迁、施工中的难题。

投资经营部的李雄星是一名抓前期工作的老同志,他在昭通高速公司工作已有七个年头。从项目可行性研究、初步设计,到环评、水保、用地预审等支撑性报告的报批,他涉及的部门多达几十个,需要办理的手续数不胜数。他始终兢兢业业、默默奉献,不停奔波操劳和频繁协调,为项目的开工建设和筹资融资工作打下了坚实基础。

昭通高速公司资本运营有限公司董事长吴永立,在融资压力与日俱增、资金保障困难重重的情况下,勇挑重担,鼓舞士气,带领团队开启"五加二、白加黑"模式,突破集团授信限额,积极配合各部门,深入对接评级、券商、保理、租赁等非银机构,推进市场化融资,稳定了集团流动资金需求。

来自普洱的张照宏,不到 35 岁就升职为项目总工。2022 年秋天,父亲身体不适住院手术,连续几天打电话需要儿子回去照顾,但张照宏最终没能在父亲手术时赶回去。再提起这事,张照宏心里仍不是滋味。

成富贵是文山人,有两个年幼的女儿,家庭负担重。2023 年 6 月,妻子在做阑尾炎手术时,爷爷突发病危,而成富贵当时正赶上隧道施工关键期,面临山洪频发、随时落石的安全隐患。作为项目负责人,他无法离开工地,只能隔着屏幕安慰妻子几句便进入施工现场。这种无法兼顾家庭的工作状态已成为常态。

在昭通高速公司这个大家庭,像蓝斌、李雄星、吴永立、张照宏、成富贵这样的人还有很多。

5　成局:文化沉淀推动跃迁

5.1　通路愿景兑现阶段目标

过去,昭通仅有宜宾至昭通的一段高速公路,其余道路大多为三级或四级,甚至连二级路都很少。许多昭通人至今仍清晰记得高速未通车前,凌子口的险峻路况。这个海拔 1950 米的路段因复杂的地形和变化莫测的气候,被视为"鬼门关"。在冰雪覆盖的季节,路面坚硬又湿滑,稍有不慎车辆便会滑出路面,坠入悬崖。常有车辆"冻毙"在路上或深谷中,令人心惊胆战。

2016 年,昭通市启动了镇毕、昭乐、格巧、宜毕、宜昭、昭泸等 6 条高速公路的建设,正式拉开了昭通高速公司发展的新篇章。次年,都香高速公路昭阳至金阳段暨昭阳西绕城高速公路开工建设。2018 年,镇毕高速公路建成通车,镇雄县的 160 万居民从此告别了没有高速公路的历史,昭通实现了与贵州的首次高速跨省连接。

昭通高速公司自成立以来,通过不懈努力,累计建设了 12 条、共计 787 公里的高速公路,其中 10 条(段)已通车,达到 560 公里。全市高速公路总里程接近 1000 公里,成功打通了通往四川和贵州的 11 条大通道。这一成绩不仅是昭通高速公司的荣誉,更是整个昭通市的骄傲。

如今,昭通高速公司每天平均建设 400 米高速公路、11 公里的农村公路硬化,以及 5.5 公里的安全生命防护工程。通车前,从昭阳区守望乡到金阳县春江乡需要耗费 6 小时,而通车后,时间缩短至 1 小时,极大便利了沿线 10 个乡镇近 187.87 万居民的出行。这一数据背后,是无数筑路人的辛勤努力与无私奉献的结晶。2023 年,昭通高速公司终于兑现了"县县通高速"的初衷与承诺。

昭通高速公司的建设不仅扩展了交通网络,更满足了当地居民长久以来的期望。实现了全市"2 小时交通圈"、周边城市"4 小时公路交通圈",从而实现了从全省"末端"到"前沿"的历史性跨越。

5.2　沿线治理推动乡村振兴

如果将高速公路比作经济社会发展的"大动脉",那么农村公路就是毛细血管。截至 2019 年底,昭通市 146 个乡镇(街道)和 1343 个建制村(社区)全部实现了道路硬化、客运班车和邮路的通达,打通了农村地区群众出行和农产品运出、工业品下乡的"最后一公里",提前一年完成了交通扶贫兜底目标任务。

资源路、旅游路、产业路的建设激活了农村地区的特色资源。昭通苹果、天麻、马铃薯、花椒、竹笋等生态农产品不再"养在深闺无人识",而是轻松走出大山,走出云南,走进千家万户。城乡双向运输的进一步打通,"城货下乡、山货进城、电商进村、快递入户"的实现,极大改善了农村生产生活条件。纵横交错的公路网成了农村地区摆脱贫困、实现小康、走向富裕的重要"生命线"。

在镇雄县芒部镇松林村,村民成信贵站在小儿子刚建好的楼房前,看着门前干净整洁的柏油路,心情格外好。2016 年初,村干部上门做动员工作,说要修公路。起初,成信贵舍不得自家的耕地,但经过村干部多次劝说,他最终同意并免费提供耕地,甚至没要青苗补偿费。他的牺牲换来了村里的"幸福路",而他自己也成为最大的受益者。

公路通车后,松林村不仅人居环境得到了改善,还发展起了乡村旅游。公路通了,投资者也愿意来村里发展产业。松林村修建了总长 21 公里的农村公路,其中 5 公里的主干道环绕红石桥水库,穿过半山腰,贯穿各家各户,景色优美,成为自行车骑行的理想赛道。镇雄县依托松林村的良好环境,连续举办了两届乡村旅游文化节,每次都吸引来全国各地的自行车选手参赛。2019 年 7 月 26 日,超过 2 万人次参与了这场活动,当天的临时摊位数千个,每个商户通过售卖特色食品和纪念品,收入高达数千甚至上万元。

太平镇盐井村的村民吴光元感慨道:"如果不通公路,我家根本不敢建房,建筑材料的运输车只能送到离家 8 公里外。现在路修好了，建 3 间房至少节省了两万块。"

5.3　荣誉加身增强团队归属

多年来，昭通高速公司凭借不懈的努力克服了诸多看似无法解决的难题，相关实践成果获得多个权威机构认可。公司曾荣获中国红十字会授予的"奉献奖章"，获得了中国公路学会科学技术奖一等奖 2 项，旗下 3 个子公司被云南省总工会授予"五一劳动奖章"，被省委省政府表彰为脱贫攻坚先进集体，昭通高速公司装配式公司党总支也被省委表彰命名为先进基层党组织。此外，公司还累计申请了 100 余项国家发明专利。

在昭通市委、市政府的支持下，昭通高速公司在资本运作上还实现了"六个第一"：设立昭通第一只交通产业基金用于高速公路建设；成为全省第一家发行高速公路和港口项目地方政府专项债的企业；首次利用省级审批权限撬动大项目银团贷款融资，创新了全省高速公路融资模式；第一条采用 PPP 模式的高速公路获得中长期贷款支持。"十三五"期间，昭通高速公司投资连续 5 年位居全省各州市前列。

除了官方的肯定，昭通高速公司的工作也得到了当地群众的真心认可和感谢。公司员工张鑫回忆了一次特别的经历："有一次我的车因路面结冰打滑无法前行，我正为怎么给车绑防滑链犯愁时，一位大哥过来和我搭话。当他得知我是高速公路指挥部的工作人员时，显得异常兴奋，向我打听高速公路项目的进度和建设情况。他听后非常高兴，感谢我们为他们乡镇做的贡献。接着他毫不犹豫地跪在地上，帮我把防滑链绑好了。当我想给他一些钱作为回报，他坚决拒绝了，还说我们修路是件特别特别伟大的事，应感谢我们。那一刻，我明白了，虽然有时会感到孤独，但只要想到自己正在做如此有意义的事情，就有一种莫大的勇气和深深的欣慰。"和张鑫有相同经历的员工还有很多，有多位员工表示："每当走在高速公路上，一种发自内心的自豪感便油然而生。"

6　再辩：动员逻辑走向何方

如果说 2016 年是昭通高速公司从无到有、聚力起步的原点；2018 年后是其从小规模推进走向体系化扩展的跃迁阶段；那么 2024 年，随着"县县通高速"目标达成，企业正式迈入以运营稳定、组织整合为标志的阶段性转折期。然而，随之而来的挑战和复杂问题也不容忽视。

首先，现金流已成为公司当前亟待解决的首要问题。尽管新增通车路段带来了初步收入，但建设期大量资本投入仍使企业面临长期、高强度的债务偿还压力，尤其是在区域产业基础较弱、交通流量尚未充分释放的情况下，收费收益难以覆盖金融成本。公司副总经理杨碧宇指出："我们正处在一个极其艰难的时期，昭通的产业基础较为薄弱，高速公路的收费收入远远不足以应对巨额的还款需求。"

其次，国家政策和市场环境的变化也对公司构成了新的挑战。2023 年和 2024 年，国务院办公厅陆续发布了 35 号文、47 号文和 14 号文,这些文件加强对地方债务的刚性约束,提升了对企业主体项目融资与审批的合规性门槛,直接影响了公司未来的项目拓展路径与资金获取节奏,使昭通高速公司在项目审批和融资中面临更为严格的审查和审批流程,资金筹措更加困难。

最后,如何应对日益复杂的行业竞争和保持可持续增长,也是昭通高速公司不得不考虑的问题。随着阶段性任务的完成,昭通高速公司站上了一个新的十字路口。曾支撑企业突破成长的愿景与动员逻辑,是否还适用于治理模式的迭代期?组织能力如何从"任务型协同"走向"体系化运营"?在债务、政策、战略等多重变量叠加的背景下,这家地方交通企业正在开启新的战略再定义阶段,这也是摆在管理团队面前的一个重要命题。

附　　录

附录 1　公司简介

昭通市高速公路投资发展有限责任公司(简称:昭通高速公司)是昭通市委、市政府为破解交通发展融资难题,增强交通发展能力,于 2016 年 3 月 18 日注册成立(注册资金 2 亿元)的国有独资企业,负责代表市政府履行辖区高速建设项目业主职能。市政府授权市国资委代表政府履行出资人职责,授权市交通运输局履行行业管理职责。昭通高速公司主要负责辖区高速公路及重大交通基础设施项目融资、建设、管理、运营等有关经营业务。具体经营范围为:高速公路投资开发;公路经营管理;公路养护、维修及绿化;公路技术管理咨询;交通基建工程的设计、施工、监理及咨询服务;公路投资及对所投资项目的资产管理;公路沿线设施开发;机械设备租赁;公路建设物资供应;物流、仓储服务;广告经营;房地产开发;矿产资源投资开发;公路建设及技术合作等。

截至 2024 年 10 月,公司资产总额 1158.43 亿元。内设 11 个部室,下辖 2 个管理处,参控股公司 34 个,在职在编员工 681 人,其中专业技术人员 382 人,占比为 55.6%,有博士 1 人、硕士 21 人,副高及以上职称 85 人。设党委 1 个,党支部(含总支)21 个,有共产党员 333 名。公司具有公路工程施工总承包、路面工程专业承包一级资质,公路交通工程(公路安全设施)、公路机电工程、建筑装修装饰、消防设施工程专业承包一级资质,公路养护甲级资质,建筑工程、钢结构工程施工总承包承包二级资质。企业主体信用等级 AA+。

附录 2　公司架构

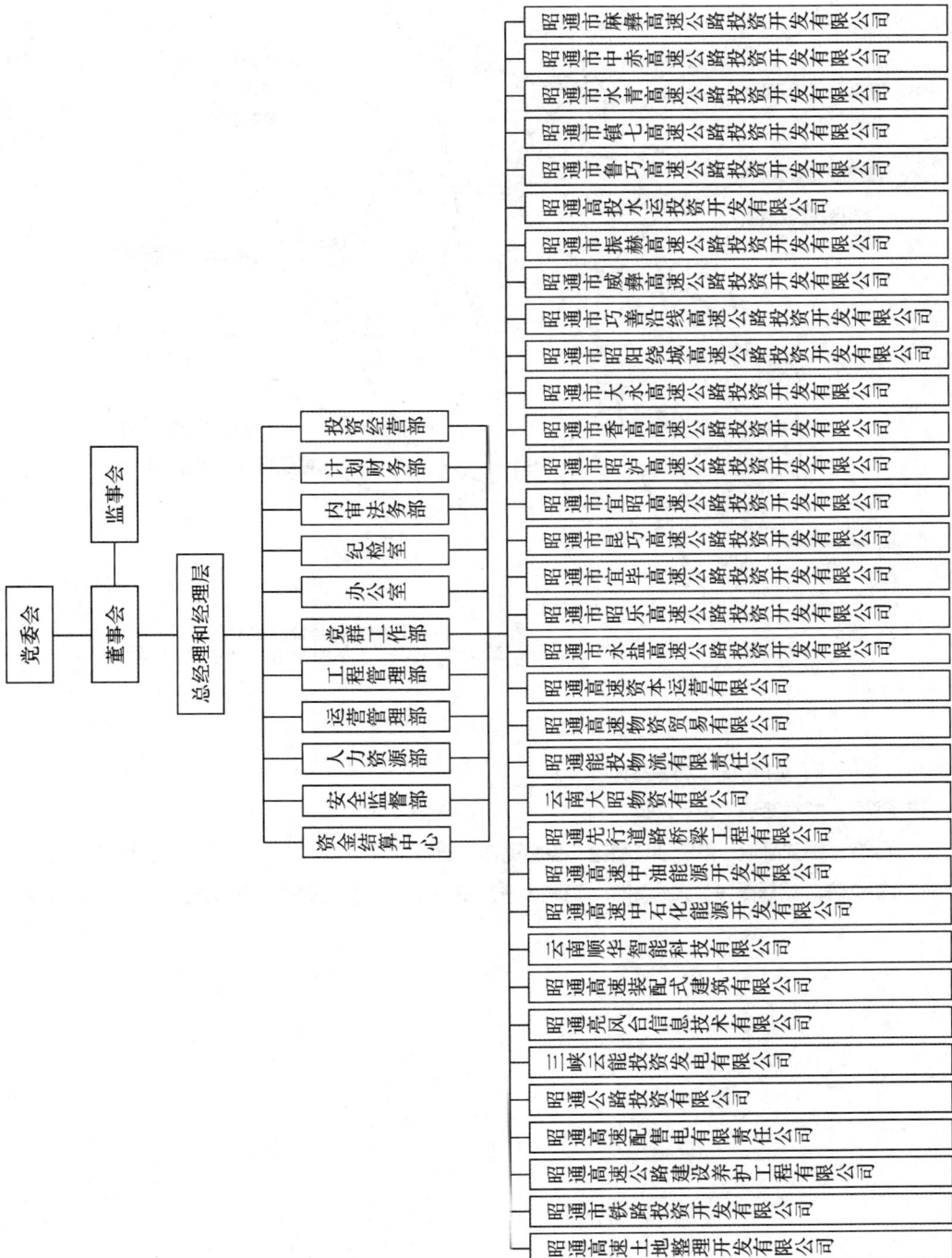

附录 3　昭通高速路线图

一环：昭通中心城市绕城高速

两横：都香高速、昭泸高速

四纵：银昆高速、沿金沙江高速、宜昭高速、宜毕高速

六联络：昭乐高速、大永高速、巧蒙高速、镇毕高速、镇赫高速　镇七高速

附录 4　昭通高速实景图

参考文献

[1]王亚东,赵亮.创造性思维与创新方法[M].北京:高等教育出版社,2013.

[2]王松泉.简明学习方法词典[M].辽宁:辽宁大学出版社,1992.

[3]王惠连.创新思维方法[M].北京:高等教育出版社,2004.

[4]王征国.思想解放论:解放思想与观念变革研究[M].长沙:湖南人民出版社,1998.

[5]王传友,王国洪.创新思维与创新技法:1版[M].北京:人民交通出版社,2006.

[6]川喜田二郎.KJ法[M].北京:中央公论社,1996.

[7]韦影,盛亚.创新管理:计划、组织、领导与控制[M].浙江:浙江大学出版社,2016.

[8]拉德友,普拉胡.朴素式创新:节俭、灵活与突破式增长[M].北京:清华大学出版社,2015.

[9]陈劲,郑刚.创新管理:赢得持续竞争优势[M].北京:北京大学出版社,2016.

[10]陈劲,柳卸林.自主创新与国家强盛:建设中国特色的创新型国家中的若干问题与对策研究[M].北京:科学出版社,2008.

[11]陈劲.永续发展:企业技术创新透析[M].北京:科学出版社,2001.

[12]陈伟.创新管理[M].北京:科学出版社,1996.

[13]梅丽莎.技术创新的战略管理[M].希林,明伟,等,译.北京:清华大学出版社,2005.

[14]胡敏.创新思维研究[M].北京:国家行政学院出版社,2017.

[15]侯先荣.企业创新管理:理论与实践[M].北京:电子工业出版社,2003.

[16]冯忠良,等.教育心理学[M].北京:人民教育出版社,2010.

[17]时蓉华.社会心理学[M].杭州:浙江教育出版社,1998.

[18]梁良良,胡建.开启智慧:现代企业思维方法[M].南京:南京大学出版社,1999.

[19]程明.创意思维与创新[M].武汉:武汉大学出版社,2019.

[20]潘承怡,姜金刚,张简一,张永德.TRIZ理论与创新设计方法[M].北京:清华大学出版社,2015.

[21]杨明珠.站在巨人肩膀:享受学习 放飞梦想[M].武汉:湖北教育出版社,2015.

[22]张志胜.创新思维的培养与实践:2版[M].南京:东南大学出版社,2018.

[23]吴贵生.创新与创业管理(第2辑)[M].北京:清华大学出版社,2006.

[24]路江涌.图解创新管理经典[M].北京:机械工业出版社,2018.

[25]孙喜.创新与创业管理[M].北京:中国人民大学出版社,2019.

[26]刘会齐,严法善.绿色经济管理[M].北京:中国环境出版社,2016.

[27]冯志强.创新战略:为了中国企业领袖们的辉煌[M].北京:中国市场出版社,2009.

[28]特纳,何烺,译.管理者的管理工具[M].北京:企业管理出版社,2006.

[29]Majharul Talukder,傅婧瑛,译.创新应用管理[M].北京:人民邮电出版社,2017.

[30]Navi Radjou,Jaideep Prabhu.朴素式创新实践:以少博多的商业策略[M].北京:清华大学出版社,2019.

[31]克里斯滕森,雷纳,容冰,译.困境与出路:企业如何制定破坏性增长战略[M].北京:中信出版社,2004.

[32]詹·法格博格,戴维·莫利,理查德·纳尔逊,柳卸林,等译.牛津创新手册[M].北京:知识产权出版社,2009.

[33]黄华梁,彭文生.创新思维与创造性技法[M].北京:高等教育出版社,2007.

[34]孔涛.中小制造企业绿色创新研究综述[J].现代商贸工业,2017(17):58-59.

[35]陈劲,尹西明.中广核:整合式创新铸就中国制造"国家名片"[J].企业管理,2019(5):67-69.

[36]陈劲,尹西明,梅亮.整合式创新:基于东方智慧的新兴创新范式[J].技术经济,2017,36(12):1-10.

[37]陈劲,王锟.朴素式创新:正在崛起的创新范式[J].技术经济,2014,33(1):1-6.

[38]陈劲,陈钰芬.开放创新体系与企业技术创新资源配置[J].科研管理,2006(3):1-8.

[39]陈劲,阳银娟.协同创新的理论基础与内涵[J].科学学研究,2012,30(2):161-164.

[40]一阳.提升创新思维的方法[J].科技与企业,2011(5):17.

[41]张玲玲.头脑风暴法及其变式对创造性思维产出的影响[J].校园心理,2012(6):379-381.

[42]杨德林,陈春宝.模仿创新自主创新与高技术企业成长[J].中国软科学,1997(8):105-110.

[43]于开乐,王铁民.基于并购的开放式创新对企业自主创新的影响:南汽并购罗孚经验及一般启示[J].管理世界,2008(4):150-159.

[44]黄攸立,吴犇,叶长荫.企业自主创新能力的关键因子分析[J].研究与发展管理,2009,21(1):24-29.

[45]许庆瑞,吴志岩,陈力田.转型经济中企业自主创新能力演化路径及驱动因素分析:海尔集团1984—2013年的纵向案例研究[J].管理世界,2013(4):121-134.

[46]许庆瑞,郑刚,喻子达,沈威.全面创新管理(TIM):企业创新管理的新趋势:基于海尔集团的案例研究[J].科研管理,2003(5):1-7.

[47]万君康,李华威.自主创新及自主创新能力的辩识[J].科学学研究,2008(1):205-209.

[48]刘薇.国内外绿色创新与发展研究动态综述[J].中国环境管理干部学院学报,2012,

22(5):17－20.

[49]孔涛.中小制造企业绿色创新研究综述[J].现代商贸工业,2017(17):58－59.

[50]张静,周魏.绿色创新研究进展综述[J].科技管理研究,2015,35(8):232－237.

[51]李海萍,向刚,高忠仕,等.中国制造业绿色创新的环境效益向企业经济效益转换的制度条件初探[J].科研管理,2005(2):46－49.

[52]沈磊,吕廷杰.战略视野中的成本[J].通信企业管理,2003(11):17－19.

[53]杨武,申长江.开放式创新理论及企业实践[J].管理现代化,2005(5):4－6.

[54]吴欣桐,梅亮,陈劲.建构"整合式创新":来自中国高铁的启示[J].科学学与科学技术管理,2020,41(1):66－82.

[55]郭斌,孙爱英.企业资源与组合创新的关系研究[J].科学学与科学技术管理,2009(3):69－72.

[56]郭斌,许庆瑞,陈劲,等.企业组合创新研究[J].科学学研究,1997(3):12－17.

[57]毛维青,陈劲,郑文山.企业产品:工艺组合技术创新模式探析[J].科技管理研究,2012,32(12):168－171.

[58]官建成,王军霞.创新型组织的界定[J].科学学研究,2002(3):319－322.

[59]卢显文.创新型组织:21世纪企业管理新模式[J].大连理工大学学报(社会科学版),2005(2):44－49.

[60]何毅.创新型企业的特点及其启示[J].企业导报,2015(4):184－185.

[61]褚峻,张苏.咨询企业知识创新的反向动力和跨界发展[J].情报资料工作,2011(3):10－13.

[62]ANDERSON P,TUSHMAN M L. Technological discontinuities and dominant designs:A cyclical model of technological change[J]. Administrative Science Quarterly,1990,35(4):604－633.

[63]BARNEY J B,ZHANG S.. The future of Chinese management research:A theory of Chinese management versus a Chinese theory of management[J]. Management and Organization Review,2008,5(1):15－28.

[64]CHESBROUGH H. Open innovation:The new imperative for creating and profiting from technology[M]. Harvard Business School Press,2003.

[65]CHRISTENSEN C M,BOWER J L. Customer power,strategic investment,and the failure of leading firms[J]. Strategic Management Journal,1996,17(3):197－218.

[66]CHEN Y S,LAI S B,WEN C T. The influence of green innovation performance on corporate advantage in Taiwan[J]. Journal of Business Ethics,2006,67(4):331－339.

[67]GASSMANN O,ENKEL E,CHESBROUGH H. The future of open innovation[J].

R&.D Management,2010,40(3):213 - 221.

[68]LAURSEN K,SALTER A. Open for innovation: The role of openness in explaining innovation performance among UK manufacturing firms[J]. Strategic Management Journal,2006,27(2):131 - 150.

[69] OLTRA V, SAINT JEAN M. Sectoral systems of environmental innovation: An application to the French automotive industry[J]. Technological Forecasting and Social Change,2009,76(4):567 - 583.

[70]PHELPS C C. A longitudinal study of the influence of alliance network structure and composition on firm exploratory innovation[J]. Academy of Management Journal,2010, 53(4):890 - 913.

[71]PORTER M E. The five competitive forces that shape strategy[J]. Harvard Business Review,2008:23 - 41.

[72]TEECE D J. Explicating dynamic capabilities:The nature and microfoundations of(sustainable) enterprise performance[J]. Strategic Management Journal,2007,28(13):1319 - 1350.